Guillermo González Ruiz   **Estudio de Diseño**

Guillermo González Ruiz

Estudio de Diseño

*Sobre la construcción de las ideas
y su aplicación a la realidad*

Emece Editores

Diseño de tapa: Silvina Rodríguez Pícaro

Copyright © 1994
by Guillermo González Ruiz
Buenos Aires, Argentina

© Emecé Editores S.A. 1994
Alsina 2062, Buenos Aires, Argentina.
Queda hecho el depósito que
previene la Ley 11723.
Primera edición: 3000 ejemplares.
Impreso en Brasil. Printed in Brazil.
Esta edición se terminó de imprimir en
el mes de marzo de 1994 en los talleres
gráficos de Companhia Melhoramentos
de São Paulo. Industrias de Papel.
Rua Tito 439, São Paulo, Brasil.

201.324
I.S.B.N. 950-04-1380-9

Indice

Dedicado a mis hijos Diego, Carolina y Pablo.

« El Diseño no es asunto intelectual ni material, sino sencillamente, una parte integral de la sustancia de la vida ». [1]

Walter Gropius

Advertencia

La tesis que subyace en el trasfondo de este libro sostiene que la Teoría de la Gestalt es uno de los pensamientos más altamente científicos de la época contemporánea, porque ha posibilitado nuestra relación con el mundo de la forma, del espacio, del tiempo, del movimiento y del medio ambiente [2].

Que por ser dicha teoría una de las matrices del pensamiento del Diseño, éste puede aprenderse y enseñarse partiendo del principio de que no percibimos las cosas como elementos inconexos, sino que las organizamos mediante el proceso perceptivo, en conjuntos significativos. Que dichos conjuntos de significación se manifiestan - dentro del flujo continuo del pensar y del actuar - como ciertos estadios de comprensión de la mente.

Y que el mecanismo mental para diseñar es el mismo, cualquiera sea el campo de acción de la disciplina.

Las investigaciones que Frederick S. Perls reunió en su tratado constituyen el basamento teórico de la tesis [3] y su verdad empírica he podido constatarla durante la práctica docente con estudiantes de Diseño Gráfico en la Universidad de Buenos Aires [4].

El libro intenta demostrarla, exponiendo un estudio que basado en ella trata sobre la teoría de la práctica del Diseño. Sobre la construcción de las ideas y su aplicación a la realidad. Lo he titulado *estudio* porque el vocablo tiene cuatro acepciones que reflejan el designio del trabajo. Estudio es la aplicación del espíritu para profundizar las cosas; también es una obra en la cual el autor examina y trata de dilucidar una cuestión; es asimismo el trazado general de una idea principal; y además, es el lugar donde el diseñador estudia y trabaja.

Este estudio no intenta enseñar a diseñar, sino tan solo transmitir a los lectores no iniciados y a los alumnos y docentes universitarios de los cursos básicos, aquellos principios y fundamentos que juzgo imprescindibles para el acto de Diseño.

He procurado por eso, que su contenido se desplace desde los conceptos más simples hasta los de mayor complejidad. Pero el amplio espectro que abarca pudo haberme conducido en algunos casos a una condensación forzada del texto en desmedro de una mayor dedicación expositiva, y en otros, a construcciones demasiado extensas o complicadas en perjuicio de una narrativa más accesible. Considero entonces oportuno advertir a los lectores - a manera de justificación preliminar - que pueden encontrarse, eventualmente, ante una forma epistolar no tan homogénea y llana. Apelo por lo tanto a la indulgencia de los interesados para que se aproximen a la lectura tratando de superar los posibles espasmos de forma o de estilo. Por mi parte, me anticipo a apreciar de modo especial esa disposición tolerante.

Introducción

En el verano de 1950 recién habíamos terminado sexto grado y ninguno de nosotros tenía ganas de seguir estudiando. A pesar de eso, nadie faltaba a la cita diaria, y menos aún yo, aunque tuviera ganas de estar remando en la laguna de Chascomús, comiendo duraznos con mis amigos, que seguro los habríamos arrancado del monte del otro lado.

Con diez bancos en desuso que trajimos de la escuela Bernardino Rivadavia, transformamos el garaje desocupado de mi casa de Haedo en un aula improvisada, para que un reducido grupo de chicas y chicos muertos de calor debajo del techo de zinc, escucháramos a Elsa Insaurralde. Aquel gesto de abnegación y desinterés de nuestra maestra del último grado que nos preparaba para el ingreso al ciclo secundario, me parece hoy, a la distancia, más noble, afectivo y cálido aún. Del pequeño grupo era el único que había decidido ir todos los días desde el conurbano de Buenos Aires a pleno centro, hasta Bolívar y Alsina. Aunque sentía miedo me daba cuenta que afrontaba mi primer desafío. Algún estímulo familiar o personal me había impulsado a ingresar al Colegio Nacional de Buenos Aires, tal vez porque a mediados de siglo la imagen del colegio era como la actual, un modelo de excelencia y exigencia. Después comprobé que hay otra, más

profunda y amplia, que se va construyendo en el interior de cada egresado y que se parece más a la de aquel crisol adolescente que memoraba Miguel Cané [5].

El verde tornasolado de las cerámicas que revisten los patios y los pasillos, la imponencia del aula magna, la calidez de la madera en la biblioteca, el espacio semiesférico de la cúpula del observatorio, el brillo del bronce de los instrumentos del laboratorio de Física, la pátina oscura de los pupitres y estrados de las aulas, el sonido inconfundible del timbre, son algunos índices de las innumerables percepciones y emociones que articularon la primera etapa de mi ser universitario, en la sexta división del turno tarde.

La Facultad de Arquitectura estaba casualmente en Perú y Moreno, a pocos pasos de distancia y en la misma e histórica *Manzana de las Luces* del colegio. Pero por mucho más que eso el ingreso fue para mi un tránsito imperceptible, una natural continuidad de un modo de aprendizaje y enseñanza que había incorporado desde hacía seis años en el colegio nacional de la Universidad.

Inicié Arquitectura carente e inseguro, pero al finalizar obtuve el *Premio Taller,* máxima distinción que en aquel período la Facultad otorgaba a los alumnos del último curso de Diseño. Viví la carrera intensamente y valoro siempre lo que para mi significó: espacio de encuentro con verdaderos, permanentes amigos; foro de prédica de grandes maestros; ámbito para la toma de conciencia del valor que significa el esfuerzo de aprender; terreno fértil para el cultivo de la tenacidad, la constancia y la responsabilidad; materia prima para la construcción del sentido común, la autocrítica, la pluralidad y la participación; único espacio posible para la configuración del pensamiento sistemático; eje para la articulación de un centro de gravedad permanente.

Mientras cursaba Arquitectura trabajé en una empresa estatal como dibujante técnico, en tres agencias de publicidad, en una editorial, y hasta tuve también mis primeros clientes. Hice de todo sin exigencias ni pretensiones: planos técnicos, campañas gráficas, redacción de avisos, producción de fotos, títulos de películas, comerciales para televisión, logotipos, afiches, diagramación de revistas y folletos, proyectos de stands y exposiciones.

En el escalafón fortuito del oficio publicitario fui un aprendiz permanente. Lo que valoro más de ese período es la libertad expresiva que pude ejercitar y que siempre sentí que me brindaban. La agencia de publicidad fue la escuela para mi verdadera inserción en el quehacer, a pesar de sus flexiones muchas veces complacientes o exitistas. Las características de los trabajos que he asumido desde entonces son en gran parte resultado de aquel aprendizaje inicial, y constituyen un factor decisivo para articular las ideas que me permiten hoy construir un punto de vista sobre el Diseño.

Las dos formaciones adquiridas, la teórico práctica en la Universidad y la práctica en el trabajo, fueron herramientas útiles para construir la unidad dialéctica de acción y reflexión, que me permitió disolver cierto verbalismo inoperante generado por la teoría separada de la práctica, y cierto activismo irreflexivo determinado por la práctica desmembrada de la teoría.

Pertenezco a una generación que en los tres niveles de la enseñanza se formó en el más elevado modelo educativo argentino - público, igualitario, irrestricto y gratuito - ejemplo en el hemisferio de enseñanza democrática y de excelencia académica. Preservo por ello un orgullo sereno, prudente e intenso; una sensación de autoestima, confianza y alegría existencial, y me siento conforme por haber dedicado esta parte del trayecto a construir mi pensamiento y percepción con la mente mirando al mundo *teniendo siempre el corazón mirando al sur* [6].

He sido destinatario de uno de los mayores honores a los que puede aspirar un universitario: ser convocado para contribuir a la creación de la carrera de su especialidad, programar su plan de estudios y dirigirla. Quiero, por eso, que este libro se constituya en testimonio de mi profunda y sincera gratitud a la Universidad de Buenos Aires; a la Facultad de Arquitectura, Diseño y Urbanismo; a sus estudiantes, docentes y graduados.

Considero que el mejor homenaje que puedo brindarles es ofreciendo una serie de proposiciones simples, aquellas que suelen darse por sabidas y sobreentendidas pero que el alumno de Diseño termina buscánolas en soledad y logra reunirlas y sintetizarlas después de mucho tiempo e ingente esfuerzo. Es exponiendo ideas desde el hacer y fundamentándolas desde el proyectar. Es estimulando el pensar desde el actuar y el actuar desde el pensar. Es contribuyendo —aunque sea en pequeña medida— a que los jóvenes puedan comprender cuan inagotables son los medios de creación si hacen uso de los recursos de la percepción. Es delineando un cierto enfoque que les permita: encarar un problema de Diseño de acuerdo con soluciones particulares, acortar los tiempos que hemos necesitado quienes debimos ir durante un largo tramo a tientas, ahorrar esfuerzos, eludir

intentos vanos y capitalizar nuestros errores y el tiempo que hemos necesitado para conceptualizar y construir una idea.

Agradezco a los autores que cito en las referencias bibliográficas porque contribuyeron de manera decisiva con la riqueza de las suyas a que pudiera vertebrar la mía, y en especial, a hombres preclaros como Walter Gropius, Vassily Kandinsky, László Moholy-Nagy, Joseph Müller Brockmann, Armin Hofmann, Karl Gerstner, Anton Stankowsky, Bruno Munari y Otl Aicher. Al recurrir a sus propias obras para ejemplificar sus ideas, ellos me indicaron el camino alentándome a practicar el arduo y lento pero gratificante ejercicio de escalar por esa ladera.

Extiendo un afectuoso reconocimiento a todos con quienes he compartido la ideación y realización de los trabajos que ilustran este libro y cito en las páginas finales, y especialmente, a Gabriel Ezcurra Naón, Dora Kappel, Gustavo Gemini, Ronald Shakespear y María Solanas, junto a quienes recorrí largos trechos de mi quehacer, no sólo porque han sabido tolerar con grandeza las pulsiones negativas de mi personalidad —sobre todo el *trata más*— sino también porque lograron con sus méritos, compensar mis carencias.

Me siento en deuda de devolución con todas las personas que me ayudaron a hacer el libro, y sobre todo, con mi secretaria Ana María P. Velasco, que transcribió decenas de manuscritos casi ilegibles con paciente disposición; con Silvina Rodríguez Pícaro, que fue la primera en procesar por computación mis escritos originales permitiéndome clasificarlos con mayor simplicidad; y con mi hija Carolina, que buscó con obstinación en mis archivos hasta encontrar trabajos que consideraba perdidos. A las tres les correspondo el afecto y les agradezco el apoyo que me brindaron.

También les guardo reconocimiento a Constanza Elizondo, a Diego Giaccone y a Fabián Alonso, que me dieron ideas para la diagramación y adecuaron algunas figuras para su reproducción; a Denisse Vlasich, que rehizo numerosos detalles constructivos; y a Beatriz Borovich, cuya ágil visión redaccional me permitió rectificar algunos pasajes.

Y a dos personas sin cuya ayuda la obra no estaría concluida, quiero extenderles un profundo y sincero agradecimiento. A Gabriel Ezcurra Naón, que después de leer el texto con exhaustividad me suministró valiosos puntos de vista y juicios lúcidos para despejar la confusión de muchos párrafos y favorecer la comprensión de otros. Y a Elina Fiorelli, que procesó por ordenador cada página cuatro veces y asumió consideradamente los innumerables cambios, tratando de preservar en todo momento la dignidad del objeto gráfico final.

Me resta agradecer del mismo modo a *Emecé Editores,* a Alberto Luis Sandi y Paula Forestier, que asumieron con aptitud cabal la ímproba tarea de digitalizar todas las ilustraciones, a *Estudio Imagen* que las reprodujo, y a *Melhoramentos,* la compañía impresora de San Pablo.

No quiero cerrar el prólogo sin antes —agradecido— exteriorizarles gratitud a los arquitectos Wladimiro Acosta, Juan Manuel Borthagaray, Gastón Breyer, Renée Dunowicz, Carlos Alberto Méndez Mosquera, Javier Sánchez Gómez, Justo Solsona y Vicente Speranza. Además de ser mis profesores y docentes de Composición y de Visión, me ayudaron a construir la certidumbre de que el ejercicio constante del Diseño es la condición imprescindible para aprenderlo, y el estudio permanente, el medio indispensable para diseñar.

G.G.R.

Capítulo 1

La Creación Proyectual

La Creación Proyectual

1.1.
Educación visual y Diseño

Los objetos que nos rodean y la comunicación visual son decisivos porque dominan nuestra cultura. El hombre racional contemporáneo es un hombre visual y la sociedad en que vive es la sociedad de la imagen [7]. Nuestro siglo, más que el de la Relatividad y el del Psicoanálisis es el de la Comunicación. La información visual se ha ampliado sorprendentemente con el desarrollo de los medios de comunicación masiva. Estos constituyen una fuente inagotable de imágenes que enriquecen la vida cognoscitiva del ciudadano hasta el punto de que forman una escuela paralela a la institucional, aún cuando esas imágenes puedan estar viciadas, ser manipuladas por intereses oscuros y subalternos, o caer rápidamente en la obsolescencia [8].

La educación posibilita un procesamiento analítico, crítico y creativo de las formas visuales para ponerlas al servicio de las necesidades de la sociedad. El autoritarismo, por el contrario, ha instrumentado siempre la transmisión del saber en forma dogmática, tecnocrática y acrítica, y ha eludido las actividades de la imaginación y de las fuerzas creadoras porque éstas potencializan una estructura de pensamiento racional, libre y objetivo, al que juzga molesto, peligroso e irritante.

El individuo creativo está expuesto al riesgo de cometer errores y por consiguiente más propenso a reconocer los propios y los de los demás. Es menos dogmático y más dúctil en el examen de sus propias posiciones, en el de la estructura de su pensamiento y en el de la sociedad [9]. Aquella deformación de la enseñanza, ha llevado a muchos a creer, erróneamente, que la creatividad es un don de los elegidos, obviando que es por causa de la educación autocrática que se han postergado los estímulos para desarrollar esta capacidad que está siempre latente y es una condición natural en todos los seres humanos.

La imaginación y la creatividad son energías potenciales que en cada estudiante se encuentran en caudales diferentes, pero que el medio puede bloquear o movilizar. En los países latinoamericanos y subsaharianos sobre todo, grandes segmentos de la población han sido privados del derecho básico de aprender, han quedado sumidos en el analfabetismo y han sido postergados en su desarrollo visual y perceptivo.

En general, la Publicidad tampoco contribuye a la estimulación imaginativa, porque vuelca en la mayoría de los casos un magma informe de productos visuales estereotipados y extraculturales.

El público termina siempre por aceptar - voluntaria o involuntariamente - la selección de quienes deciden, porque la presión que ejerce sobre la retina la reiteración de cualquier mensaje en casi la totalidad de los casos logra imponerlo. Es así como febriles mandatos del mercado y de la búsqueda obsesiva del rédito, definen con frecuencia una mediocridad entre mediocridades. Ese producto resultante no es generado - como suponen algunos - por los requerimientos del gusto público, como si el gusto fuera una entidad abstracta legada por la Providencia a algunos pueblos y a otros no. Es el resultado de la falta de organicidad en los planes de los tres niveles de la enseñanza para la transferencia del lenguaje visual, que, como cualquier lenguaje, tiene un vocabulario y un léxico, una sintaxis y una gramática. Es la consecuencia de las facultades perceptivas anestesiadas y adormecidas en la población. Es el círculo vicioso de la ausencia del gusto que sólo se revierte con el acceso de todos a la educación visual, para que de esa manera se equilibre la supremacía que la sociedad ha otorgado a la comunicación verbal por sobre la visual.

Aunque a los operadores comerciales de la comunicación masiva no pareciera urgirles el problema, nuestra población joven sigue siendo víctima de una contradicción social perversa. Por un lado se la hace destinataria de una gigantesca avalancha de estímulos visuales que la excitan y la sitúan como modelo y protagonista líder, y por el otro se la priva del herramental básico que otorga la educación visual, para procesar, analizar y elegir dichos mensajes, con una actitud reflexiva y objetiva. Esta discriminación afecta tanto a los que provienen de los sectores socioeconómicos más elevados como a quienes se encuentran más postergados, si bien éstos están más inermes aun, porque en su mayoría son analfabetos absolutos o funcionales, y porque junto con el desuso de sus facultades de leer y escribir sobrellevan el desconocimiento del lenguaje visual al que debieran haber accedido en forma conjunta con el verbal.

Para contribuir a una maduración intelectual y perceptiva, y a una estimulación de la imaginación, de la intuición y de la creatividad, es imprescindible la movilización de las potencialidades que nutren los sentidos de la vista y de la audición. La educación audiovisual permite la construcción de una personalidad integral. El aprendizaje del Diseño es por eso un vehículo activo de realización.

En ese sentido, debemos prevenir al estudiante que se sienta inducido a acumular conocimientos fácil y

rápidamente, que la urgencia de obtener lo más rápido posible resultados tangibles podría desvirtuar su aprendizaje y esterilizar su disposición creadora. Al comprobar que en sus estudios no aprende a diseñar de inmediato como suponía, puede experimentar frustraciones o desalientos prematuros sin reparar que todo trabajo serio necesita de búsquedas y experiencias alentadas por una voluntad entrañable.

En los claustros hemos citado muchas veces a Gropius cuando decía que le embargaba cierta decepción al verse interrogado sobre hechos, anécdotas y triquiñuelas de su trabajo, porque por el contrario, su interés residía en transmitir sus experiencias básicas y en subrayar los métodos [10]. Aprendiendo ciertos recursos es posible que algunos obtengan resultados eficaces en tiempos breves. Pero estos resultados, al ser superficiales, dejan indefenso al estudiante en caso de encontrarse frente a una situación nueva e inesperada. Y como en Diseño todas las encomiendas de trabajo son diferentes e imprevisibles, si no ha sido adiestrado para adoptar siempre una posición de análisis integral de los problemas, ninguna astucia lo capacitará para realizar un trabajo creador.

El Diseño - como veremos - no es fácil pero no es difícil. Si decimos que es difícil, nos estaremos convenciendo inconscientemente de que no lo podemos aprender y hacer sin dejarlo todo. Que en verdad no es factible. Si afirmamos que no es fácil, estaremos internalizando que debemos hacer un esfuerzo considerable pero confiados en que es posible lograrlo. « Si se interesa profundamente en su trabajo, todo individuo sano tiene una profunda capacidad para desarrollar las energías creadoras de su naturaleza », escribía Moholy-Nagy [11].

Para llegar a una actitud de Diseño, a una disposición cotidiana de la mente, a un estadio continuo de acción y reflexión, se requiere adiestramiento, disposición y un esfuerzo intelectual y sensible significativos, pero no es indispensable poseer aptitudes especiales ni talento innato sino el ejercicio de la voluntad y del autocompromiso. Debemos afianzar la confianza en nosotros mismos, creer en nuestras propias fuerzas, alimentar la constancia, la tenacidad y la perseverancia, confiar en la suprema dignidad de la conducta autónoma y racional fortalecer la seguridad, convencidos de que todos podemos hacerlo.

El Diseño es una forma de ser, de vivir, de sentir, de ver y de interpretar el mundo circundante, que, como cualquier disciplina, inunda la experiencia vital de

quien la ejerce proyectándole una plácida alegría de autorrealización. Nunca puede ser asumida por motivaciones aleatorias, intereses subalternos o supuestos llamados vocacionales no fidedignos. La vocación suele vivirse frecuentemente como irrevocable. Todavía hoy puede que algunos se sientan llamados a ser diseñadores porque una decisión predeterminada, un mandato paterno o un llamado interior compulsivo así lo recomienda. En este aspecto el Diseño no se substrae del determinismo de las profesiones tradicionales. Muchos se sienten inducidos a transitar la ruta del estudio como si estuvieran dentro de carriles rígidos que les hacen aparecer los cambios de rumbo como errores graves o desorientaciones fatales [12].
Es indispensable revertir estas tendencias y considerar a la carrera como un camino autodirigido y probado a través de ensayos y errores que tienen como sentido tomar en cuenta el propio cambio personal.
Elegir una carrera no implica tomar una decisión y compromiso de vida sino asumir una actitud de apertura al propio trayecto existencial.

El estudio del Diseño es una elección libre, una decisión natural, un camino de crecimiento y maduración sobre la propia vida, un corto sendero de iniciación conducente al autoaprendizaje permanente, un tramo breve y significativo en el transcurso de una vida. El nuevo diseñador debe aspirar a construir un punto de referencia desde donde pueda trazar su propia concepción sobre el Diseño y sobre la vida misma cualesquiera sean las circunstancias.

El Diseño - como la democracia - posibilita la realización plena del individuo mediante el ejercicio de la libertad (de expresión visual) en el marco del respeto a las leyes (de organización visual). Pero a esas leyes de Diseño a diferencia de las de la democracia, cada uno tiene la opción de respetarlas o de transgredirlas. Lo que no puede, es desconocerlas.

1.2.
El pensamiento científico del Diseño

Una cierta crítica suele situar los disensos y las controversias sobre el discurso del Diseño en la confrontación de dos posturas que suelen descalificarse mutuamente. Según Enric Satué, un extremo estaría representado por una concepción acientífica, subjetiva y expresiva, y el otro, por una interpretación científica, objetiva y racionalista [13]. Entre un Diseño sensible y otro conceptual, entre uno formalista y otro funcionalista, entre uno humanista y otro tecnicista.

Partiendo de este plano de reflexión sobre los opuestos, así como en Diseño es habitual que se defiendan modas estilísticas pasatistas (*estilemas,* según Maldonado) también es frecuente que se esgriman posturas acientíficas que niegan todavía la categorización de la disciplina como una actividad proyectual culturalmente integrada y de raíz científica. Valorar el potencial estético del Diseño no tiene por qué implicar su descalificación simultánea como ciencia proyectual y el consecuente rotulado con etiquetas de no creativo, no imaginativo y no estético que muchos pugnan cándidamente por adosarle al término ciencia.

Ciencia es el conjunto de conocimientos razonables de fenómenos naturales y humanos con sus relaciones mutuas, que forman un sistema estructurado de informaciones, ideas y valores. Una agrupación sistemática de conocimientos es un ordenamiento en el que unos se demuestran e infieren a partir de otros, de forma contínua e interrelacionada. Esa forma de fundirse unos conocimientos con otros constituye su unidad lógica, y el universo que abarcan es su unidad temática.

« La ciencia no provee la verdad absoluta », decía Asimov. « La ciencia es la manera de mejorar nuestra comprensión de la naturaleza. Es un sistema para probar nuestros conocimientos enfrentándose al universo para verificar si encajan. Esto funciona no solamente para los aspectos comunes de la ciencia sino para toda la vida » [14].

La decisión de cuáles conocimientos presuntamente científicos deben ser tomados en cuenta para la elaboración del concepto de Diseño como ciencia debe apoyarse en razones plausibles, y la fundamentación de dichas razones corre por cuenta de la Epistemología (de *episteme:* ciencia y *logos:* tratado), es decir, de la parte de la Filosofía que estudia el conocimiento científico. La Epistemología verifica que la división existente entre ciencia pura por un lado y tecnología - entendida como aplicación de los conocimientos científicos - por otro, es meramente teórica, puesto que en la realidad el límite se desdibuja. Aunque la Medicina persigue técnicas terapéuticas, su interrelación con la ciencia pura es obvia, en especial con la Biología y la Química.

En el resto de las disciplinas y por lo tanto en Diseño, la situación es semejante. La acumulación de conocimientos científicos y su complejidad creciente determinan la necesidad de que haya carreras científicas por un lado y tecnológicas por el otro. Pero eso no debe hacernos olvidar que la ciencia y la tecnología se alimentan mutuamente [15]. La ciencia pura procura la explicación y descripción de los fenómenos. La tecnología ofrece un conjunto de instrucciones que permiten resolver problemas fácticos. Comprende explicaciones y formulaciones - en nuestro caso sobre Diseño - que se interrelacionan de manera constante.

La Epistemología recurre a la utilización de conceptos lógicos para precisar la estructura de sus teorías. Como veremos más adelante (capítulo 1, inciso 1. 16), la Lógica es la parte de la Filosofía que trata sobre lo verdadero, lo falso y lo dudoso, y nos nutre de razonamientos moleculares, es decir, de aquellos que están compuestos por dos tipos de componentes: los enunciados científicos simples o autónomos y las expresiones conectivas lógicas [16]. Para que sean moleculares, los razonamientos deben tener un valor de verdad, y esta es una cuestión de hecho que se investiga empíricamente.

Una de las virtudes del razonamiento reside precisamente en su capacidad de brindar conclusiones de cuya verdad no se posee certeza previa. Las fuentes epistemológicas son las que se encargan de proponernos el razonamiento deductivo, que, como veremos,

es el conjunto de proposiciones
que se presentan como garantía de las
conclusiones.

Las disciplinas científicas y tecnológicas se
preocupan de las propiedades
y características de los objetos motivos de
su estudio, a los cuales es posible dividir
en dos clases según el modo de
conocimiento que se aplique a ellos.

A los que se ofrecen a la práctica,
a la observación y a la experimentación,
los denominamos empíricos, y a los que
son captados de manera más indirecta
a través de deducciones, inferencias
o conjeturas, los llamamos teóricos.
La Epistemología concibe a la ciencia como
un proceso dialéctico en el que teoría
y práctica se controlan mutuamente [17].

Una investigación sobre las raíces
científicas del Diseño debe intentar el
acceso a ellas desde sus límites. Pero, ¿qué
entendemos por límites de la ciencia del
Diseño si es que así la consideramos?
Afrontar su estudio y su contexto histórico
y cultural, supone enfocar el problema
desde un lugar en el que el concepto de
límite pierde su cariz negativo. El límite
no es una carencia del saber o una
imperfección a superar. En el sentido
positivo, límite remite a aquello que
configura una forma - el Diseño - que se
constituye por limitación. Es decir,

por todo aquello que necesita incluir
y por lo que es necesario que excluya
y deje afuera, para poder ser esa forma
del objeto y no otra; para que el objeto
Diseño quede delimitado [18].

1.3.
Diseño como ciencia proyectual

Si una de las intenciones de este trabajo
es aproximarnos a la idea del Diseño
como una ciencia y una tecnología de
base empírica y teórica y de raíz filosófica
y epistemológica, otra es la de perfilar su
naturaleza proyectual. Fue Tomás
Maldonado quien por primera vez utilizó
la acepción *actividad proyectual* en la
definición sobre el Diseño Industrial que
redactó para el congreso del ICSID
*(International Council o Societies of
Industrial Design)* de 1961 [19]. Dos años
más tarde, en 1963, decía nuevamente en
una conferencia que dictó en Alemania
bajo el título *Actuelle Probleme der
Produktgestaltung* (El problema actual de
la configuración formal): « El Diseño
Industrial es una actividad proyectual que
consiste en determinar las propiedades
formales de los objetos producidos
industrialmente... [20] ».

Los adjetivos *proyectual* y *proyectiva*
o *proyectivo,* y el sustantivo *proyectación*
son neologismos que provienen del verbo

proyectar: imaginar planes, planear. Proyecto es la mira, el propósito de hacer alguna cosa de manera planificada. De ello se desprende que Diseño es la facultad creadora de proyectar. Podría inferirse entonces que diseño y proyecto son sinónimos. Si bien en la vida cotidiana de las relaciones educativas y laborales suelen efectivamente utilizarse ambos términos como equivalentes, es conveniente subrayar la diferencia que distancia a ambos. Proyecto es el plan para la ejecución de una obra u operación. Diseño es el plan destinado exclusivamente a la configuración de una obra de carácter formal, a una forma visual o audiovisual, bidimensional o tridimensional.

Por ejemplo, el proceso destinado a planificar nuevos métodos de organización productiva en una planta industrial, es un proyecto pero no un diseño, porque su resultado no es una forma visual. Proyecto involucra a Diseño. Diseño es un proyecto en el cual el

producto resultante es una forma visible y tangible (Figuras 1 y 2).

El término diseño no denomina entonces al objeto emergente de la actividad proyectual - una ciudad, una escuela, una vajilla, una tela, un afiche, un film - sino al proceso conducente hacia esos objetos, entendiendo por objeto a toda cosa creada por el hombre. Diseño no es la expresión final de una forma visible, sino el proceso de creación y elaboración por medio del cual el diseñador traduce un propósito en una forma.

La palabra diseño es un anglicismo: *design* significa « plan mental, proyecto, programa » según el diccionario de la Academia de Oxford. En los idiomas latinos el término se ha incorporado de manera diversa [21]. El vocablo italiano *disegno,* el francés *dessin* y el portugués *desenho* remiten más a delineación, a trazado, a bosquejo o dibujo de cualquier elemento que tenga una intención artística o decorativa. Pero un dibujo no es sino

Proyecto	Es el plan para la ejecución de una obra u operación	Diseño	Es el plan destinado exclusivamente a la configuración de una obra de carácter formal

1

| Diseño | Proceso de creación y elaboración por medio del cual el diseñador traduce un propósito en una forma | Objetos | Ciudad Escuela Vajilla Tela Film Afiche como resultantes del proceso de Diseño |

2

una representación figurativa o abstracta de algo existente o inexistente. Lo que define la idea de Diseño es el hecho de que las formas resultantes surgen de un plan, de un programa, de una estrategia de abordaje. En castellano el término tiene un significado ambiguo entre ambos conceptos y carece - desafortunadamente - de la claridad que posee en idioma inglés. No obstante, todavía no hemos tenido que llegar - como ocurre en Brasil - a un reemplazo taxativo de la palabra de nuestro idioma por la anglosajona.

Convenido esto, podemos aceptar luego que al producto emergente de aquel proceso proyectual se lo denomine genéricamente diseño o buen diseño, acepción esta última que define a un objeto al que se lo considera poseedor de determinadas cualidades funcionales y formales.

Hablar de buen diseño implica jerarquizarlo cualitativamente.
En nuestro entorno físico hay sólo dos clases de objetos: un ínfimo porcentaje corresponde a los que han sido diseñados, y uno elevadísimo, a los que no lo fueron. Si situamos a uno dentro del primer grupo - el de los diseñados - y luego lo calificamos como bueno, quiere decir que le hemos adjudicado un alto grado de valoración. Entre el conjunto de obras y productos construídos o producidos, y de mensajes visuales y audiovisuales difundidos, son muy pocos entonces, los de buen diseño. Pero es estéril y no constructivo criticar a las cosas diseñadas - en el sentido de emitir sobre ellas juicios negativos - sólo por no haber alcanzado aquella calificación, cuando precisamente, en países como el nuestro, casi todo el entorno artificial está por diseñarse.

Habíamos dicho antes que lo que determina al Diseño es primero la existencia de un problema a resolver, de un fin, de una intención, de un propósito; y segundo, el proceso de concepción, el plan mental, el programa para llegar a una solución.

Diseño es en síntesis una estrategia y una táctica de la mente que se moviliza desde que se inicia la decisión de gestar un objeto útil hasta que se logra su concreción final, atravesando todos los pasos o instancias requeridas para lograr una forma que cumpla su propósito, una forma que funcione. Como dice Juan Bautista Lamarck, «la forma sigue a la función». O mejor aún, como lo expresa Wright, «la forma y la función son una» [22].

1.4.
Pensamiento proyectual del Diseño

La actividad necesaria para la concepción creadora de un objeto diseñado es producto de un determinado tipo de pensamiento al que llamamos proyectual. El pensamiento proyectual es un pensamiento nuevo. Una forma de pensar que nace en el siglo XX y encuentra su origen más nítido en el Movimiento Moderno, notable experiencia vanguardista en los campos de la Arquitectura, del Arte, de la Industria,

de la Técnica, de la Filosofía, de la Psicología y del Psicoanálisis. Se desarrolla en Europa y en los Estados Unidos. Se gesta en el expresionismo alemán, en el futurismo italiano, en el constructivismo ruso, en el cubismo, en el dadaísmo, en el surrealismo. Se nutre con las nuevas ideas surgidas de la revolución industrial. Se expande con los avances científicos de la Escuela de la Gestalt. Encuentra su centro vital en la Bauhaus y recibe un aporte revolucionario con la obra de los grandes maestros de la Arquitectura moderna. Con lo *racional brutalista* de Le Corbusier, con lo *integral funcionalista* de Walter Gropius, con lo *geométrico transparente* de Mies Van der Rohe, con lo *orgánico imaginativo* de Frank Lloyd Wright y con lo *funcional fluyente* de Alvar Aalto [23].

Según Tomás Maldonado la historia del Movimiento Moderno no puede ser considerada la historia del Diseño Industrial, pero no cabe duda de que en él se forjaron sus matrices [24], especialmente en la línea directriz que partiendo de John Ruskin y William Morris [25] pasa por Van de Velde y llega hasta Walter Gropius (Figura 3).

La Arquitectura y el Arte son los núcleos generadores del pensamiento proyectual y por lo tanto del pensamiento del Diseño. La primera le provee la unidad dialéctica

Movimiento Moderno	Arts and Crafts Ruskin Morris	Expresionismo, Futurismo, Cubismo, Constructivismo, Dadaismo, Surrealismo	Los maestros del Arte Moderno
	Los maestros y pioneros de la Arquitectura Moderna	Psicoanálisis Psicología de la Forma Escuela de la Gestalt	Staatliches Bauhaus

3

una forma que tiene tradición secular; y el segundo le confiere la energía vital y eterna de la belleza. De aquella fusión suprema de la Arquitectura y del Arte, de la ciencia y de la técnica, nació una nueva concepción de los objetos industriales mediante el procesamiento de factores de función, de uso, de escala, de espacio, de forma y de estilo.

Hoy, al final del siglo veinte, y trascurridos cien años de aquella génesis, podemos ver el Diseño como una experiencia creativa, operativa y técnica resultante de una nítida rama del saber, la *ciencia proyectual*. Una ciencia nueva que está en constante construcción y mutación. Un cuerpo de doctrina estructurado por una unidad lógica y una unidad temática, construido sobre una base arquitectónica, artística, científica y tecnológica.

Desde sus orígenes, la Arquitectura, a su vez, fue estructurándose como una integral de tres grandes ramas del conocimiento: las ciencias humanas y sociales, las artes y las ciencias exactas y naturales. Entre las primeras situamos a la Filosofía, a la Historia, a la Psicología, a la Estética y a la Sociología, todas ciencias metacientíficas a partir de las cuales podemos estudiar y comprender a las demás. Entre las segundas, a la Pintura, el Dibujo, el Grabado, la Escultura, la Literatura, el Teatro y la Música, las que le transfieren el más elevado sentido de la belleza. Y entre las terceras, a la Matemática, la Geometría, la Física, la Química y la Biología, la Física, la Química y la Biología, todas ciencias puras, que la nutren del pensamiento lógico, exacto, verdadero y natural.

En su impulso de aceleración creciente, nuestro siglo ha aportado otras fuentes del saber, otras ciencias modernas derivadas de las básicas. Diseño es una nueva ciencia que amalgama el pensamiento arquitectónico - artístico, exacto y natural - con los de otras ciencias.

De este segundo grupo mencionaremos sólo aquellas que juzgamos fundamentales para la construcción del pensamiento proyectual. La Psicología Social, ciencia que trata sobre las condiciones de existencia, organización y comportamiento de las sociedades. El Psicoanálisis, teoría psicológica fundamental basada en el conocimiento del inconsciente.

La Psicología de la Forma, que estudia los fenómenos de la percepción. La Lingüística, ciencia que estudia la teoría de los signos de la lengua y del habla.

La Semiótica, ciencia que a partir de la Lingüística estudia la teoría de todos los signos. La Morfología, ciencia que estudia las formas y los procesos de prefiguración. La Ergonomía, ciencia que estudia los factores humanos en la Ingeniería y el Diseño. Y la Electrónica, parte de la Ingeniería Eléctrica que estudia el desplazamiento de electrones en líquidos y sólidos, de la que derivan: la Informática, programación computarizada de datos;

la Telemática, integración de la Informática con las comunicaciones; la Cibernética, control y gobernabilidad de los hechos físicos; y la Robótica, aplicación de la Informática en la industria (Figura 4).

Si bien la presencia en la Arquitectura de dos ciencias básicas como la Matemática y la Geometría muestra la influencia de las ciencias exactas en la proyectual, no resulta reiterativo valorar los aportes de la Ingeniería de Proyecto, sobre todo en los terrenos del cálculo estructural. Y de la Física y la Química en el estudio de la tecnología de los materiales. La influencia que ejercen en el Diseño otras ciencias como la Fenomenología, la Heurística y la Topología, podrá confirmarse en el transcurso de estas páginas.

Algunas de las nuevas vertientes del saber - como la Sociología y la Lingüística - habían surgido de las napas del conocimiento humano antes de esta centuria. Pero el verdadero proceso como sistema de síntesis científica, es el que se suscita recién en el devenir cultural y tecnológico contemporáneo.

Dice Jordi Llovet que hablar de Diseño es algo que puede hacerse a partir de cualquiera de los campos que inciden sobre él: la Sociología, la Psicología de la Percepción, la Economía Política,

Diseño como ciencia proyectual interdisciplinaria	Arquitectura como integral de ciencias y artes	Ciencias Humanas y Sociales	Filosofía Historia Estética Sociología
		Artes	Pintura Dibujo Grabado Escultura Literatura Teatro Música
		Ciencias Exactas y Naturales	Matemática Geometría Física Química Biología
	Nuevas ciencias derivadas de las básicas	Ciencias relacionadas con la comunicación	Psicología Social Psicoanálisis Lingüística Semiología Semiótica
		Ciencias relacionadas con la forma	Psicología de la Forma Morfología Heurística Topología
		Ciencias relacionadas con la función y la programación	Ergonomía Electrónica: Informática Telemática Cibernética Robótica

4

la Semiología, la Teoría de la Comunicación, la Teoría de la Cultura, la Política, la Estética y la Teoría del Arte y hasta el Psicoanálisis.
« Un discurso que debiera afrontar el estudio del Diseño desde todos estos campos del saber conjugados tuviera que denominarse en propiedad filosófico » [26].
La ciencia proyectual no es la suma de todas las ciencias básicas y derivadas que antes mencionamos, sino una combinación sutil entre sus partes.
Un mestizaje con pureza propia entre muchas razas del saber.

Es una interdisciplina; un nuevo sistema estructurado de conocimientos; una unidad lógica y temática constituída por conglomerados de proposiciones, de leyes o de conjuntos de leyes que provienen de otras ciencias.

Un arquitecto para proyectar un estudio de televisión, no tiene que ser un experto en Electrónica. Un diseñador industrial para desarrollar un vehículo de transporte, no está obligado a adquirir amplios y profundos conocimientos de Ergonomía. Un diseñador gráfico para programar un sistema de signos, no debe dominar Semiótica. Un realizador cinematográfico para crear la estructura narrativa de un film, no tiene que ejercer Lingüística. Pero todos ellos, en la medida que adquieran conciencia de la interacción de dichas disciplinas, optimizarán su creatividad partiendo de la idea aristotélica de que el conocimiento y la creatividad son acumulativos.

Ninguna otra ciencia como la proyectual compromete tanto a quien la abraza al conocimiento interdisciplinario. Para decirlo en los términos de Gastón Breyer, « el diseñador sólo se conecta con la realidad a través de la interdisciplina, con el concurso del sociólogo, del historiador, del semiólogo. El diseñador debe eludir la pretensión de ser él mismo ese intérprete, para evitar todo tipo de diletantismo y de

improvisación ideológica que lo presione a buscar en el Diseño la llave de una comprensión que desborda sus posibilidades. Ni el Diseño es el medio para salvar la sociedad ni es tampoco el pasivo instrumento de ésta » [27].
El diseñador no debe ser un ideólogo con su diseño ni tampoco un mero consultor técnico de cualquier ideología sin tomar conciencia de ella comprometidamente.

1.5.
Diseño como ciencia de lo artificial

Una perspectiva original ha sido planteada por el matemático, economista e investigador Herbert Simon, del Instituto de Tecnología de Masachussets (MIT), para quien la Ingeniería, la Medicina, los negocios, la Arquitectura, el Diseño Industrial y el Arte visual, no se ocupan de cómo son las cosas sino de cómo podrían ser. En resumen, del Diseño o proyecto.

Para Simon la posibilidad de crear una ciencia del Diseño es equivalente a crear una ciencia de lo artificial —del artificio— que trata sobre fenómenos del mundo creado por el hombre, opuesta a la ciencia de lo natural que trata sobre los fenómenos regidos por las leyes naturales, como las físicas o las químicas. Según su interpretación, el ingeniero, el arquitecto y el economista se conectan entre sí porque se preocupan de cómo debieran ser las cosas para conseguir determinados fines y para funcionar.

El término diseño en la tesis de Simon tiene una extensión muy vasta y personal. Para él los ingenieros (sic) no son los únicos diseñadores profesionales. Diseña todo aquel que concibe actos destinados a transformar situaciones existentes en otras nuevas. La actividad intelectual que produce artefactos materiales no es fundamentalmente diferente de la que receta medicamentos para un paciente o imagina un plan de ventas para una empresa.

Simon aspira a que las escuelas profesionales « vuelvan a hacerse cargo de sus responsabilidades profesionales en función de si logran o no descubrir una ciencia intelectualmente apta, analítica, parcialmente empírica, que permita ser enseñada en relación con el proceso de Diseño » [28].

La tesis es profunda y original, pero no contempla en su formulación la importancia de la forma visual, que es medular para el diseñador. Fundiendo ciencia proyectual con ciencia de lo artificial, no contribuye a la delimitación del Diseño como objeto teórico práctico de creación visual.

1.6.
Propósito y fin del Diseño

Si diseñar implica supeditar la creación de formas a un propósito, el propósito del Diseño es siempre responder a una necesidad del hombre. Su verdadera dimensión y su rol social los adquiere al dar una respuesta formal a una función, es decir al modo de acción en virtud del cual un objeto cumple la finalidad para la cual ha sido creado [29].

Dos enunciados están ligados al Diseño: el de ciencia proyectual destinada al bien individual y social y el de objeto proyectado que responde a una necesidad. El fin, el propósito, el objetivo del Diseño, es el de crear objetos útiles a las necesidades del hombre en su hábitat, en su entorno social y físico. Para decirlo con la frase de Max Weber, « la racionalidad con arreglo a fines » [30] es el sentido del Diseño.

En esta época signada por las economías expansivas de los países centrales, y debido al sorprendente desarrollo del mercado innovador, es conveniente precisar el alcance de la idea de propósito, puesto que la constante movilización de los procesos de comercialización conduce con facilidad a la fabricación o a la programación de necesidades ficticias o superfluas.

Los avances tecnológicos van estructurando al hombre urbano, al ciudadano, de tal forma que casi sin percibirlo se ve estimulado por necesidades nuevas. Un reloj que da la hora no es igual a otro que además, es sumergible, cronómetro, despertador, calculadora, computador y juego electrónico. En la concepción de este último, el propósito de ser útil a una necesidad se confunde con el de innovar para vender como un fin en sí mismo, y ello es consecuencia del auge tecnológico, en un circuito que se realimenta constantemente.

Ambas finalidades pueden ser contradictorias porque el propósito de innovar para vender se contradice con el propósito de ser útil y puede conducir a la creación de lo superfluo.

La razón de ser necesario o útil es inherente al Diseño; es una razón intrínseca, estructural, esencial.

El Diseño en cuanto fenómeno establece la correspondencia entre un *estado de necesidad* y un *objeto de necesidad*. Al situarse en ese punto neurálgico emerge como fenómeno social total [31].

Necesidades Materiales

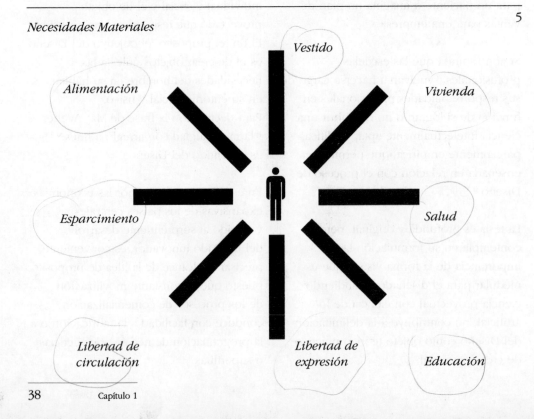

Vestido

Alimentación

Vivienda

Esparcimiento

Salud

Libertad de circulación

Libertad de expresión

Educación

Ese estado de necesidad está compuesto por dos tipos de menesteres: los materiales y los no materiales. Las necesidades materiales son:

1. Fisiológicas (alimentación).
2. Ambientales individuales (vestido).
3. Ambientales sociales (vivienda).
4. Salud en el sentido de bienestar somático (atención médica preventiva y curativa).
5. Educación en el sentido de autoexpresión y diálogo (educación permanente).
6. Libertad de expresión (medios de comunicación).

7. Libertad para circular (medios de transporte).
8. Cultivo del cuerpo y del espíritu (deporte y esparcimiento) (Figura 5).

Las necesidades no materiales son:

1. Creatividad.
2. Identidad.
3. Autonomía.
4. Compañía.
5. Participación.
6. Autorrealización.
7. Sensación de que la vida tiene sentido [32] (Figura 6).

Necesidades no materiales   *Identidad*   6

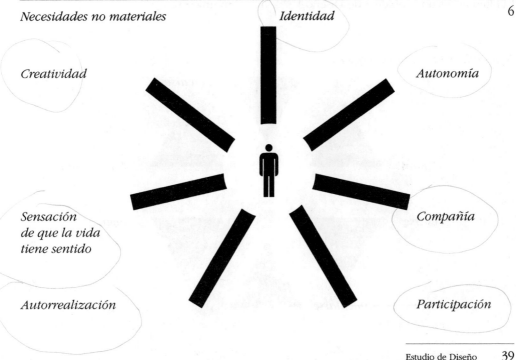

Creatividad

Autonomía

Sensación de que la vida tiene sentido

Compañía

Autorrealización

Participación

Podemos categorizar las necesidades materiales y no materiales de satisfacción en cuatro niveles, si bien cada contexto social debiera establecerlas en forma o correspondencia con su respectiva realidad:
a. Necesidades reales, básicas y prioritarias.
b. Necesidades reales de bienestar y confort.
c. Necesidades aparentes o creadas.
d. Necesidades inadecuadas (de ostentación, de lujo, de figuración, de dominio).
Dentro de estos cuatro niveles el Diseño actúa en la proyectación de los objetos que corresponden a los dos primeros.
« El lujo no es un problema de Diseño » [(33)].

Las Figuras 7 y 8 reelaboran aquellos datos y grafican las que definimos como:

Necesidades básicas individuales:
1. Alimentarse.
2. Vestirse.
3. Educarse.
4. Tener Salud.
5. Amar.
6. Jugar (en el sentido de esparcimiento del cuerpo y del espíritu).

Necesidades básicas ambientales:
1. Vivir en sociedad.
2. Habitar.
3. Usar objetos.
4. Comunicarse.

Necesidades Individuales básicas 7

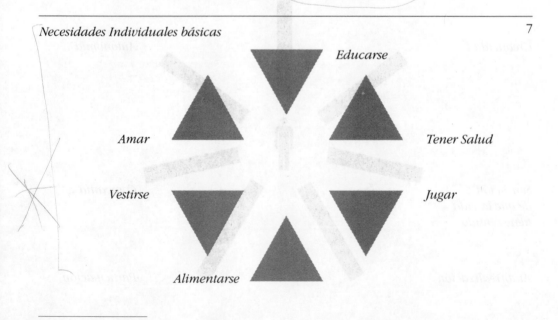

En este orden de ideas, Diseño es la ciencia proyectual que responde mediante formas a las necesidades ambientales del hombre. Es una de las ciencias destinadas al mejoramiento del hombre en su medio ambiente, entendiendo a éste como el medio físico y socio cultural creado por aquel.

El estudio sobre las relaciones entre el hombre y su medio es una de las metas básicas del Diseño, porque su fin es crear una estructura física necesaria para la vida y el bienestar del hombre como individuo y como ser socialmente integrado [34].

1.7.
Diseño y ambiente humano

«Intentar la proyectación sin el auxilio de una conciencia crítica - ecológica y social - nos lleva siempre a evadir la realidad contingente», dice Maldonado [35]. El Diseño entendido así debe proveernos respuestas a nuestro problema fundamental: el conflicto entre las necesidades y las libertades humanas. Vivimos en un ambiente humano, en un ambiente construido en gran parte por nosotros mismos.

Necesidades ambientales

8

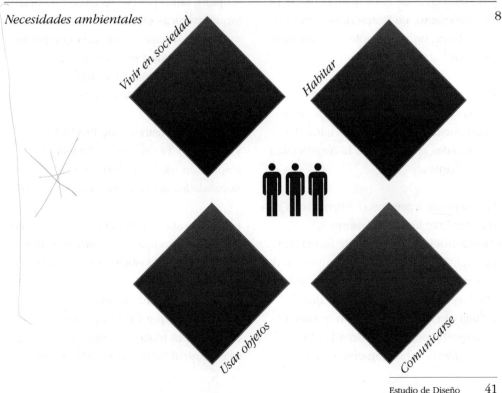

En esos términos confiamos en que el Diseño es el sistema de ideas que proporciona las respuestas.

El Diseño Urbano da respuesta en términos de forma a las necesidades del hombre de vivir en sociedad. Las formas que surgen de este proceso se materializan en ciudades o conjuntos urbanos.

El Diseño Arquitectónico da respuesta formal a las necesidades de habitabilidad. Habitabilidad implica la noción de habitar en el más amplio sentido del término y no sólo en el de habitar una vivienda. Un aeropuerto, un hospital, una escuela, una fábrica, un restaurante, son también espacios habitables.

El Diseño Paisajístico se solidariza con las dos disciplinas anteriores en la planificación de los espacios naturales y artificiales en relación a la Arquitectura y al Urbanismo.

El Diseño de Interiores o *Interiorismo* está directamente ligado al Diseño Arquitectónico. Por su doble formación generalista y especialista, el arquitecto no lo acepta como escindido del proceso que conduce a la creación de la totalidad de una obra. Esta convicción orgánica de concebir como un todo a la obra de arquitectura propiamente dicha,

a la ambientación de los espacios interiores y al equipamiento, está más afianzada en nuestro medio que en los países centrales donde la subdivisión del trabajo ha perfilado el área disciplinaria con mayor nitidez.

Entre nosotros, por el contrario, el concepto de Diseño de Interiores está ligado todavía a la idea de decoración, y empañado por lo tanto por una intención ornamental sobre la superficie que se intuye desprendida del hecho arquitectónico.

Empero, tanto para el reciclaje de obras arquitectónicas existentes como para nuevos proyectos, es un área que puede ser abordada de forma tal que no implique respuestas epidérmicas segmentadas de la Arquitectura.

El Diseño Industrial o de Producto y el Diseño Textil y de Indumentaria, responden mediante formas a las necesidades del hombre de usar objetos.

Esa respuesta se extiende a un sinnúmero de productos cuyas características básicas son la naturaleza objetual y la condición operacional y táctil.
Integran una gama de amplísimas dimensiones que va desde una computadora hasta una vajilla y desde una tela industrial hasta una prenda de vestir.

El Diseño Gráfico y el Diseño de Imagen y Sonido responden a las necesidades del hombre de comunicarse mediante formas de comunicación visual y audiovisual.

Todas las áreas disciplinarias se sitúan como continentes de una esfera planetaria mayor a la que llamamos Diseño Ambiental o Diseño del Entorno (Figura 9).

Diseño es entonces el conjunto de acciones y reflexiones que intervienen en el proceso de creación proyectual de una obra original, sea esta espacial, objetual o comunicacional.

Dicha obra es el resultado de una actividad planificadora que conduce a programarla, idearla y materializarla mediante su construcción, su producción o su difusión por medios industriales [36].

Vamos hacia un nuevo Diseño, global, totalizado y totalizador, hacia un Diseño orgánico y ambiental.
Vamos hacia la integral del Diseño.

Diseño Ambiental o Diseño del Entorno 9

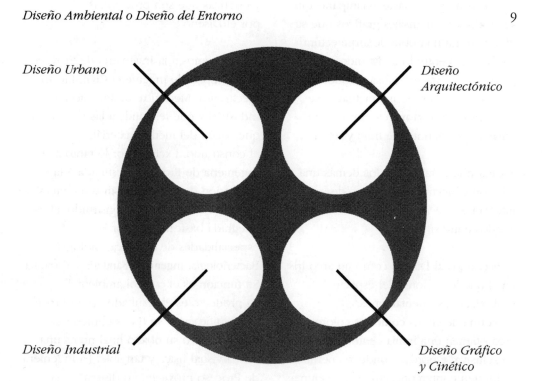

Diseño Urbano

Diseño Arquitectónico

Diseño Industrial

Diseño Gráfico y Cinético

Todo pareciera indicar que las obras arquitectónicas son las que se construyen, los productos u objetos los que se producen y las obras de comunicación visual o audiovisual las que se difunden. Pero el proceso contemporáneo de evolución tecnológica, las economías de consumo y los mercados de innovación, han producido la total interacción entre los tres tipos de obras de Diseño.

Un gran cartel electrónico en un estadio de fútbol, tiene una estructura metálica que se construye, placas y lámparas que se producen y mensajes gráficos que se difunden. En una obra de arquitectura las fronteras entre lo construido y lo producido se hacen difusas. Todos los productos de Diseño interactúan y se comunican en una marea permanente, dinámica y continua de flujo y reflujo.

Y cada uno entabla con los demás una relación dialéctica, un diálogo de intercambio recíproco que los concatena a todos entre sí.

Concebimos al Diseño como un arco iris en el que los colores del espectro simbolizan las orientaciones.
Cada una de ellas - como los colores del arco - tienen una franja central pura y exclusiva, y bordes donde los perfiles se funden e interconectan. Y todas juntas

conforman el Diseño Ambiental así como los colores espectrales unidos hacen la luz (Figura 10).

El Diseño Ambiental en todas sus extensiones - urbano, arquitectónico, paisajístico, de interiores, industrial, textil, gráfico y cinético - estudia las relaciones entre el hombre y el medio desde el punto de vista del hombre. La Ingeniería en cambio, lo hace desde el punto de vista del medio, porque considera leyes físicas, químicas y orgánicas, distintas a las psicológicas, perceptivas, morfológicas y estéticas que son procesadas por el Diseño [37].

Nos referimos a la Ingeniería de Proyecto que comprende Ingeniería Civil, Eléctrica, Electrónica, Mecánica, de Producción e Industrial y que responde a las necesidades que nacen del medio material, el construido. Excluye por lo tanto a la Ingeniería de Proceso, destinada a la resolución de los mecanismos interactivos naturales del medio no construido, al estar integrada básicamente por las especialidades de Química, Biología, Bacteriología, Ingeniería Sanitaria y Ecología. Su función es el control ambiental, su producto es el resultado de un proceso de planificación, su fin es el bienestar del hombre, pero su objeto final no es una forma visual física y tangible. La Ingeniería de Proceso proyecta, no diseña.

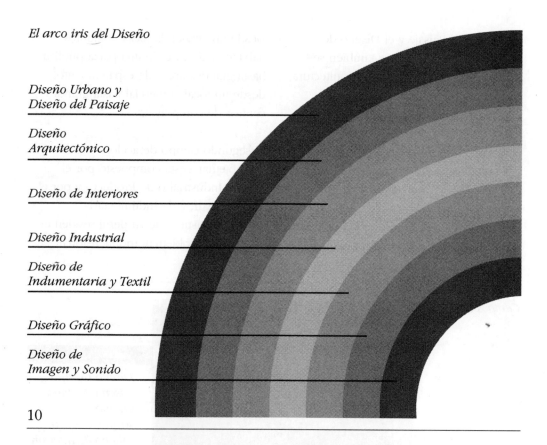

El arco iris del Diseño

Diseño Urbano y
Diseño del Paisaje

Diseño
Arquitectónico

Diseño de Interiores

Diseño Industrial

Diseño de
Indumentaria y Textil

Diseño Gráfico

Diseño de
Imagen y Sonido

10

1.8.
Campos de acción del Diseño

Consideramos campo de acción al área de extensión de una ciencia o disciplina. Al territorio dentro del cual cada esfera del saber se desplaza [38]. Es el espacio de mayor amplitud para cada una de las orientaciones. Comprende a la práctica profesional, a la docencia y a la investigación de cada una. Implica lo que se hace en ellas, lo que se ha hecho y lo que se podría hacer. Los campos de acción son los espacios para plasmar los propósitos y las formas de Diseño. Y en ese aspecto, las distintas parcelas conectadas por el denominador común del Diseño Ambiental parecen tender a un agrupamiento lógico en tres grandes campos de acción (Figura 11).

El primero es el arquitectónico, y en él se desplazan el Diseño Arquitectónico propiamente dicho, el Diseño Urbano, el Diseño del Paisaje y el Diseño de Interiores. Es habitual que también se denomine a estas divisiones, Arquitectura, Urbanismo, Arquitectura Paisajística y Arquitectura Interior respectivamente. Las cuatro tienen como columna vertebral el pensamiento de la Arquitectura y la naturaleza constructiva, corpórea y espacial que las enmarca. Están destinadas a concebir formas habitables, recorribles y construibles, y son el resultado de afrontar problemáticas de escala mayor y media.

Desde una vivienda hasta conjuntos habitacionales, desde una plaza pública hasta grandes áreas de esparcimiento, desde un local comercial hasta grandes centros de compras.

El segundo campo de acción - el objetual - está compuesto por el Diseño Industrial o de Producto y por el Diseño Textil y de Indumentaria. Las características de su perfil residen en la naturaleza objetual, tridimensional

Campos de Acción

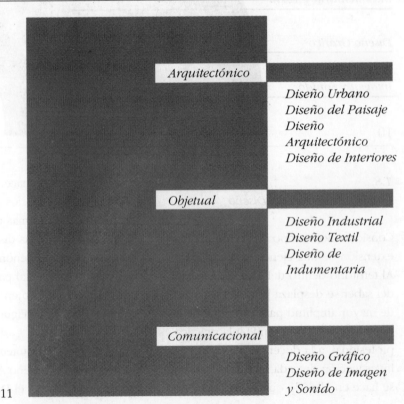

Arquitectónico

Diseño Urbano
Diseño del Paisaje
Diseño
Arquitectónico
Diseño de Interiores

Objetual

Diseño Industrial
Diseño Textil
Diseño de
Indumentaria

Comunicacional

Diseño Gráfico
Diseño de Imagen
y Sonido

11

y tecnológica de las formas.
Como en la Arquitectura, la cuarta dimensión - el espacio-tiempo - es la constante que participa en el proceso creativo. La producción en serie y la condición industrial de los objetos, son dos de sus rasgos.

El Diseño Industrial abarca el espectro de todo el mundo objetual que rodea al hombre moderno: desde calculadoras personales hasta equipos telemáticos de telefonía avanzada, desde termostatos para artículos del hogar hasta sistemas cibernéticos de transbordadores espaciales, desde herrajes para muebles hasta sistemas de equipamiento y mobiliario urbano o arquitectónico, desde telas de tapicería hasta líneas de productos textiles en gran escala, desde accesorios para el vestir hasta líneas completas de indumentaria para consumo masivo.

Los campos de acción de la Arquitectura y del Diseño Industrial tienen zonas neutrales en sus fronteras comunes donde se entrecruzan - y a veces se superponen - los planos de influencia de cada uno. La participación del Diseño Industrial en la Arquitectura se manifiesta en los sistemas constructivos industrializados, en los múltiples elementos de la industria que intervienen en la construcción, y en el mobiliario y el equipamiento arquitectónico. La esencia del pensamiento proyectual que la Arquitectura transfiere al Diseño Industrial incide profundamente en éste, por ser aquella antecesora secular y gestora del mecanismo mental que permite crear formas útiles con sentido estético.

El tercer campo de acción - el comunicacional - está integrado por el Diseño Gráfico y por el Diseño de Imagen y Sonido. Ambas orientaciones se identifican por su naturaleza comunicativa visual o audiovisual. Como ya hemos visto, nacieron como resultado de la evolución social, cultural y tecnológica de la sociedad industrial de fines del siglo diecinueve y principios del veinte, y se desarrollaron en las vanguardias europeas y americanas. Las dos comparten el mismo tipo de pensamiento visual, que, como veremos en el capítulo 2, inciso 2. 1., está influenciado por la imprenta y por la cámara.

La cuarta dimensión participa en ambas aunque de manera diferente. En el Diseño Gráfico el tiempo transcurre para el observador en la secuencia de la lectura de una obra editorial o en el recorrido a través de un sistema de señales urbanas. El tiempo pertenece por lo tanto, al receptor del mensaje. En la obra cinética por el contrario, el tiempo está dentro de ella misma y es gobernado por el realizador que creó el guión.

Las dos se entrelazan y se alimentan de una fuente común: el propósito de comunicación visual y el lenguaje visual o audiovisual que utilizan. En ambas también, se emiten mensajes desde un emisor hacia un receptor, mientras que los creadores de las imágenes asumen el rol de intérpretes.

Para Simón Feldman [39] el área de imagen y sonido introduce, respecto de otras del Diseño, dos importantes diferencias. La primera es que el espacio y el tiempo real son modificables, y la segunda, que la relación de la obra con el espectador establece vínculos singulares. En el primer caso, el espacio es modificable por las angulaciones, las posiciones y los encuadres de la cámara, por los diferentes tipos de película o de bandas magnéticas. El tiempo lo es por el relato lento o acelerado, por los cortes entre las tomas, por la interacción entre presente y pasado, por la inversión de la marcha de la filmación, por las alteraciones de raíz psicológica. La relación entre la imagen y el sonido se presta a modificaciones cuando hay desfasajes y asincronismos, o efectos sonoros o realistas, o silencios totales, o música de fondo. En el segundo caso el vínculo es afectivo emocional y de empatía por la identificación del espectador con los contenidos y las formas del relato fílmico.

1.9.
Relaciones laborales y campos de acción

Con excepción del Diseño Arquitectónico y del Diseño Urbano - Arquitectura y Urbanismo - las demás vertientes de la ciencia proyectual nacen y se desarrollan durante el presente siglo merced a los procesos de desenvolvimiento cultural e industrial acaecidos en Europa y Estados Unidos. Tales sitios, como ya dijimos, dieron origen, primero, al Movimiento Moderno como expresión del racionalismo y del funcionalismo de las primeras décadas, y luego, a la reformulación postmoderna antifuncionalista y formalista de los años setenta, desembocando hoy, a fines del siglo, en una tercera etapa determinada por los mercados del consumo y la innovación [40].

Estas circunstancias llevan a grandes sectores de la sociedad a la creencia actual de que el mercado es el que establece las actuales condiciones del Diseño y el que dictamina su destino y sus patrones de conducta; y a la presunción de que la disciplina depende únicamente del mercado. Sin negar los fuertes condicionamientos actuales que imponen los avances tecnológicos ni las presiones que ejercen las reglas del juego competitivo, es conveniente alertar sobre el riesgo de considerar al Diseño como una mera actividad instrumental para la construcción de una estética de la ganancia y del consumo, oscilante y pendiente del mercado.

En este punto es útil diferenciar el concepto de mercado - que implica una concepción mercantil del trabajo - del de sistema de relaciones laborales, idea más amplia y humanista que no considera al trabajo como una mercancía ni a la retribución como un precio.

Imaginar al Diseño como un oficio surgido del sistema laboral y no como una disciplina constructora de una estética social, implica aceptar un determinismo mercantil y confundir el tipo de trabajos que reclama el mercado con los que puede generar el campo de acción.

El sistema de relaciones laborales es el terreno de aplicación parcial de la disciplina, lo que el medio comercial le reclama. Es sólo un sector de la vasta extensión ocupada por el campo de acción. Comprende los trabajos que se hacen habitualmente en cada especialidad y que surgen de las necesidades del parque productivo, las que en general desconocen la amplitud del campo. El mercado es la realidad, el campo de acción la posibilidad. El mercado determina la experiencia, el campo de acción marca la perspectiva. El mercado es dictado por el pasado y el presente, el campo de acción se orienta hacia el futuro.

12

Campo de Acción

Mercado

El mercado está condicionado por factores endógenos y exógenos, el campo de acción es un desafío no condicionado. El mercado siempre trata de imponerle límites al diseñador, el campo de acción es gobernado por él porque la experimentación y la investigación lo liberan de condicionantes (Figura 12).

El mercado reclama un aviso para promocionar un nuevo producto en el diario de mañana. El campo de acción permite idear un sistema de señalización con globos aerostáticos de colores para áreas de inundación, aunque el mercado no lo demande.

La enseñanza debiera disponer al alumno de Diseño para insertarse en el mercado, y a la vez, inducirlo a abrir su mente hasta donde lo determine el horizonte disciplinario del campo de acción.

Así no sólo podrá trabajar sino que, más aún, se capacitará para pensar alternativas nuevas, que, al superar al mercado, en verdad lo están creando.

La meta pedagógica de las carreras de Diseño debiera ser la de orientar a los alumnos hacia la libertad de los campos de acción y la de disponerlos para que puedan insertarse en la realidad del sistema de relaciones laborales.

1.10.
Aporte de Rudolf Arnheim

En los terrenos de la visión la tesis de Arnheim nos brinda una nueva perspectiva respecto de los interrogantes que se planteaban en la enseñanza del Diseño hasta la década del setenta. Su teoría permitió encontrar un nuevo ángulo de abordaje a una cuestión tan amplia y compleja. Hasta ese momento y a partir de los filósofos medioevales se creía que los mensajes de los sentidos eran confusos e indistintos, y que era necesaria la intervención del razonamiento para clasificarlos. Hasta el mismo Alexander Baumgarten - quien le dio a la Filosofía del Arte el nombre de Estética - juzgaba con ironía a la percepción frente a la profundidad del razonamiento. Las advertencias de Arnheim pusieron en evidencia que las actividades de la percepción contribuyen de manera indispensable al desarrollo de un ser humano dotado de razón e imaginación, y que la ejercitación de la visión y de la razón son dos fases de un mismo pensamiento superior y de naturaleza visual [41]. El pensamiento visual es en definitiva imaginativo y reflexivo, perceptivo y racional, creativo e inteligente. Y estas cualidades se presentan como pares interactivos (Figura 13). Tenemos ahora la certeza de que la persona creativa es inteligente y la

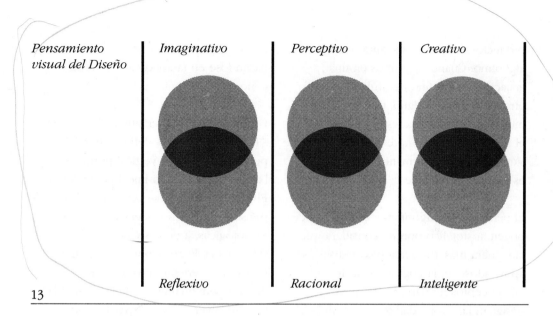

Pensamiento visual del Diseño	Imaginativo	Perceptivo	Creativo
	Reflexivo	Racional	Inteligente

13

inteligente es creativa, en la medida en que convengamos que inteligencia es la capacidad de adquirir conocimientos y de relacionarlos. Acerca del pensamiento proyectual no existen dudas en cuanto a su naturaleza creativa y a su condición cognoscitiva. Por cuerpo cognoscitivo entendemos al conjunto de todas las operaciones implicadas en la recepción, el almacenaje y el procesamiento de la información que nos llega a través de los sentidos, la percepción sensorial, la memoria, el pensamiento mismo y el aprendizaje. Para Arnheim no parece existir ningún proceso del pensar que no opere en la percepción, en lo sensorial. La convicción arnheimiana de que la percepción visual es pensamiento ha influido en forma decisiva en el desarrollo de nuestro

enfoque hasta el punto de que su preocupación en restablecer la unidad entre ambos signó nuestro trabajo.

En esa estructura mental de pensamiento y percepción creemos distinguir dos categorías bien diferenciadas: el pensamiento algorítmico y el heurístico.

1.11.
El pensamiento algorítmico

Un algoritmo es un procedimiento aritmético, una regla, una ley o una verdad que siempre que es aplicada a premisas conocidas produce resultados si no conocidos por lo menos esperados. Es un resultado lógico. Cuando decimos que el orden de los factores no altera el producto estamos enunciando un algoritmo. Cuando pasamos en una ecuación un término de un lado para el otro, se cambia el signo. Cuando se multiplican dos unidades del mismo signo el resultado será siempre positivo. Verdad o regla matemática, el algoritmo es siempre verificable [42].

El pensamiento algorítmico es lógico y de origen aristotélico porque considera que la manera más adecuada para pensar es apoyándose en la Lógica, es decir, en conceptos fundamentales que designan las propiedades de la realidad. Es similar al que Cropley llama pensamiento convergente y define como un producto de la inteligencia que da una respuesta única a un problema basándose en la aplicación de reglas conocidas y asimiladas [43].

Un estudioso de la creatividad - Edward de Bono - define a este pensamiento como vertical porque se basa en la secuencia lineal de las ideas. El hombre inteligente utiliza esta forma de pensar - dice - en la ciencias exactas, tecnológicas, jurídicas y económicas. (Figura 14). El componente algorítmico, lógico, convergente y vertical, es básico en el desenvolvimiento de la creatividad para resolver problemas de Diseño pero ocupa sólo uno de los hemisferios mentales. El espacio del otro corresponde al pensamiento heurístico.

Pensamiento algorítmico

Según Cropley

Según De Bono

14

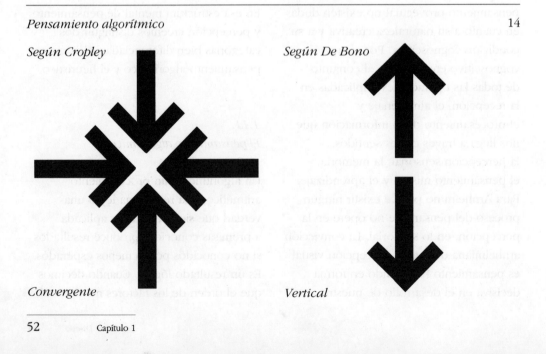

Convergente

Vertical

1.12.
El pensamiento heurístico

La Heurística (del griego *euriskein:* descubrir) es la ciencia que estudia la verdad circunstancial, no comprobable matemáticamente. Expone fundamentos para explicar resultados no constatados. Admite contradicciones y vive de ellas [44]. Sus resultados son habitualmente inesperados y simples, y la simplicidad exige un afinamiento de la inteligencia para detectar lo que a veces es obvio, valorizarlo y no descartarlo por trivial.

En oportunidad de visitar una fábrica de heladeras en Francia, Picasso fue invitado a pintar una, junto a la cual, los directivos habían dispuesto aerógrafos con esmalte de los más variados tonos. Buscó entre todos, serenamente, hasta encontrar uno con el cual comenzó a pintar el artefacto. Era el blanco, el más previsible y por eso el más inesperado e insospechado para los asistentes. Su actitud fue creativa por recurrir a un pensamiento como el heurístico que siempre contradice las reglas asimiladas.

Esa estructura mental - llamada por Cropley divergente - posee la propiedad de relacionar de manera nueva e imprevisible los datos de la experiencia para encontrar soluciones múltiples a un problema. Los descubrimientos científicos y tecnológicos y los productos artísticos y creativos de cualquier índole, según él, son fruto del pensamiento divergente [45].

Esta modalidad del pensar está próxima a la que De Bono califica como pensamiento lateral e íntimamente relacionada con los procesos mentales de la perspicacia y el ingenio. Pero a diferencia de estos dos mecanismos que son espontáneos y no dependen de la voluntad, el pensamiento divergente puede ser gobernado mediante el cambio en la disposición u ordenamiento de la información de la mente. De esta forma se compensan la conductividad lineal del pensamiento vertical y la supuesta certeza de que para llegar a una solución deseada se requiere un encadenamiento lógico de las ideas [46] (Figura 15).

El pensamiento lateral por el contrario, parte del principio de que cualquier modo de valorar una situación es sólo uno de los muchos posibles de afrontarla, y que muchas veces una idea aparentemente exenta de sentido puede conducir a la solución deseada y requerida. Permite subrayar la multiplicidad de enfoques y de soluciones para cada problema. Gastón Breyer considera que la Heurística, más que un tipo de pensamiento es una concepción amplia y abarcadora que comprende y rige la didáctica proyectual misma.

El modelo didáctico heurístico de Breyer es además un modo fundamental de vida porque se preocupa por la totalidad del estudiante y no sólo por su pensamiento creativo. Contempla la realidad de su persona concreta, de su individualidad joven que puede y debe desarrollar su creatividad y conciencia social.

En consecuencia, desde la Heurística de Breyer, la didáctica se basa en metodologías de enseñanza más que en contenidos de información.

Tiende a enseñanzas programadas y económicas en tiempo, esfuerzo y dinero, para lograr un profesional responsable que aprenda a reflexionar sobre sí mismo y sobre su profesión [47].

Al iniciar en 1971 el proyecto de identidad visual para la *Municipalidad de la Ciudad de Buenos Aires,* debimos trazar el programa de diseño en forma extremadamente urgente, disponiendo para ello de solo cinco días.

Era indispensable conocer previamente el organigrama municipal - la estructura organizativa de las reparticiones - para diagramar la idea rectora del plan.

Pero, ¿cómo procurar un dato tan amplio en un tiempo tan breve? ¿Tal vez en una consulta a un funcionario? ¿O en alguna dependencia técnica? ¿O en la biblioteca de la comuna? Las alternativas eran muchas pero todas lejanas, imprecisas, fortuitas y sin resultado cierto.

Pensamiento Heurístico

15

Según Cropley

Según De Bono

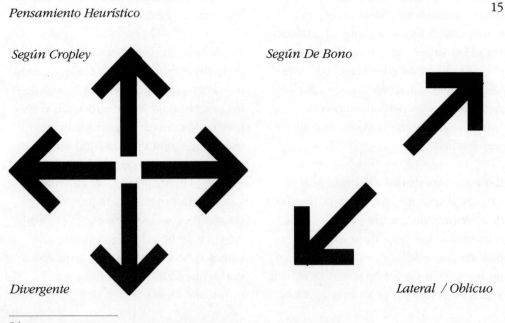

Divergente

Lateral / Oblicuo

Era necesario contar con una solución inmediata, próxima, certera y eficaz. Al proponernos ese objetivo como prioritario, nos despreocupamos de la fuente de información. Podría ser cualquiera mientras nos proveyera de los datos. Nos repetíamos mentalmente que con seguridad debería haber un lugar donde esa información estuviera al alcance de la mano. Tal vez un catálogo, un libro, una revista especializada. Súbitamente, surgió la idea de recurrir a la guía telefónica. Allí, efectivamente, había un listado de las secretarías, direcciones, departamentos, jefaturas y dependencias, al que luego reordenamos con un criterio institucional y no telefónico.

El trabajo fue presentado en el plazo exigido y sobre datos precisos y completos. La idea que nos condujo a la solución del problema surgió como resultado de la combinación de los pensamientos heurístico y algorítmico, es decir, de la unión de un proceso consecutivo y lineal de ideas lógicas, con otro más imprevisible que avanzaba a saltos tangenciales, oblicuos, no predecibles. Ambos realimentándose en una arritmia permanente.

En otra circunstancia del mismo proyecto urbano debimos afrontar el pedido de diseñar y producir en los talleres de la comuna una placa conmemorativa, que debía también estar lista en setenta y dos horas para la fecha del homenaje. En los talleres municipales nos informaron que era imposible hacerla en ese plazo porque el proceso de moldeado y fundido en bronce demandaba mucho más tiempo que el disponible. Cuando nos retirábamos decepcionados del lugar, observamos que extendidos en el suelo había unos encofrados de hormigón. Eran moldes que reunían varias placas y se armaban juntos para simplificar el trabajo de fundir el bronce sobre ellos. En esas cajas de cemento las leyendas y figuras estaban invertidas y en bajo relieve para que cuando la placa estuviera fundida, esas mismas letras y figuras fueran legibles y en alto relieve. Al preguntar cuanto tiempo demandaría hacer una de esas placas, la respuesta fue: « sólo un día ». Ya más entusiastas insistimos en saber si la placa de hormigón se podía hacer de tal forma que las leyendas invertidas se leyeran correctamente. No había ninguna dificultad para ello. Nuestra intención era que la placa tuviera un tamaño aproximado al de la que estaba en ese taller - un metro de ancho por tres de alto - pero que fuera una unidad monolítica en lugar de subdividida como allí se la veía. El diseño lo hicimos en el mismo taller. La placa se emplazó en la Avenida Costanera Sur en su intersección con la Av. Belgrano donde aún se conserva intacta. (Figura 16).

El trabajo tuvo un corolario curioso. Una revista vecinal de Buenos Aires lo comentó negativamente diciendo que era un *monumento* poco importante. La crítica trasuntaba, sin suponerlo, una valoración del objeto, porque al ser considerado como un monumento y no como una placa, había conseguido modificar la lectura convencional de los bronces conmemorativos para convertirse en algo nuevo e inesperado. Mediante la unión del pensamiento algorítmico, vertical y deductivo, con el heurístico y tangencial pudimos revertir una instancia inicialmente adversa para acceder a la solución del problema planteado. Los pensamientos algorítmico y heurístico son las estructuras mentales básicas del acto creativo y por lo tanto rigen la conducta humana en los procesos de gestación artística y de investigación científica.

16

1.13.
El acto creativo del Diseño

La creación - palabra degradada por su inadecuado e indiscriminado uso - es el acto de dar existencia a algo nuevo. Puede asumir tres formas: la innovación, el descubrimiento y la intuición.

La innovación, también llamada invención, es el logro - por asociación de dos o más factores de un tercero - que tiene parte de los anteriores pero en relación a éstos es nuevo [48]. La innovación - o invención - es la facultad de percibir relaciones. Conectando esta reflexión con la opinión de Koestler [49] en el sentido de que la creación aplicada en las ciencias, en el arte, en el humor, en el trabajo o en cualquier actitud de la vida, sigue caminos análogos, convenimos en que la innovación visual es la facultad de establecer relaciones visuales.

El descubrimiento por el contrario, sucede cuando se percibe algo ya existente y se verbaliza esa constatación a través de una ecuación o fórmula matemática. Ralph Linton en *El hombre: una introducción a la Antropología,* dice que "descubrimiento es todo acrecentamiento del saber, en cambio, innovación es toda aplicación del conocimiento". La invención es menos mensurable científicamente, el descubrimiento lo es más.

La invención es más heurística, el descubrimiento más algorítmico.

A la tercera forma de creatividad, la intuición, Wolfgang Köhler la define como « la percepción súbita de una solución, la respuesta que precede a una pregunta ». Según él, se produce cuando a partir de datos no conocidos se logra generar otros nuevos para utilizarlos en la invención o el descubrimiento (Figura 17).

Estas ideas confluyen en un concepto único que considera a la creación como la capacidad de formar mentalmente imágenes, o sistemas, o estructuras, o formas de cosas, o ideas no conocidas. Creación visual es por lo tanto, la capacidad de formar en la mente imágenes o formas visuales como resultado de la confluencia de las emociones, las sensaciones y el pensamiento a través de modalidades diversas como la imaginación y la fantasía. La imaginación es la representación mental de aquello que es recordado o de lo que nunca fue presentado a los sentidos [50]. Y la fantasía es la representación de las cosas ideales en forma sensible, o la idealización de las reales.

Considerar que la representación mental puede gestarse tanto en el autor del diseño como en el usuario o receptor, implica considerar la existencia de dos conductas simultáneas latentes en el comunicador visual: la de creador de una prefiguración y la de lector de estímulos visuales para enriquecer su banco de datos, ideas e imágenes previas.

Las dos conductas lo introducen en un estadio continuo de ideación y percepción que termina por constituirse en una actitud de forma visual constante.

El acto creativo es el núcleo gestor del proceso de Diseño, pero los actos creativos, de por sí, no constituyen Diseño. Una figura plástica de gimnasia artística, la ornamentación de un palco para una ceremonia, el pintado de letras en un cartel, un adorno floral, son todos actos creativos cuyas finalidades últimas residen en concebir formas visuales, pero dichas formas no emergen casi nunca de una actividad proyectual sino de un gesto espontáneo, de una intuición vaga de armonía de quienes las realizan.

Si la naturaleza proyectual es la que perfila la esfera de acción de nuestra problemática y el plano de tratamiento de este libro, debemos convenir que el acto proyectual es un acto creativo que no está basado en la fragilidad de la imaginación - que se moviliza sin un objeto de forma física, visible, útil e industrial - ni tampoco en la fantasía espontánea que no tiene restricciones. El Diseño es limitativo,

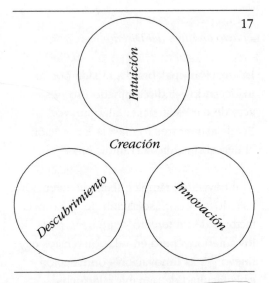

porque el objetivo implica restricción en sí mismo. Pero limitación no significa la pérdida de la libertad ni de la sorpresa ni del propósito de experimentar un evento lúdicro.

A ese componente lúdicro movilizador del acto creativo, Freud lo considera como extensión de los juegos de la infancia. Según Diana Zamorano, investigadora del Diseño desde el marco teórico del Psicoanálisis, la creación visual implica la relación del hombre con las imágenes [51]. Sostiene que el hombre se constituye a partir de su propia imagen y desde allí, toda su creación va a ser guiada por este elemento visual. « No hay imagen que no sea tal a la manera de los sueños, porque en el sueño el deseo se articula en imagenes » [52].

En síntesis, la imagen es una representación que el hombre construye como consecuencia de sus vivencias, percepciones y experiencias, y que se manifiesta en el sueño por antonomasia.

En 1900 Freud hace un notable aporte al estudio de la creatividad dándole una acepción al término fantasía: «escenificación imaginaria en la que se halla el sujeto, y que representa - en forma más o menos deformada por los procesos defensivos - la realización de un deseo». Freud introdujo el término sublimación, utilizado en Psicoanálisis, para explicar ciertos tipos de actividades sostenidas por un deseo que no se dirigen en forma manifiesta hacia un fin sexual [53].

La creación artística, la investigación científica o intelectual y en general las actividades a las cuales nuestra sociedad concede gran valor muy por encima de los parámetros económicos, de prestigio social o de fama, son realizadas por una parte de la líbido - energía básica que moviliza al hombre por el deseo sexual - que se sublima. Adquiere un canal de satisfacción de distinta naturaleza, pero de la misma elevada condición humana.

Para Jacques Lacan la creatividad se sitúa en el inconsciente, que está estructurado como un lenguaje. La Lingüística es la estructura que le da status a su idea de que el *significante* (ver capítulo 2, inciso 2. 4.) organiza las relaciones humanas, y que el inconsciente es efecto del significante. «Recuerden - dice - el ingenuo tropiezo que tanto divierte al medidor de nivel mental cuando el niño enuncia: «Tengo tres hermanos, Pablo, Ernesto y yo». Eso es de lo más natural, porque primero se cuentan los tres hermanos, Pablo, Ernesto y yo. Pero además estoy yo, el que cuento» [54].

Para la Psicoterapia transaccional, la creación es el resultado de la conducta emergente del *niño,* que junto con el *padre* y el *adulto* conforman los tres estados del yo. Dentro de las llamadas terapias alternativas esta corriente iniciada por el canadiense Eric Berne postula que en el acto creativo se manifiesta una predominancia del estado del *niño* sobre los dos restantes.

El Diseño es el producto de una conducta asertiva del diseñador, resultado de la unión del *niño libre,* que aporta la intuición, la imaginación y la fantasía, con el *adulto,* que provee la racionalidad y la lógica, y con el *padre* que establece los límites [55]. Según esta óptica conductista, el Diseño se sitúa en un campo regido por dos ejes que miden lo que *me gusta* y lo que *es conveniente,* intentando siempre situarse con equilibrio en el centro de ambas coordenadas.

1.14.
Método y Diseño

Hemos enunciado hasta ahora cuatro denominadores comunes a todas las áreas del Diseño. El primero, la presencia en todas de un plan mental. El segundo, la existencia en las diversas ramas de un propósito movilizador de ese plan. El tercero, la convivencia de todas en un mismo territorio del saber zonificado en tres campos de acción: el arquitectónico, el objetual, y el comunicacional. Y el cuarto, la coincidencia en todas de un mismo pensamiento - el visual - que fusiona lo sensorial con lo racional. El quinto factor común es el modo de enseñanza y aprendizaje metodológicos.

A excepción de la Arquitectura - o Diseño Arquitectónico - las demás diversificaciones son nuevas vertientes del proceso evolutivo del siglo, que en las últimas décadas y merced a las mutaciones sociopolíticas y económicas, y al desarrollo tecnológico de los países centrales, se han constituido en corrientes con perfil propio dentro del marco englobador de la ciencia proyectual. Mas, la dinámica vertiginosa y empírica de las economías de lucro, no ha contribuido a una teoría crítica y analítica del Diseño. La tarea de construir un cuerpo teórico consistente de las ciencias sigue siendo exclusiva de la enseñanza y de la investigación, que finalmente son los engranajes que articulan las formas de transmisión del conocimiento. Como la actividad proyectual no se substrae de la generalidad, también necesita para su desenvolvimiento de una didáctica que adquiera el carácter de un marco teórico contenedor. Y para la estructuración de esa didáctica es indispensable una metodología o conjunto de ideas acerca del método.

El método es un esquema racional trazado por las líneas de acción que deben seguirse para la construcción de las ideas. Tal como lo expresa Descartes, la diversidad en las opiniones de todos los hombres no proviene de que unas personas seamos más razonables que otras, sino solamente de que conducimos nuestros pensamientos por diversas vías y no consideramos las mismas cosas. No basta con tener la mente dispuesta sino que lo principal es aplicarla bien. Los que caminan lentamente pueden avanzar mucho más si siguen siempre el camino recto, que los que corren apartándose de él [56].

Según la cuarta regla de la filosofía cartesiana para la verdad de las cosas es necesario el método, es decir " el conjunto de reglas ciertas y fáciles cuya exacta observancia permite que nadie tome nunca como verdadero nada falso, y que sin gastar inútilmente ningún esfuerzo de inteligencia, llegue mediante un acrecentamiento gradual y continuo de ciencia, al verdadero conocimiento ».

El filósofo del racionalismo había explicado antes sus cuatro preceptos, que se constituirían luego en el embrión de todo estudio metodológico destinado a postular formas de canalizar la inteligencia para el logro de determinados fines (Figura 18).
El primero, es no aceptar ninguna cosa

como verdadera y no admitir nada más que lo absolutamente claro y valedero.

El segundo, dividir cada uno de los problemas en tantas partes como sea posible para su mejor resolución.

El tercero, conducir ordenadamente los pensamientos, comenzando por los temas más simples y fáciles de conocer, para ascender poco a poco, como por grados, hasta el conocimiento de los más complejos.

Reglas para la dirección de la mente   18

 No aceptar ninguna cosa como verdadera y no admitir nada más que lo absolutamente claro y valedero.

Dividir cada uno de los problemas como sea posible para su mejor resolución.

 Conducir ordenadamente los pensamientos comenzando por los temas más simples y fáciles de conocer, para ascender poco a poco, como por grados, hasta el conocimiento de los más complejos.

Hacer en todas partes enumeraciones tan completas como sea posible que nos permitan tener la seguridad de no omitir nada.

Y el cuarto, hacer en todas partes enumeraciones tan completas como sea posible, que nos permitan tener la seguridad de no omitir nada.

El método es una garantía contra el error. En la ascensión gradual de lo más simple a lo más complejo está su secreto.

La toma de conciencia de la necesidad de un método se proyecta por igual a educadores y a educandos para trazar planes didácticos de cualquier materia, o para aprender lo que en éstos se explicita. Todos ponemos en marcha mecanismos mentales para aprender o enseñar las cosas, ya sea desordenadamente, o por impulsos dictados por la memoria, la experiencia o los conocimientos adquiridos. De lo que se trata en nuestra materia es de utilizarlos para erigir metodologías de aprendizaje y de enseñanza conducentes a la facilitación de los procesos de transferencia. Y sobre todo en los campos de lo proyectual, que son de alta complejidad didáctica porque deben:
a. Dinamizar la reflexión y la acción.
b. Movilizar el potencial creativo y estimular en los estudiantes el pensamiento y la percepción.
c. Interactuar lo sensorial, lo intelectivo, lo cognoscitivo y lo expresivo.
d. Buscar reglas ordenadoras del modo de activar el saber.

Como Jürgen Habermas, no creemos que el pensamiento puede resolver todos los problemas concretos, ni tampoco creemos en el carácter trascendental de la razón. « La razón no es sino un instrumento de trabajo » [57].

Pero no dudamos que cuando el estudiante de Diseño aprende los por qué, para qué y para quién, y los cómo debe y puede diseñar, logra reducir su nivel de ansiedad, abandona la creencia de que la disciplina por la cual se ha inclinado es arbitraria, fortuita e inasible, y adopta una conducta positiva de serenidad, alegría y confianza que lo dispone bien para la experiencia teórica y práctica del aprendizaje.

La metodología en lo proyectual se hace más necesaria aún cuando se afrontan compromisos educativos destinados a grandes poblaciones estudiantiles, y los rumbos de acción pueden conducirnos a docentes y alumnos a caminos tortuosos, a oscuros atajos de salida dudosa o a derivaciones con destino incierto.

Con Hegel y Kant podemos dar fundamento a la razón en su doble uso teórico y práctico, como principio del conocimiento y como principio de acción. Podemos encontrar siempre recursos que nos permitan llegar a ella por caminos nuevos [58].

1.15.
Mecanismo mental del Diseño

Para diseñar nos basta con nuestra mente. No necesitamos aptitudes ni talentos determinados pero sí cierto adiestramiento de la forma en que debemos canalizar las ideas. Y un modo de aproximarse a estas cuestiones es conociendo cuáles son los procesos básicos del pensar. El método cartesiano admite sólo dos actos de la conducta para llegar al conocimiento de las cosas: la intuición y la deducción.

La intuición como vimos, es una forma de la inteligencia que nace de la razón y cuya certeza es mayor porque es más simple, y no como suele suponerse, un juicio engañoso de una imaginación de malas construcciones. La intuición decía Descartes, es un estado evolutivo del pensamiento inteligente. Uno de los investigadores que construyeron la Teoría de la Forma, Wolfgang Köhler, (Capítulo 3) la redefiniría después con la frase que citamos en el inciso anterior [59].

La deducción es toda conclusión derivada de otras cosas conocidas con certeza. Es una aseveración que nace de datos previos. La intuición y la deducción como formas básicas del pensar han sido consideradas por otros investigadores de la Psicología de la Forma, como

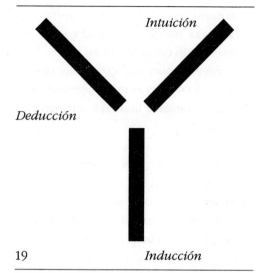

19

Intuición

Deducción

Inducción

Wertheimer, Koffka, Hesselgreen y Arnheim, en la primera mitad del siglo. A las dos formas de razonar mencionadas - intuitiva y deductiva - resta agregarles una más: la inductiva (Figura 19).

La inducción es el proceso mental que saca de los hechos particulares una conclusión general. Quien ejercita su mente para inducir está favorablemente dispuesto al aprendizaje y avanza con notoria rapidez en su actitud creativa. Cuando un alumno incorpora un concepto asimilado, lo transfiere y lo aplica en otra situación diferente, está ejercitando la inducción y potencializando su energía creativa. Dice Rudolf Arnheim: « Nada que podamos aprender sobre algo individual tiene utilidad a no ser que hallemos generalidad en lo particular ».

Cualquier dato, información, concepto, idea o valor puede ser inducido, y por lo tanto extraído del contexto en que se lo adquirió y trasplantado a cualquier otra circunstancia, hasta la más imprevisible, donde nuevamente florecerá con energía renovada.

Más recientemente, Edward de Bono considera que son dos los procesos mentales en el acto de pensar: el pensamiento secuencial y el pensamiento estratégico. El secuencial sigue una progresión de pasos: modificación, mejora, error y nueva idea. En este proceso mental la secuencia no necesariamente es lógica aunque los ciclos ocurran uno después de otro.

Y el pensamiento estratégico es aquel que elige entre una multitud de cursos posibles, los más apropiados. No busca una solución determinada sino un criterio de abordar el problema por aquel camino que sea más eficaz que otro [60] (Figura 20).

Las Figuras 21 a 34 ilustran un proyecto de señalización para un club hípico, ideado sobre la base de tablas de madera con las cuales se construyen las vallas de las pruebas hípicas. Esa intención implica ya un primer acto inductivo. Pero además, en las señales las tablas están separadas entre sí para ofrecerle menor

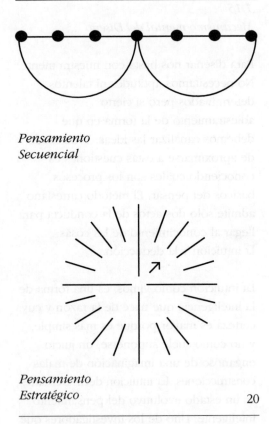

Pensamiento
Secuencial

Pensamiento
Estratégico   20

resistencia al viento, permitiéndole que fluya por allí. Esa segunda intención de proyecto está inspirada en los tradicionales carteles de madera para las obras gubernamentales que se construyeron en Argentina durante las décadas del 40 y del 50. Si en un solo proyecto identificamos dos actos inductivos, puede deducirse la influencia de la inducción en todo el proceso proyectual.

21 a 34.
Señalética de un club
hípico. *Parque Burnett,*
Punta del Este, Uruguay.
1982.

21.
Isotipo.

Planeamiento y
Arquitectura:
Estudio Carlos Dines.

21

Signos gráficos para la
identificación de calles:
22.
De la manta
23.
De la montura
24.
De la tienda

22

23

24

25.
Del bozal
26.
De la manea
27.
Del filete

25

26

27

Signos gráficos para la
identificación de
sectores hípicos:
28.
Picadero
29.
Pista de salto
30.
Circunvalación

28

29

30

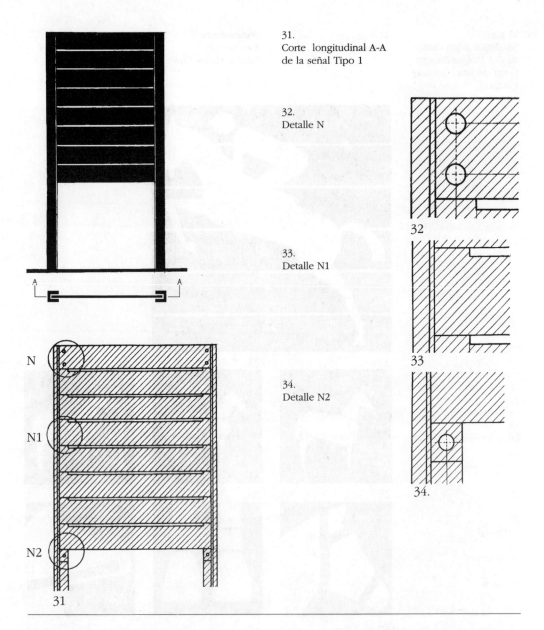

31.
Corte longitudinal A-A
de la señal Tipo 1

32.
Detalle N

33.
Detalle N1

34.
Detalle N2

N

N1

N2

31

32

33

34.

Dos sistemas de señalización interior, para el *Hospital Naval* y para *Hierromat* - empresa de comercialización de materiales de la construcción - surgen de una misma idea inducida (Figuras 35 a 43). Las tablillas metálicas con las que se construyen los cielorrasos, tienen dimensiones y características tecnológicas afines a las necesidades funcionales de las señales porque permiten conformar renglones corpóreos para imprimir los mensajes, y a la vez responder al requisito de permitir el fácil armado y desarmado de las señales.

35 a 39.
Señalética del
Hospital Naval.
1981.

Arquitectura:
Clorindo Testa,
César Lacarra,
Juan Genoud,
Arquitectos.

35.
Orientador de sector PB.
36.
Indicador de
habitaciones.

37.
Indicador Internación.
38.
Señal de acceso.
39.
Indicador de área.

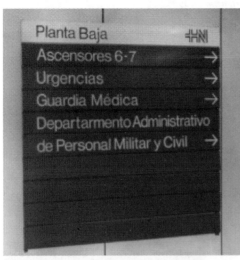

35

36

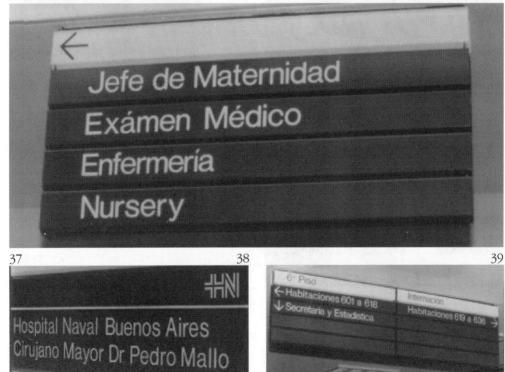

37   38   39

40

Señalética de una empresa de comercialización de materiales de la construcción. *Hierromat*. 1985.

40, 41, 42 y 43. Orientadores de sector en el área de ventas.

Sector 1 →
Cerámicas
esmaltadas
Proyectos de cocinas

41

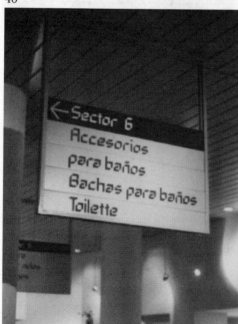

42

Sector 9 ↓
Baños/Cocinas
Diseños exclusivos
Bañeras
con hidromasajes

43

Arquitectura:
Carlos Dines y
Alicia Mantovani y
Héctor Sbarbati,
Arquitectos.

44 a 47.
Señalética para
conjuntos
habitacionales. 1974/75.

Diseño Urbano
y Arquitectónico:
Bielus, Goldenberg,
Wainstein Krasuk,
Arquitectos.

Los arquitectos Bielus, Goldenberg
y Wainstein Krasuk, resolvieron el
revestimiento exterior de los conjuntos
habitacionales *Ciudadela, Soldati*
y *Florencio Varela,* mediante franjas
horizontales de color que acompañan las
formas de la arquitectura. El material del
revoque que se aplica con soplete, deja en
la superficie una textura granulosa que se
conoce comúnmente como salpicado.
Para la señalética, decidimos capitalizar ese
mismo revestimiento proyectando grandes
bastidores con chapas de 1,50 por 1,50
metro, que tenían flechas, letras
y números calados. Con esos moldes,
los operarios salpicaban la superficie
y dejaban impresas las señales con colores
acordes con los de la arquitectura (Figuras
44 a 47). Ello nos aportaba fuerza gráfica,
unidad formal y máxima economía.
La idea la inducimos de las tradicionales
chapitas - denominadas *estampones* - con
las cuales identificábamos los proyectos
en la Facultad. Estos pequeños moldes
tenían las letras y los números calados
para poder componer los textos de las
láminas con solo aplicar una esponja
entintada sobre el papel.

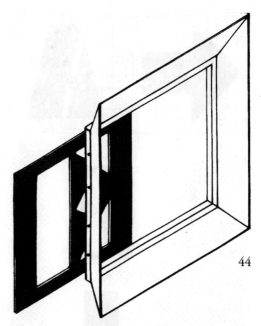

44

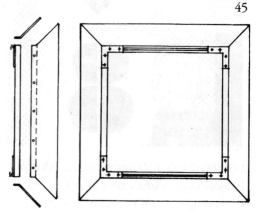

45

44 y 45.
Detalle de los bastidores
que contienen las placas
con los signos calados.

46 y 47.
La tipografía adoptada
para este proyecto fue
la *Futura Black*.

Su trazo puro y
geométrico facilitaba el
calado de las chapas.

La masa del signo
favorecía por otra parte
la presencia de grandes
planos gráficos en los
muros.

Las Figuras 48 a 50 muestran otra idea por inducción para una exposición de ciencia y tecnología en un predio dentro de la zona del puerto de Buenos Aires. Consistió en instalar grandes ménsulas apoyadas en las columnas, que, como brazos de una grúa portuaria, dejaban en cada lugar los conductos de las instalaciones especiales de la exposición - iluminación, sonido, pantallas de video y televisión - evitando de esa forma las canalizaciones de los stands bajo piso, que siempre interfieren la libre circulación pública.

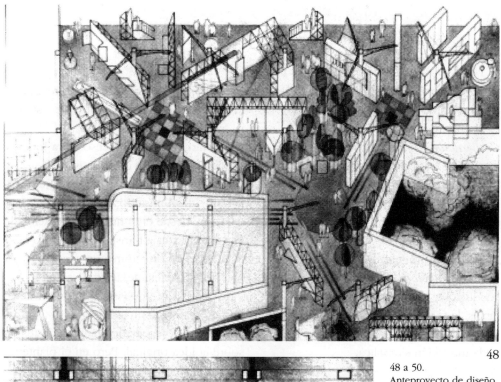

48

49

50

48 a 50.
Anteproyecto de diseño
interior, equipamiento y
comunicación visual
para un centro de
ciencia y tecnología.
Puerto Curioso. 1989.

48.
Axonométrica.

Arquitectura:
Horacio Baliero,
Emilio Rivoira y
Jorge Barroso,
Arquitectos.

49 y 50.
Vistas del área de Física.

La obra arquitectónica de Clorindo Testa es un ejemplo de creación permanente. El diseño interior del *Instituto de Cooperación Iberoamericana*, nos remite a las escaleras corredizas de una biblioteca clásica. Las ventanas del *Hospital Naval* a un ojo de buey, y su mecanismo de apertura y de cierre a un timón.

El equipamiento informático de los *Consejos Vecinales* a una cervical de conductos y canalizaciones. Siempre juntas, la forma y la verdad del material, se presentan a través de la bella carga de la inducción simbólica.

1.16.
Etapas básicas del proceso de Diseño

La respuesta a la cuestión de qué tienen en común los distintos métodos de Diseño es que todos tratan de externalizar las fases del mecanismo mental para diseñar. Unos con palabras, otros con esquemas gráficos, aspiran a tornar público lo que hasta ahora era pensamiento privado de los diseñadores.

« El problema reconocido pero no resuelto es el de desarrollar lenguajes que combinen la complejidad y velocidad propias del modo de pensar artístico con la duda científica y la explicación racional » [61].

John Christopher Jones propone revisar los métodos desde tres puntos de vista: la creatividad, la racionalidad y el control sobre el proceso. Para Jones, desde el punto de vista creativo el diseñador es como una caja negra de la cual sale el misterioso impulso de la creación; desde el punto de vista racional es como una caja transparente dentro de la cual puede discernirse un proceso racional completamente explicable; y desde el punto de vista del control del proceso es como un sistema autorregulado capaz de plantear ajustes sobre la idea original. Pero en el planteo de Jones no queda del todo explícito que estos tres procesos son simultáneos y de intercambio constante, y que se funden en un solo acto creativo, sensorial, racional y autocontrolado de naturaleza visual.

A pesar de que él mismo pareciera adherir a un proceso mental integrador cuando afirma que « es racional creer que las acciones aprendidas están controladas inconscientemente, y es irracional pretender que el Diseño sea totalmente susceptible de explicación racional » [62].

En su planteo no se percibe la confluencia de la caja negra y de la caja transparente durante el proceso proyectual, como surge con claridad en la interpretación de Rudolf Arnheim según vimos en el inciso 1.10.

Otro de los métodos, el estudiado por Christopher Alexander, divide el problema en sus partes componentes más pequeñas a las que llama *variables de desajuste*. Cada una de esas variables se estudia en función de las otras y luego se transfieren los datos a un diagrama que resume sus características básicas [63].

Alexander basa su método en la observación de la conducta humana y en las conclusiones a las que arriba sobre esta observación.

Los caminos de la mente para la creación proyectual siguen un curso tal durante el proceso de ideación que permiten perfilar ciertas etapas a las que juzgamos invariables, cualquiera sea la modalidad metodológica del acto de diseñar. Estos mecanismos fueron estudiados y graficados por Bruno Munari [64], Geoffrey Broadbent [65] y Sidney Parnes [66], entre otros investigadores de la metodología del Diseño.

Aun con disparidades, ninguno difiere en lo esencial.

Intentando conjugar los distintos enfoques, ellos son (Figura 51):

1. La identificación del problema.
2. La recopilación de datos.
3. La síntesis.
4. La gestación.
5. La iluminación.
6 La elaboración.
7. La verificación

1. La identificación del problema es el esclarecimiento del objetivo, la definición del propósito de Diseño y de sus ramificaciones colaterales. Einstein afirmaba siempre que la mera formulación correcta del problema era más importante que su solución, porque ésta suele a veces ser una cuestión de habilidad o de experiencia, mientras que la primera exige plantear dudas y nuevas posibilidades, y enfocar nuevos problemas sobre viejos ángulos, circunstancias que obligan al ejercicio de la imaginación creadora desde el comienzo.

2. La recopilación de datos es indirecta cuando reúne el conjunto de elementos de cualquier tipo, factibles de brindar pautas sobre el tema requerido aunque a primera vista nada tengan que ver con el problema. Y es directa cuando acumulamos informaciones pertinentes y específicas a las premisas del acto creativo.

3. La síntesis es el mecanismo de incubación de la idea, el procesamiento de segregación, selección, eliminación, concentración y depuración de los datos elaborados. Es una etapa que se desarrolla en el inconsciente o en el preconsciente. Thomas Edison decía que el trabajo inconsciente es imposible sin una etapa previa de esfuerzo consciente.

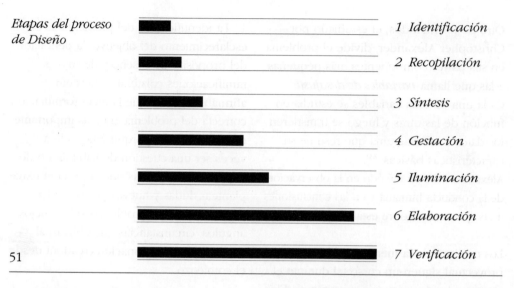

Etapas del proceso
de Diseño

1 Identificación
2 Recopilación
3 Síntesis
4 Gestación
5 Iluminación
6 Elaboración
7 Verificación

51

4. La etapa de gestación puede ser inconsciente y adquirir características de premonición. La mente va y vuelve en frecuencias cada vez más acabadas y precisas y las ideas o imágenes visuales atraviesan alternadamente las capas conscientes e inconscientes - en forma desordenada al comienzo - hasta aproximarse a la solución. En este punto la idea aún no puede ser aprehendida.

5. La iluminación aparece sin esfuerzo. Es un acto alegre, de plenitud. El proyectista es alentado por la convicción de haber alcanzado la meta buscada. Es un breve período donde baja totalmente el estado de ansiedad que acompaña a todas las etapas precedentes.

6. La elaboración es la plasmación

correcta de la idea visual. Su construcción en términos de representación gráfica. Es la instancia de la evidencia, de la concreción del hallazgo y de su ajuste. Es el momento del rigor, donde aparece el trabajo intensivo, meticuloso, constructivo y representativo.

7. El período de verificación es indeterminado en el tiempo. Puede durar segundos o prolongarse indefinidamente. Es la autoconciencia de la adecuación de la propuesta ideada al fin planteado.

El gráfico de Bruce Archer [67] que ilustra la Figura 52 integra el material didáctico de nuestra cátedra por iniciativa del arquitecto Julio Grosman, quien había verificado la eficacia del modelo en su labor docente.

Problema de Diseño	Gráfico de Bruce Archer	Etapas	Fases que se superponen en constantes retrocesos a etapas anteriores.
		Recopilación de datos	
		Ordenamiento	
		Evaluación	Fase Analítica
		Definición de condicionantes	
		Estructuración y Jerarquización	
		Implicancias	
		Formulación de ideas rectoras	
		Toma de partido o idea básica	Fase Creativa
		Formalización de la idea	
		Verificación	
		Valoración crítica	
		Ajuste de la idea	
		Desarrollo	Fase Ejecutiva
		Proceso iterativo	
		Materialización	

52

Grosman considera al diagrama de Archer como un vehículo adecuado para explicar y esclarecer el proceso proyectual. A diferencia de las siete etapas ejemplificadas en la figura 51, el proceso se divide en este caso en quince tramos - también llamados ciclos básicos - distribuidos en tres fases: la analítica, la creativa y la ejecutiva.

Aquellas etapas se interrelacionan porque la mente fluye en constantes avances y retrocesos. El centro, como puede apreciarse, es ocupado por la toma de partido o idea básica (ver capítulo 6, inciso 6.7.), que es el núcleo y equivale a las etapas de gestación e iluminación en la clasificación anterior. Los diversos ciclos están comunicados verticalmente por costuras que los interconectan en vertical.

La fase previa a la materialización final es iterativa, es decir que las instancias de valoración crítica, ajuste de la idea y desarrollo, previas a la etapa de materialización, son las que permiten rever virtuales errores que pudieran haberse deslizado en el comienzo, para efectuar correcciones o ajustes a la luz de la contemplación de factores condicionantes no considerados antes.

Cada diseñador necesita tener la evidencia del cierre natural de su proceso de gestación visual.

1.17.
Voluntad de forma visual

Hasta aquí hemos situado al Diseño como un acto de creación proyectual y nos hemos referido a la forma física y visible, al contenido, al propósito, a las necesidades individuales y sociales, en fin, a un conjunto de criterios que comienzan a situarnos en el plano disciplinario. Pero hemos dejado para el último punto de este primer capítulo, el componente aglutinador de todas esas variables: aquella fuerza interior que debemos poseer para dotar de valor estético y buena forma visual a un objeto que debe responder a la función para la cual ha sido creado.

El tema de la forma y el contenido en el Diseño y el Arte ha sido tratado por ilustres historiadores y críticos entre los que destacamos a Heinrich Wolfflin [68] Lionello Venturi [69] y Roger Fry [70]. Los tres han interpretado al Arte como un acto de visualidad pura. Desde ellos y hasta hoy, las dos tendencias - la forma y el contenido -han llegado a integrarse dejando el campo libre a quienes comprenden que el problema ha sido superado y que ambas constituyen las dos caras de la misma moneda. Sin embargo de tener que tomar partido por una u otra en caso de abstraerlas, son más - y más importantes - los autores que apoyan la forma [71].

El crítico italiano De Sanctis llega a decir que « el contenido está sometido a todos los azares de la historia; nace y muere. La forma en cambio, es inmortal ».

Adherir a todas aquellas posiciones defensoras del hecho formal no debe implicar la subestimación de los aspectos motivadores que le dan origen. Son tantos los condicionantes externos y tan fuertes las presiones que hoy se ejercen sobre las obras por los dictados del mercado y del consumo, que la más pétrea fortaleza para la defensa formal suele ser erosionada.

Dentro de la masa gigantesca de obras, objetos y mensajes visuales antiestéticos que se construyen, fabrican y difunden en la sociedad actual, hay tan pocas obras de Diseño que podría dar lugar a que la frase de Giulio Carlo Argan tuviera hoy carácter de sentencia: « Una sociedad cuanto más produce menos crea » [72].

Pero el filósofo alemán Alois Ruegl había explorado el tema evitando que pudiera invadirnos el escepticismo, al precisar que toda personalidad creadora está dotada de una energía interior que la conduce siempre al logro de lo más bello.
A esa actitud la sintetizó en la palabra alemana *Kuntwollen,* concepto que en español se traduce como *voluntad de arte* o *voluntad de forma,* y que ha sido adoptado universalmente [73].

Es gracias a ese vital impulso interno que el diseñador y el artista pueden vencer las fuerzas que los alejan de la belleza y oponerse a ellas como acto de afirmación de sus voluntades.

Es esa vocación formal la que ha dotado de elevada jerarquía a las obras de Arte, de Arquitectura y de Diseño más trascendentes de la historia.

El acto de Diseño y el de creación de una obra de Arte son hechos endopáticos, es decir, vivencias por las cuales el que las experimenta se introduce en una situación objetiva - real o imaginaria - de tal suerte que aparece dentro de ella [74].

Es interesante la afirmación de Sigmund Freud sobre estas relaciones: « Sólo en una esfera ha retenido nuestra civilización la omnipotencia del pensamiento: en el Arte. Unicamente en el Arte sucede aún que el hombre consumido por sus deseos, se aproxima con su obra a la gratificación de esos deseos, y éste juego, merced a la ilusión artística, origina efectos como si fuera real ».

La Estética es la parte de la Filosofía que estudia la creación artística, a la cual preferimos llamar creación formal por juzgar - como veremos más adelante - que entre el Arte y el Diseño se establecen significativas diferencias.

Es habitual la aclaración de que la Estética es la parte de la Filosofía que estudia lo bello, o que es la Filosofía del Arte. Marta Zátonyi en su obra: *Una Estética del Arte y el Diseño,* se encarga de evidenciarnos la limitación de esa óptica al extender el campo de estudio de la Estética al estudio de lo bello y lo feo. Y lo expresa imaginando a la Filosofía como « un árbol cuyo tronco parte de la tierra pero sus raíces se hunden en el humus de la vida ». Según ella, hay tres raíces principales, tres raíces madres. Una indaga sobre qué es lo bueno y qué es lo malo: esa raíz es la Etica. La otra hace lo mismo sobre lo verdadero y lo falso o dudoso: es la Lógica. La tercera sobre qué es lo bello y qué es lo feo: es la Estética. [75]

La voluntad de forma moviliza todas nuestras estructuras intelectivas y afectivas en pos de la generación de un hecho fundamentalmente estético. Ver una bella forma útil en la que armonizan los condicionantes externos con nuestra voluntad de forma interior, nos eleva espiritualmente. Para Séneca, el fin supremo que impulsa a todo creador es la contemplación de su obra.

En un artículo de 1913, « El desarrollo del moderno arte de construir », Gropius escribe: « El artista posee la capacidad de infundir un alma al producto emanado de la máquina; su fuerza creadora continúa

viviendo como fuerza vital. Por ello su participación no es un lujo, un añadido benévolo, sino que ha de ser parte fundamental, decisiva, del proceso de la industria moderna ». Y en otro artículo, el mismo Gropius agrega: « Los hombres han comprendido que la voluntad de forma es lo que da valor a la obra de arte » [76].

Esa supuesta defensa de lo artístico puro ha sido tema de controversias entre estudiosos e investigadores del Diseño porque la comparan con la que sostiene más tarde. Decía en 1922: « Se ha de rechazar a toda costa la búsqueda de nuevas formas cuando éstas derivan de la cosa en sí misma » [77]. Y esa exploración exige en el diseñador la conciencia de qué es lo bello y qué es lo feo.

En la necesidad de existencia de belleza en los objetos útiles y en la de utilidad en los bellos, se sitúa el terreno de nuestra experiencia y la mayor parte de la problemática que afronta este trabajo.

Capítulo 2

La Comunicación Visual

2.1.
Comunicación e imagen

La comunicación es la energía que está en la misma esencia de todo lo que evoluciona. Las galaxias, el hombre, en fin, todos los organismos vivos, se encuentran en permanente intercomunicación. Según Joan Costa, la comunicación no constituye una parte de la Psicología sino el principio mismo que rige las relaciones entre el hombre y el mundo, entre el individuo y la sociedad, determinando la fenomenología del comportamiento humano [78].

Hoy no se concibe a la comunicación social como un aspecto de la Psicología sino inversamente a ésta como una parte de la comunicación. No obstante, nuestro propósito no es contribuir al esclarecimiento filosófico de qué es la comunicación, sino apenas incursionar acerca del cómo es.
Este segundo enfoque nos posibilita como a él, analizar desde un punto de vista estrictamente visual sus dos características básicas. En primer lugar la capacidad potencial de las comunicaciones visuales como formas de transferencia de mensajes y comunicados, y en segundo término la importancia de la comunicación visual en cuanto objeto de orientación, conocimiento y desarrollo humano.

El primer aspecto sitúa el problema en el plano biológico, dado que desde esta óptica el mundo se presenta como un objeto sensorial en el que cada entidad orgánica es a la vez un elemento emisor y receptor.

Cada organismo es comunicación. Entre todos los seres vivos hay innumerables códigos de emisión y recepción. Cada especie orgánica se encuentra inmersa en un estado propio y permanente de comunicación: las abejas se comunican de una manera y los delfines de otra; las aves según su especie lo hacen de modos distintos. Cada célula, tejido o sistema orgánico transmite sus señales en forma diferente. Las señales biológicas constituyen por lo tanto un amplio espectro de comunicaciones. Dentro de esta extensa trama se encuentra el hombre y sus relaciones con el mundo exterior.

Pasamos entonces de la comunicación en el plano biológico a la comunicación en el plano psicológico, que es donde se centra la supremacía de los aspectos visuales en el comportamiento individual y social, y la influencia de la imagen en la actividad sensible y mental del hombre. En ese contexto ocupan un lugar predominante las percepciones visuales, el lenguaje visual y las comunicaciones visuales.

La visión es un acto fundamentalmente cognoscitivo. En esos tres planos, todo lo que sucede se manifiesta con imágenes visibles, o bien con estímulos de orden visual [79]. La imagen es la forma particular que adopta mentalmente cada señal visual. Es el reflejo psíquico que las señales suscitan en nosotros, entendiendo por señal la simple manifestación física de los objetos y de los hechos. La imagen no apela a la reflexión sino al reflejo.

En ese aspecto nuestro entorno físico es un constante generador y movilizador de imágenes visuales. Las ciudades, las casas, los lugares, las cosas, todo está regido por señales y por las imágenes que ellas nos motivan. Aun en los momentos de plenitud consciente, la memoria visual permanece activa en la mente.

Cuando imaginamos, reproducimos imágenes transformadas. El imaginar no se opone al ver, sino que se desarrolla en un medio en el cual decrece la presencia de las imágenes exteriores y surge una actividad capaz de condicionarlas. La experiencia de imaginar es así - como proceso subjetivo de la psiquis y propio de cada uno - un acto creador de integración de la señal con su imagen mental [80]. La proliferación de las imágenes visuales y su constante propagación ha dado a nuestro tiempo el nombre de civilización de la imagen.

2.2.
Lenguajes naturales y artificiales

El hombre utiliza en su comunicación distintos lenguajes verbales o no verbales. Se comunica por medio de palabras, de imágenes, de sonidos y de gestos o ademanes. Uno de esos lenguajes es el visual, y su estudio nos permite conocer los fundamentos de la comunicación visual.

Lenguaje es la comunicación de un significado por medio de símbolos [81]. El lenguaje visual es entonces la comunicación de un significado por medio de símbolos visuales o audiovisuales. Es un lenguaje elemental de imágenes; y es directo, preciso y universal porque ignora los límites del idioma, del vocabulario y de la gramática.

Si el lenguaje hablado o escrito posee sus cualidades reflexivas e intelectuales, una lentitud de asimilación y un ejercicio del razonamiento, el lenguaje visual está particularizado por la globalidad de los mensajes y la rapidez de su captación. Es un acto creativo para la organización de las imágenes y también un hecho formal, porque ayuda al hombre a pensar en términos de formas visuales; es un recurso natural que ha evolucionado desde los orígenes de la humanidad y que evolucionará siempre.

Lo utilizamos todos los seres humanos en la comunicación habitual y lo hemos incorporado a través de un proceso evolutivo socio-cultural.
A las lenguas habladas en nuestro planeta - cerca de tres mil entre idiomas y dialectos - las llamamos lenguajes naturales. Poseen gran riqueza expresiva y significativa porque incorporan la sutileza, la sugerencia, la ironía, la metáfora y la poesía. Los mismos rasgos tiene el lenguaje visual, utilizado en todos los procesos de visualización, de expresión y de creación de símbolos e imágenes visuales, que en otro tiempo fueron patrimonio exclusivo de los artistas.

La aparición de la cámara —fotográfica, cinematográfica y televisiva— es un acontecimiento comparable al advenimiento de la imprenta entre los siglos XII y XV, que ha modificado la estructura de la cultura universal y ha mutado en consecuencia las formas del lenguaje visual. La modalidad de reproducción de la realidad que posee la cámara, no define por sí sola el lenguaje, así como tampoco lo hizo la imprenta. Las imágenes fotográficas y cinemáticas como productos de la cámara, y las del libro como productos de la imprenta, necesitan estar regidas por un lenguaje común para que podamos comunicarnos. Ese lenguaje es el visual, cuyos fines son los mismos que los del verbal:

construir un sistema básico para la comunicación, el aprendizaje y la creación.

El hombre al necesitar expresarse con más exactitud y rigor, crea nuevos lenguajes llamados artificiales en oposición a la condición natural del habla. Se clasifican en dos grupos: los técnicos y los formales. Las ciencias en general y la proyectual en particular integran el grupo de los técnicos. Los formales se utilizan en cambio cuando se quiere eliminar la ambigüedad y la vaguedad. En álgebra por ejemplo, los signos alfanuméricos reemplazan a las palabras, como en la ecuación $(a + b) = (b + a)$. El lenguaje visual es entonces artificial y técnico, y constituye un cuerpo de datos que puede utilizarse para comprender mensajes en distintos niveles de complejidad, desde los más funcionales hasta los más expresivos [82] (Figura 53).

2.3.
Símbolos y signos

La representación figurativa del Cristo crucificado es un símbolo de la fe cristiana. Las aves, por su facultad de volar, eran el símbolo del más allá de la vida para el hombre de la Edad de Piedra y para el indio de América del Norte. La paloma en el catolicismo es el símbolo del Espíritu Santo. La figura de un toro

para los antiguos hebreos era el símbolo del dios « El ». La representación de una calavera para el hombre contemporáneo simboliza el peligro de muerte o la muerte.

También, la percepción del horizonte dio origen a la manifestación visual de la línea horizontal. La de la estrella boreal polar generó la conciencia de la vertical. Y de esas dos aprehensiones del espacio surgió la cruz, en este caso, como símbolo del universo. Como vemos, la cruz reúne dos contenidos simbólicos: uno concreto (Cristo crucificado) y otro abstracto (la representación del universo).

Un símbolo es entonces un fenómeno, una representación concreta o abstracta que la mente relaciona con otro fenómeno. Con un organismo humano, vegetal o animal; con los cuerpos celestes del universo; con lo trascendental, como la vida o la muerte; con lo circunstancial, como las guerras, las epopeyas o las leyendas. Los símbolos son signos artificiales que dependen de alguna convención construida por el hombre y pertenecen al plano de la imaginación y del inconsciente.

En su aspecto formal no poseen condiciones específicas, puesto que su naturaleza es psíquica y no física. Son hechos psicológicos que conectan al hombre con el significado (Figura 53).

La tesis de Ernst Cassirer, basada en que « lo que distingue al hombre del animal es su concepción simbólica del mundo » ha reflejado la nueva dimensión de la cual nacieron todos los procesos de simbolización. Y entre estos considera vitales a los que generaron el lenguaje, las ciencias y los mitos [83].

El objeto dibujado es por consiguiente de capital importancia para interpretar su representación simbólica. "Al principio - dice Adrian Frutiger - no fue el signo sino el objeto (o el fenómeno), porque su forma ha determinado su dibujo". Y a esa progresiva eliminación de lo accesorio la denomina *estilización*. Es decir que el proceso de simbolización contiene a otro, el de estilización o sintetización, ya que un símbolo, siendo una entidad compleja es siempre una síntesis [84].

Con el ceño fruncido expresamos - sintéticamente - la preocupación o el enojo; con la inclinación del cuerpo el hombre oriental expresa el saludo; con el pulgar hacia arriba muchas comunidades expresan la aceptación o el acuerdo; con un silbido según los países se expresa la aprobación o la desaprobación; con un aro y una línea diagonal se expresa en todo el mundo la prohibición vial. De esta manera sintética llegamos a transmitir signos cargados de significación. Pero a diferencia de los símbolos que son

hechos psicológicos puros, los signos son representaciones visuales, auditivas o gestuales que dependen, según se aprecia, de aspectos culturales, sociales, religiosos. Cuando se escribe una frase o cuando se iza una bandera en una nave, se produce un signo para expresar o comunicar algo. [85]

Vemos que cada signo se caracteriza por la presencia de un elemento perceptible - un sonido, un color, un grafismo, un gesto - y por un elemento no perceptible - un concepto, una idea - al que se refiere. El primero se define como *significante* y el segundo como *significado*. [86] Aunque no todos los signos significan algo. El rayo que anticipa el trueno, la huella que evidencia el paso de un animal, las nubes grises que presagian la lluvia, no significan nada, sino que indican, anticipan o evidencian un fenómeno. A este tipo de signos los llamamos *índices*.

El hombre para comunicarse utiliza distintos tipos de signos a los que se puede clasificar por la materia de su significante en: vocales, gráficos y gestuales; o por el sentido requerido para percibirlos en: acústicos, visuales y táctiles; o según la relación que establecen con respecto a aquello a lo que aluden en: icónicos, simbólicos e indicativos (Figura 53).

El lenguaje	Comunicación de significados por medio de símbolos.		
			53
Lenguajes naturales.	Lenguajes verbales.	Palabras escritas. Palabras habladas.	Son reflexivos, requieren del intelecto y no son universales.
	Lenguajes no verbales.	Sonidos. Gestos. Expresiones. Imágenes.	Son directos, elementales. Comunican rápidamente y son universales.
Lenguajes artificiales.	Lenguajes técnicos.	Ciencias en general.	En particular la ciencia proyectual: el Diseño.
	Lenguajes formales.	Ciencias en particular que estudian los entes abstractos.	Matemática. Geometría. Algebra, etc.
Los símbolos	Son un hecho psicológico.	Su naturaleza es psíquica y no física.	La cruz en el cristianismo; el sol en las culturas precolombinas.
Los signos	Son un hecho físico y estético	Poseen un elemento perceptible (un sonido, un gesto, un color, un grafismo), y uno no perceptible (un concepto).	El primero se denomina significante del signo y el segundo, significado.
Iconos o signos icónicos		Establecen una relación directa con aquello a lo que refieren.	El signo del ave refiere a ave.
Símbolos o signos simbólicos		Establecen una relación indirecta con aquello a lo que refieren.	El signo del ave refiere a libertad o a paz.
Indices o signos indicativos	Son un hecho físico.	No establecen relación con nada. Solo indican o señalan un fenómeno.	El humo indica fuego; las nubes, tormenta; la huella, el paso de alguien.

Cuando el signo visual ave, por ejemplo, cualquiera sea su forma, alude a ave, establece con éste una relación natural y directa. A este tipo de signos los denominamos *íconos* o *signos icónicos*. Cuando el signo ave alude a la paz, a la libertad o a la vida, establece una relación indirecta o convencional porque transmite un significado por convención que es ajeno a él.

A los signos de este tipo los denominamos *símbolos* o *signos simbólicos*.

Cuando los signos no establecen ninguna relación directa ni indirecta, sino que solo indican, anticipan o señalan un fenómeno, como los ejemplos vistos del rayo, las huellas o las nubes, los llamamos *índices* o *signos indicativos*. Esta clasificación es la que hemos adoptado en este libro para referirnos a los de naturaleza visual.

Roland Barthes clasificó a los signos en *motivados* y *arbitrarios*. Llamó motivados a los íconos, aquellos que como vimos poseen una relación natural, no convencional entre el significante y el significado. Los dibujos, las fotografías o los grabados de cualquier tipo que reproducen un objeto al cual se refieren, son los motivados; y los arbitrarios son los símbolos. Como también vimos, en éstos la relación entre significante y significado se establece en forma arbitraria y convencional. [87]

Los signos visuales son aquellos que mediante una representación visual - manual o mecánica y figurativa o abstracta - establecen una relación directa o indirecta con lo que aluden. A diferencia de los símbolos que son un hecho psicológico, los signos (icónicos, simbólicos o indicativos) son un hecho estético, y se definen como tales por su configuración. Son grafismos que poseen una realidad material.

La tarea permanente del diseñador de comunicación visual reside en producir signos icónicos o simbólicos de forma tal que los destinatarios capten, de la manera más simple y rápida posible, el contenido intrínseco de los mensajes. La capacidad comunicativa de esos signos dependerá de su simplicidad, porque como veremos en el capítulo 3, es la única cualidad que los recorta entre la complejidad de estímulos que pululan en un campo visual, y les permite comunicar la noción convenida en un mínimo de espacio y de tiempo.

2.4.
El código

Cada lenguaje comunicante está compuesto por diversos códigos que constituyen las partes básicas del lenguaje visual. Y cada código comunicativo está formado a su vez por un sistema organizado de signos, que forman los subcódigos o componentes del código [88]. De ahí que un código, al estar compuesto por conexiones entre significantes y significados, puede denominarse también *sistema de signos*.

Un solo plano de los que integran las documentaciones técnicas de cualquier obra de arquitectura es un código. Sólo basta suponer el esfuerzo que significaría transmitir verbalmente los datos de un cálculo estructural, de un detalle de carpintería o de una instalación sanitaria para confirmar que el código de representación arquitectónica es un instrumento necesario e indispensable para la transmisión de datos durante la construcción de las obras.

Pero hay códigos, que, aunque ligados como aquel a la transferencia de mensajes, tienen sin embargo otras leyes. Es el caso de un sistema de señales para los juegos olímpicos, en los cuales la comunicación visual se establece entre un emisor y amplios grupos humanos que pertenecen a diferentes pueblos, sociedades o culturas, en un diálogo que adquiere proyección universal.

En ambos casos se hace evidente la existencia de un emisor y de uno o más receptores. En el plano, el emisor es el proyectista de la obra y el receptor el constructor. Ambas entidades son técnicas, se manejan con convenciones preestablecidas. El código resultante es hermético, no accesible para quién no lo conoce. Pero el sistema de señales para una olimpíada es un código abierto, amplio, de puntas libres, porque debe ser recepcionado y comprendido por la mayor cantidad de personas.

La actividad proyectual del Diseño Gráfico se sitúa en el marco del segundo de los ejemplos e implica planificar y programar conjuntos de mensajes visuales.

El código es un idioma común de palabras e imágenes con el cual todos nos comunicamos mediante signos [89]. En esta relación comunicativa siempre hay un emisor, un receptor, un mensaje transmitido mediante un código determinado, un canal o medio de comunicación, e interferencias (ruidos visuales, acústicos o físicos) que se interponen al mensaje. La terminología médica o jurídica, las formas de expresión plástica, las frases técnicas entre un piloto y la torre de control del aeropuerto, los programas de computación, el cine, la publicidad, el teatro, la televisión, son códigos. Todos diferentes y pertenecientes a los lenguajes artificiales y técnicos.

Como hemos anticipado en el capítulo anterior, inciso 1.7, cada rama del Diseño posee su propio código, y entabla con las demás una relación dialéctica de factores comunes e influencias recíprocas. En el código del Diseño convergen partes de otros códigos en un haz singular, propio y sistemático: el de la Arquitectura, el de la Ingeniería, el del Arte visual (Pintura, Escultura, Dibujo, Grabado), el de la cámara (Cine, Televisión, Video y Fotografía), el de la imprenta (Literatura, Poesía, Periodismo), el del Teatro, el de la Publicidad.

Y el código del Diseño Gráfico se nutre con los diversos signos del grafismo aplicado, el fotografismo, la tipografía, la computación, la ilustración, y la impresión. Cuando alguien confunde a la Publicidad con el Diseño Gráfico, o a éste con el Arte lo que está confundiendo son los códigos de esas manifestaciones del lenguaje visual. Y las confunde cuando las desconoce. Más adelante volveremos sobre el tema en los incisos 2.13. y 2.14.

Puede entonces definirse al código del Diseño Gráfico como un sistema de signos que sirve a la comunicación visual y que pertenece al lenguaje visual y al código del Diseño.

En ese sentido encierra una paradoja o en todo caso una dualidad, porque como código, es decir como sistema de signos, requiere conocimiento especializado, y como fenómeno social obliga a entablar diálogos simples y claros con públicos que desconocen sus leyes y reglas.

Esa dualidad conduce a muchos a la incauta creencia de que el mero hecho de trabajar con los medios los avala para conocer el código del Diseño o el de la Publicidad.

2.5.
Ciencias de la comunicación

Para el estudio teórico de los signos, diversas ciencias pertenecientes a un conjunto se engloban una a otra y abordan ángulos diferentes de la problemática comunicativa.
La Antropología Social estudia la comunicación en el plano de las relaciones humanas y sociales, incluso la comunicación de mensajes, como vimos en el capítulo 1, inciso 1.2. y en este capítulo, inciso 2.2.
La Lingüística estudia los signos verbales: la lengua y el habla.
La Semiología deriva de ella y estudia la unidad significante-significado para cualquier tipo de signos, a partir del conocimiento de los verbales.
La Semiótica como ciencia es un lenguaje para hablar de signos. Cuenta con tres ramas subordinadas: la *sintáctica,* la *semántica* y la *pragmática.*

Históricamente la Lingüística se remonta a la diferenciación que Ferdinand de Saussure (lingüista suizo, su fundador) estableció entre la lengua y el habla. El concepto lengua (o idioma) expresa un sistema de signos y define el nivel de los conjuntos en los que se puede clasificar a la comunicación. El habla (la palabra) define la realización de la lengua [90].

La Semiótica ocupa una posición central en las ciencias generales de la comunicación, cuyas otras ramas están subtendidas por ella, mientras ella misma engloba a la Lingüística [91]. En este estudio obviaremos los fenómenos antropológico-sociales y los lingüísticos, para introducirnos en el análisis de los mensajes sígnicos verbales y no verbales desde una óptica esencialmente semiótica.

Semiología y Semiótica vienen de una raíz común (del griego - *semeion* -, signo), la misma que vemos, por ejemplo, en la palabra semáforo.

Ambas ciencias tratan sobre la teoría general de los signos, entendiendo por signo toda cosa que substituye a otra en cierta medida y para ciertos efectos [92].

En ambas disciplinas también se considera signo a toda o cualquier cosa que se organice o tienda a organizarse bajo la forma de un lenguaje, verbal o no verbal.

El semiólogo brasileño Decio Pignatari, encuentra la causa por la cual esta ciencia tiene dos nombres diferentes y una misma naturaleza, en el hecho de que ambas tuvieron dos padres que fueron contemporáneos y no se conocieron: Ferdinand de Saussure y el filósofo y matemático estadounidense Charles S. Peirce, que murieron respectivamente en 1913 y 1914 sin conocer uno la obra del otro [93].

A Saussure se lo considera el padre de la Lingüística moderna. El signo lingüístico siempre refiere a los de naturaleza verbal en un proceso que él llama de significación. Veámoslo en un ejemplo: la palabra, signo lingüístico por excelencia, posee dos códigos distintos con particularidades diversas: uno hablado y otro escrito. La Lingüística estudia la palabra hablada, no la escrita; pero no puede dejar de experimentar la influencia de la escritura.

Los continuadores de Saussure en las décadas del 50 y del 60 - Barthes, Eco, Kristeva - trasladaron las ideas de aquel a los demás sistemas de signos, para aplicarlos en el análisis de obras visuales, musicales, cinematográficas o arquitectónicas. Cada uno construyó así su propia Semiología o su modelo semiológico, pero fue Roland Barthes el primero que entre ellos percibió la existencia de un pensamiento no verbal.

2.6.
La Semiótica

Apenas al comenzar la década del 70 algunos semiólogos europeos comenzaron a darse cuenta de que no era posible ignorar al padre de la Semiótica - Charles S. Peirce - como quedó de manifiesto en el primer congreso de Semiótica de Milán, en 1974. Peirce había elaborado su Semiótica a lo largo de 40 años. Como era matemático y filósofo, la había concebido como estudio del lenguaje en cuanto Lógica. Su Lógica venía de Hegel; era dialéctica, no aristotélica. Por lo tanto su Semiótica se apoya en una visión pragmática del mundo.

La Semiótica es útil para establecer las relaciones entre un código y otro código, y entre un lenguaje y otro lenguaje; para leer el mundo no verbal; para leer un cuadro, una danza, un edificio, o una ciudad; para leer la moda, o el cine; y para leer el mundo verbal en relación con el icónico, no verbal. La Semiótica se opone a la idea de que las cosas sólo adquieren significado cuando son traducidas bajo la forma de palabras [94].

Los signos establecen un sistema activo en virtud de su potencialidad de suscitar otros signos de respuesta. En tal sistema, un signo sólo existe en asociación con otros signos. El proceso en que algo funciona como signo se denomina *semiosis*. Y ese algo sólo funciona como signo cuando alude a algo o a alguien.

Es decir que en la semiosis o acto sígnico hay tres componentes:
a. el signo.
b. aquel significado al que el signo alude.
c. el efecto que dicho signo produce en determinada persona a la que se llama *interpretante* y por el cual el signo es algo para ella. Veámoslo en un ejemplo que cita Charles Morris [95]: un mapa (signo) indica una región geográfica (significado) a donde se dirige un viajero (interpretante). Por pertenecer estos tres componentes al proceso de la semiosis, establecen entre sí una relación *triádica*.

Pero otra forma de estudiar la semiosis es a partir de relaciones *diádicas,* aquellas establecidas entre solo dos componentes. Este tipo de relación bilateral se da en tres dimensiones a las que llamamos según vimos sintáctica, semántica y pragmática. La dimensión sintáctica establece la relación formal de los signos entre sí (signo con signo). La dimensión semántica, la relación de los signos con los objetos a los que están vinculados (signo con su significado). Y la dimensión pragmática, la relación entre los signos y quienes son sus receptores (signo con su interpretante).

Trataremos de hacer esas tres dimensiones comprensibles para el lenguaje visual mediante un ejemplo verbal. Veamos la siguiente frase extraída de una campaña que hicimos para la aerolínea nacional peruana:
Un viaje a Lima vale un Perú y cuesta sólo 250 dólares.

La sintáctica estudia los signos —letras, frases, palabras— prescindiendo de su significado y establece normas para la organización de ellos, dado que si esas relaciones se alteran, se pierde o modifica el significado. Si decimos *Un viaje a Lima vale 250 dólares,* y *sólo cuesta un Perú,* la frase perdió su sentido original por una ruptura sintáctica.

Ahora bien, ¿qué intención se le adjudica a la palabra *vale?* ¿Qué significa *cuesta?* ¿Cómo han sido utilizadas ambas en la frase? ¿Con un sentido único? ¿Con doble sentido? ¿El uso de los dos términos intenta valorizar el mensaje por las riquezas naturales y culturales del Perú o pretende relativizar el costo de los pasajes? ¿O ambas cosas? ¿Es una apelación poética o fría y materialista?

Todos esos aspectos ligados al contenido de los signos verbales a su significado son estudiados por la dimensión semántica.
En la Semiótica no sólo se aplica para los signos verbales sino que también es extensible a un color, a un material, a un emblema, a una forma arquitectónica, a una fotografía o a un sonido.

Sigamos. ¿Cómo es recibido el mensaje por el lector? ¿Le sorprende? ¿Lo esperaba? ¿Le es útil o beneficioso? ¿Entiende el sentido de la metáfora *vale un Perú?* ¿Cuál es el objetivo de la compañía aérea? ¿Sólo vender más pasajes, o también promocionar el turismo peruano? Y más aun: ¿el mensaje es explicativo, imperativo, persuasivo, o normativo?

Todos estos aspectos ligados a las relaciones entre los signos, el emisor, el receptor y las funciones del lenguaje son estudiados por la pragmática.

Si abstraemos el análisis efectuado y lo transferimos a cualquier tipo de signos del lenguaje visual, las tres dimensiones mantienen su espacio.
En tal caso, la sintáctica estudia los signos visuales - verbales y no verbales - en relación a sí mismos, lo cual atañe a su forma significante.
La semántica, los signos visuales en relación a su significado.
Y la pragmática, los signos visuales en relación con sus emisores y receptores, y en relación con las funciones del lenguaje.

2.7.
Sintáctica visual

A la parte de la gramática que trata sobre las formas de organización de las palabras para la construcción de las oraciones, la denominamos sintaxis. Sin el orden impuesto a su estructura por las leyes sintácticas, el lenguaje perdería toda capacidad de comunicación. En los lenguajes artificiales como el visual, la sintaxis tiene un sentido más amplio porque enmarca a la gramática.

Sintáctica visual es la dimensión semiótica que estudia y coordina las relaciones de los signos entre sí (como lo hace la sintaxis dentro de la gramática).

Las frases, las palabras, las oraciones, los párrafos, los versos, las estrofas, se corresponden desde un punto de vista sintáctico con los signos básicos del lenguaje visual y con las leyes de organización formal que los componen para constituir un código visual.

En el mundo de las relaciones humanas vivimos comunicándonos con los signos verbales y visuales. Esos signos, en la mayoría de los casos, suelen cumplir las leyes de la sintáctica lingüística pero no las de la sintáctica visual. Dado que el lenguaje visual es mixto porque tiene signos verbales y no verbales, la integración de pautas organizativas de ambos tipos hace al conjunto más complejo. Mientras que en los lenguajes naturales, los enunciados mal formados carecen de significado, en los artificiales como el visual esa carencia se manifiesta en la falta de bondad formal.

Como veremos en el capítulo 4, la sintáctica visual estudia aspectos sobre dos tipos de conjuntos sígnicos:
a. Un conjunto de elementos visuales básicos que son como las partes de un sistema combinatorio para construir las palabras, las frases y las oraciones visuales.
b. Un conjunto de reglas de relación, que son las que describen la manera en que los elementos básicos de la organización visual deben interactuar [96].

En el código del Diseño Gráfico los signos gráficos son de dos tipos:
a. Las palabras escritas del lenguaje verbal que componen habitualmente cualquier mensaje escrito.
b. Los signos estrictamente visuales.

Los primeros se denominan signos verbales, y los segundos, no verbales o icónicos. La dialéctica entre los lenguajes verbal e icónico es la matriz del mecanismo mental de la ideación visual. Al resultado lo llamamos lenguaje *verboicónico*.
La sintáctica visual es la médula del Diseño. Pueden ser toleradas carencias en la función, en el significado o en el contenido, pero no en la construcción sintáctica de un diseño porque eso lo invalida como tal.

2.8.
Semántica visual

Vimos que la semántica es la dimensión semiótica que estudia los signos en relación a los objetos que ellos designan. Para el estudio del significado de los signos, y para el análisis de su contenido comunicativo, los trabajos del matemático alemán Gottlob Frege (1848-1925) - impulsor de la Lógica moderna - contribuyeron a distinguir dos formas de significado: la *denotación* (o extensión) y la *connotación* (o designación) [97].

La palabra árbol sirve para referirnos a una acacia, a un álamo, a un almendro, a una araucaria, o a un naranjo. Arbol entonces, tiene una extensión en su significado. Esa amplitud que cubre el rango o el género que encierran las palabras es la denotación.
En cambio el criterio el concepto con el cual se usan las palabras es lo que define la connotación.
Ese criterio es el que nos hace llamarle árbol a un organigrama empresario, a un esquema genealógico o a la forma en que se va abriendo cierto programa de computación.
La denotación es la extensión del significado. En nuestro ejemplo, el concepto árbol se extiende desde el almendro al pino y desde el olivo al eucalipto.

La connotación es la designación de un árbol. Es su definición: *planta perenne de tronco leñoso y elevado que se ramifica a cierta altura del suelo*. Es su esencia.

La importancia de la denotación y la connotación como partes del significado parecieran más significativas en el lenguaje verbal que en el visual, pero sin embargo el conocimiento de estas dos categorías es de una influencia decisiva y básica para la creación visual.

Como vimos, todos los mensajes visuales son *verboicónicos,* es decir que tienen dos tipos de componentes:
a. Signos *verbales* en forma de textos o leyendas expresados mediante signos *tipográficos.*
b. Signos *icónicos,* que pueden clasificarse a su vez: en *pictogramas* (de elaboración manual), *fotogramas* (de reproducción por cámara) y *compugramas* (de construcción por ordenador).
Cualquier comunicación visual puede estar constituída entonces, por cuatro tipos de signos: los tipográficos, los pictográficos, los fotográficos y los compugráficos.
Cada uno de ellos puede a su vez, ser enfocado y estudiado desde una dimensión sintáctica, una semántica y una pragmática. Internalizar aquellos tipos de signos nos ayuda a procesarlos y a transmitirlos mediante sus significados denotativos y connotativos.

Uno de los semiólogos que más ha investigado la semántica sígnica es Abraham Moles, para quien un mensaje verboicónico - por ejemplo, un aviso publicitario con leyendas e imágenes - transmite dos tipos de significados:

a. Uno, al que llama semántico explícito y le otorga naturaleza denotativa, lo juzga transmitido por las leyendas y textos porque corresponde a la significación primera e inmediata.

b. Otro, superpuesto al anterior, al que llama estético o connotativo, lo estima transferido por las ilustraciones porque corresponde a los significados secundarios y a los valores expresivos [98].

Vamos a ejemplificar ambos tipos de significados describiendo dos avisos publicitarios casi iguales. En el primero, su título dice: *Esta es la forma más confortable de viajar a Australia*. La foto muestra una gigantesca nave en el mar. El texto pondera el confort pero argumenta que ese viaje sería incomparablemente más rápido por avión, sin necesidad de resignar comodidad.

Ese primer aviso está firmado por una compañía aérea. El segundo tiene el mismo título y la misma foto pero el texto destaca el verdadero placer de un viaje en barco. A este lo firma una compañía naviera. En ambos, el texto denota lo mismo, lo que dice. En el primero, la foto connota viaje lento, y en el segundo, viaje confortable y placentero.

2.9.
La retórica de la imagen

Se denomina retórica (del griego *rhetor,* orador) al conjunto de reglas y preceptos para hablar bien. Es el arte del bien decir, de embellecer la expresión de los conceptos; de dar al lenguaje escrito o hablado eficacia para persuadir o conmover [99]. La retórica entendida como metodología de la Oratoria y no como reemplazo de ella, gozó de prestigio en la antigüedad desde su germinación entre los griegos y los romanos.

En la actualidad se la considera una disciplina instrumental, como una suerte de técnica para encauzar el fenómeno de la expresión humana en formas verbales e icónicas.

La retórica de lo visual fue estudiada por Roland Barthes, quien a partir del análisis de la Publicidad planteó la cuestión de que toda imagen es en principio polisémica porque contiene una gama de significados, y de que su lectura es múltiple. Este concepto puede ser extendido a todo el lenguaje visual. Aunque aquí hagamos hincapié sólo en las imágenes publicitarias, lo cierto es que todas son retóricas.

Es necesario por lo tanto, saber leerlas para descifrar sus significados ostensibles u ocultos y para encontrarles el contenido preciso [100].

54 a.
Afiche del film
Los Herederos.
1971.

Director:
David Stivel.

54 b.
Versión en idioma
alemán para la
presentación de la
película en el Festival
de Berlín.

54 a

54 b

La carga retórica de la imagen puede ser decodificada mediante los instrumentos analíticos que nos provee la Lingüística. Las diversas figuras retóricas visuales adquieren así las designaciones que corresponden a los casos equivalentes en la lengua. En verdad son más de cien, pero como ejemplos, veremos sólo cuatro:

La metáfora visual establece una comparación entre dos contenidos visuales.

En el afiche del film *Los herederos,* la jaula que encierra a los personajes, es una metáfora de la lucha que se entabla en el seno de una familia atrapada por la codicia que les despierta la herencia de una mansión (Figuras 54a y 54b).

La metonimia visual en cambio, supone aludir a un objeto o idea por otro u otra que los substituya. En la Figura 55, la imagen con la expresión feliz de un padre

55.

55.
Aviso. Campaña gráfica
para diarios.
1969.

56

56.
Aviso de campaña
publicitaria para diarios.
1968.

con su hijo, desplaza a la obra edilicia
en un folleto para promover la venta
de un edificio de departamentos.

La hipérbole visual establece una
exageración y se emplea de una manera
generalizada para condensar significados
exaltadores que siempre conmueven al
observador. Algunas veces, la hipérbole
suele ser utilizada por algunos medios,
que para concitar el interés público y con
dudoso basamento ético, recurren a
noticias e imágenes alusivas a la violencia,
a los dramas sociales y familiares, al
crimen, al sexo o a las catástrofes [101].

Otras veces, alimenta mensajes que lindan
con lo absurdo: un chocolate puede ser
tan puro y exquisito que no parece real;
la noticia grotesca de un falso filipino
embarazado con una sórdida foto pueden
apelar a la legitimidad de artefactos
hogareños; un modelo publicitario puede
hacerse el jactancioso para vender por
televisión un vino común. Pero lo que
ninguno de los tres mensajes puede,
es evitar lo irrisorio de cada exageración.

Haber promocionado los vuelos a Miami
y el Centro Espacial Kennedy de una
compañía aérea, con un aviso cuyo

57.
Afiche para el film
*Nadie oyó gritar a
Cecilio Fuentes.* 1965.

Director:
Fernando Siro

58

57

58.
Aviso para una empresa
de comercialización de
leche. *La Martona.*
1968.

título decía: *Primer viaje a la luna,* también fue exagerado y no creíble (Figura 56). Nuestro desconocimiento semiótico de entonces y la ingenuidad inofensiva de la apelación no disuelven el error, sino que en todo caso lo acentúan. En el ejemplo de la Figura 57 en cambio, la humorada ficciosa de la frase: *Se lo digo yo que se la doy a mis hijos,* hace al mensaje adecuado porque la irrealidad es deliberada.

La sinécdoque visual - como la verbal - es la utilización de una parte para referirse a un todo. En el afiche del film *Nadie oyó gritar a Cecilio Fuentes,* para simbolizar la escena clave en la que el protagonista es agredido por una banda que le hiere la mano con una rueda de bicicleta, graficamos el afiche con los rayos de la rueda y la impresión de la mano lastimada (Figura 58).

59.
Frente de la tarjeta de
salutación para un
estudio de arquitectura.
1975.

BIELUS-GOLDEMBERG-WAINSTEIN KRASUK
arquitectos / estudio staff - !¡¿?;/:()+-×̈ &%.

59

60

61

60.
Tarjeta de fin de año
para *Levi's*. 1983.

61.
Del interior del
tradicional bolsillo se
extrae la figura de un
adorno navideño que
contiene el símbolo de
la empresa y la
salutación.

A un estudio de arquitectura que envió
saludos de fin de año a sus clientes
lo simbolizamos con un letrógrafo,
que era una parte de su instrumental de
trabajo. El mismo caso se manifiesta en las
tarjetas de salutación de *Levi's*, que fueron
enviadas dentro de un sobre de cartulina
con la forma del tradicional bolsillo de la
prenda (Figuras 59 a 61). Otras veces,
la significación de las imágenes suele
trasuntar la combinación de dos o más
contenidos retóricos.

LA OPCION

TRABAJO SOLITARIO O TRABAJO SOLIDARIO

PARA INTEGRAR EL PAIS Y CRECER TRABAJANDO NOS VAMOS A EMPLEAR A FONDO

LEY NACIONAL DE EMPLEO
La Ley Necesaria

MINISTERIO DE TRABAJO

63

62 a 66.
Avisos de una campaña
gráfica para la
Ley Nacional de Empleo.
1990.

Agencia
Telam Publicidad.

Las fotografías que ilustran los avisos de la campaña que informan sobre la *Ley Nacional de Empleo* son hiperbólicas, porque reflejan la realidad con dureza. Ese contenido se superpone a otro de tono más metafórico, en la medida que los personajes son también arquetipos de cada apelación (Figuras 62 a 66).

62

64

LA OPCION

INSEGURIDAD POR DESEMPLEO O SEGURO DE DESEMPLEO

PARA INTEGRAR EL PAIS Y CRECER TRABAJANDO NOS VAMOS A EMPLEAR A FONDO

LEY NACIONAL DE EMPLEO
La Ley Necesaria

MINISTERIO DE TRABAJO

LA OPCION

EL TRABAJO DE REALIZARSE O REALIZARSE EN EL TRABAJO

PARA INTEGRAR EL PAIS Y CRECER TRABAJANDO NOS VAMOS A EMPLEAR A FONDO

LEY NACIONAL DE EMPLEO
La Ley Necesaria

MINISTERIO DE TRABAJO

LA OPCION

EMPLEADO A MEDIAS
O EMPLEADO A FONDO

Años de crisis dejaron más de 3 millones de argentinos subocupados o desempleados, o subsistiendo duramente como cuentapropistas pobres. Es el 27% de la población económicamente activa. La Ley Nacional de Empleo contribuirá a cambiar esta situación de injusticia y atraso facilitando la generación de nuevos empleos estableciendo nuevas formas de contratación, respetará los derechos de todos, incorporará al sistema de relaciones laborales a millones de argentinos que desde hace mucho han ido quedando abandonados a su propia suerte. Al crear condiciones para eliminar la desocupación, posibilitará al trabajador no sólo ingresos regulares y justos, sino que le devolverá su función en la sociedad.

PARA INTEGRAR EL PAIS Y CRECER TRABAJANDO NOS VAMOS A EMPLEAR A FONDO

LEY NACIONAL DE EMPLEO
La Ley Necesaria ▓▓▓MINISTERIO
▓▓DE TRABAJO

65   66

LA OPCION

DESCALIFICADO EN EL TRABAJO
O TRABAJO CALIFICADO

El olvido y la marginación impiden el desarrollo e inserción a miles de argentinos en condiciones de integrarse productivamente al sistema institucionalizado de relaciones laborales. Con la nueva Ley Nacional de Empleo, se crea el Sistema Nacional de Capacitación Profesional para promover la formación y la orientación del trabajador, y coordinar con los sectores públicos y privados las demandas planteadas para una reforma estructural y una reconversión productiva. De esta manera la Ley Nacional de Empleo recuperará y reconocerá las calificaciones laborales de los trabajadores, y otorgará al trabajador la opción de un empleo digno que le devolverá su función social.

PARA INTEGRAR EL PAIS Y CRECER TRABAJANDO NOS VAMOS A EMPLEAR A FONDO

LEY NACIONAL DE EMPLEO
La Ley Necesaria ▓▓▓MINISTERIO
▓▓DE TRABAJO

67.
Aviso para prendas
deportivas.
1967.

A un aviso que publicitaba ropa deportiva, lo ilustramos con la foto de dos cazadores (o mercenarios, no se sabe bien) vestidos con la prenda. Uno de ellos tiene enfocada en la mira de su arma a una mujer joven vestida con la misma marca (Figura 67). Es obvio que nuestra idea de entonces para ambientar una foto publicitaria de ropa deportiva no era connotar violencia. Pero a la luz de un análisis actual ni siquiera exhaustivo, vemos que el mensaje, además de trasuntar innecesarias connotaciones de muerte traduce desvalorización de lo femenino, dado que si bien la escena pretende sugerir que la modelo por su belleza atrae a los hombres, la mujer en su condición genérica aparece directamente como una víctima inmediata, e indirectamente, como objeto de caza, como presa fácil.

67

68.
Aviso para una campaña
gráfica de diarios. 1965

Agencia:
Cícero Publicidad

En cambio, la frase: *Medias para hombre*
del aviso que ilustra la Figura 68,
establece una deliberada contradicción
retórica con la imagen de una mujer.

Otras veces esa contradicción entre los
contenidos retóricos del texto y de la
imagen es involuntaria. La Figura 69 ilustra
un aviso en el que la fotografía contradice
el mensaje: *velocidad* transmitido por el
título. Si queríamos comunicar
visualmente la seguridad que el neumático
provee a altas velocidades, para que fuera
congruente con la palabra, debimos hacer
la toma con el suelo seco y en una
autopista. Sobre el suelo mojado la rueda
luce más por el brillo, pero la foto remite
al agarre que tiene el neumático y es
adecuada en todo caso para comunicar
seguridad. En el aviso, por el contrario,
al decir velocidad sobre la calzada
que se ve mojada, la foto connota osadía,
imprudencia, riesgo innecesario.

Por encima de aquel yerro prematuro
nuestro, y durante más de tres décadas,
un precursor de la comunicación visual y
de la enseñanza del Diseño en Argentina,
el arquitecto Carlos Alberto Méndez
Mosquera, como presidente y director
general creativo de *Cícero Publicidad*
ha construído la identidad visual de la
empresa *Fate,* hasta situarla en referente
ineludible de coherencia, estilo singular
y vigencia.

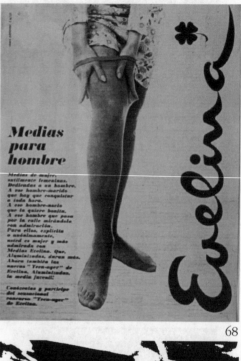

68

69

69.
Aviso de diarios.
1965.

Una de las empresas automotrices más grandes del mundo, para promover en Estados Unidos uno de sus modelos más pequeños, recurrió a un aviso ingenioso: debajo de una foto en la que el auto aparece estacionado frente a una lujosa residencia, el título decía: *Hace que su casa luzca más grande*. Según la opinión de algunos publicitarios el texto es veraz porque esgrime con *honestidad* lo pequeño que es el automóvil. Pero desde una visión retórica no lo sería tanto, dado que tampoco está diciendo: *Nuestro coche carece del confort, la capacidad y la amplitud de los modelos grandes*. Si bien el que calla no otorga ni niega, también es cierto que esgrimir una supuesta cualidad negativa como argumento de venta, suele conllevar a veces la intención de evidenciar o dramatizar una carencia mediante el humor o la sátira, para tratar de minimizarla, sino de disimularla. Desde un punto de vista psicológico sólo puede hablarse de autenticidad o artificialidad de los mensajes, pero en ningún caso predicarse la verdad o la falsedad de ellos [102].

2.10.
La pragmática visual

El examen de los lenguajes naturales o artificiales no se agota con el estudio de la organización formal de los signos (sintáctica) ni con el de sus significados (semántica), sino que se proyecta al estudio de quienes los emiten y los reciben, de quienes son sus emisores y receptores. El lenguaje es ante todo una herramienta de la comunicación humana, un objeto funcional para el diálogo social. Precisamente, éste es el aspecto que estudia la parte o dimensión semiótica denominada pragmática. Su campo de acción es tan vasto que comprende:

a. El discurso verbal como expresión del acto de hablar y de escribir.

b. El discurso visual, como expresión comunicativa integral.

c. El estudio del origen de los signos, ya sean tipográficos, pictográficos, fotográficos o compugráficos.

d. El estudio de los usos y efectos que ellos producen en las estructuras sociales en las cuales se emplean.

e. El estudio de la función del mensaje.

De todos estos planos, el que más concierne al proceso de creatividad visual está ligado con la influencia que el emisor de un mensaje ejerce sobre el receptor del mismo. El acto de influir puede contener distinta intencionalidad según sea su función comunicativa. El propósito del emisor puede ser el de incidir para el cambio de un comportamiento en el receptor a través de distintas formas: informar, persuadir, llamar, apelar, exigir, exhortar expresar, emocionar, seducir.

70.
Libros de bases para
concursos nacionales de
anteproyectos. 1972.

71 y 72.
Señales informativas.
1971/72.

73.
Aviso de información
cultural. 1972.

Todas estas modalidades funcionales del
lenguaje pueden sintetizarse en seis
grupos de mensajes [103]:
1. Informativos.
2. Identificatorios.
3. Expresivos.
4. Normativos.
5. Imperativos.
6. Combinados.

1. Los mensajes informativos son
transmisores específicos de datos.
Un aviso que informa el programa
mensual de un teatro, una señal
orientadora de tránsito, un mapa turístico,
un libro de texto escolar, son objetos
comunicativos muy diversos, pero
la función específica de informar sobre
datos de la realidad es común a todos.
(Figuras 70 a 73).

71

70

72

73

74 a 76.
Identidad visual para
una tarjeta de crédito.
Carta Credencial.
1979.

CARTA
CREDENCIAL

74

2. Los mensajes identificatorios son elementos del lenguaje verboicónico que están destinados a identificar a las personas físicas o a las entidades jurídicas como las empresas, las sociedades y las instituciones u organismos estatales o privados. Un monograma personal en una prenda de vestir, el nombre de un comercio y el tipo de letra con que está escrito, el color institucional identificatorio de una tarjeta de crédito, el material de un envase, la forma de una marca para una empresa constructora, son distintos tipos de signos que cumplen con la función de identificar a sus emisores (Figuras 74 a 82).

75

76

77

78

77 a 82.
Identidad visual de una
empresa constructora
Ianua. 1979.

77.
Anteproyecto de la
marca en el frente del
edificio de la empresa.
78.
Marca.
79, 80, 81 y 82.
Aplicaciones.

79

80

81

82

83.
Tapa de la *Revista
La Nación*. 30 de
diciembre de 1979.

83

84.
Aviso para el centésimo
aniversario del diario
La Prensa.
(18 de octubre de 1969).

84

3. Los mensajes expresivos no son
- como podría suponerse - aquellos a
través de los cuales el autor de los mismos
se expresa creativamente, ya que el
músico, el escritor, el cineasta,
el diseñador, el periodista, el fotógrafo,
lo hacen mediante cualquier obra
que realicen libremente. El término
adquiere aquí otro sentido: alude a los
mensajes que sirven para expresar
sentimientos y emociones con el fin de
generar, en la mayoría de los casos,
simpatías, adhesiones o afectos en el
destinatario.

Veamos los siguientes ejemplos. En la tapa
de la revista que edita el diario *La Nación*,
la metáfora de relacionar la nueva
generación de los '80 con la de fines del
siglo pasado, se expresa con la foto de la
niña en un marco antiguo (Figura 83).
La Figura 84 ilustra un aviso para el
centésimo aniversario del diario La Prensa.
Esta idea expresiva se conecta de una
manera distinta con el lector porque
el valor de la trayectoria editorial de un
siglo aparece como anecdótico frente al
compromiso periodístico que implica
estar presente todos los días con la noticia.

85 a 87.
Avisos para la
Municipalidad de la
Ciudad de Buenos Aires.
1972.

4. Los mensajes normativos trasmiten siempre un contenido reglamentario. Se llaman normativos, porque no ordenan ni expresan sino que regulan aspectos de la realidad. La publicidad de avisos clasificados, las solicitadas que se publican en los medios gráficos, los avisos necrológicos, las fusiones societarias, adquieren casi en su totalidad formas que responden a convenciones y normas preestablecidas, despojadas de rasgos emotivos o expresivos, y poseedoras en cambio, de formalidad protocolar (Figuras 85 a 87).

85

86

87

88.
Señal vial de
reglamentación. 1972.

88

5. Los mensajes imperativos cumplen una función directiva con el propósito de provocar en las personas ciertos comportamientos, o de influir en sus voluntades a través de un mandato. Una señal vial de *Pare,* un aviso de un organismo de recaudación fiscal que dice: *Pague en término,* el de un partido político que contiene un texto de protesta y de cuestionamiento titulado: *¡Basta!,* una señal preventiva de seguridad industrial que aclara: *No fume. Peligro de explosión,* todos, manifiestan una función nítidamente imperativa. Las imágenes que acompañan a estos textos poseen en general un estilo potente y contrastado acorde con el tono de autoridad y fuerza que surge del mensaje verbal (Figuras 88 a 91).

89.
Dibujo que incluye una
señal vial en la planta
industrial de aluminio
Aluar, en Puerto
Madryn. 1975.

90 y 91 (Página 110)
Señales de seguridad
industrial.
Aluar. 1975.

89

90

91

92 a 95.
Campaña gráfica para
Mercados Comunitarios.
1988.

Agencia:
Telam Publicidad.

Los mercados comunitarios fomentan las pequeñas producciones regionales

MERCADOS COMUNITARIOS

92

Los mercados comunitarios estimulan nuevos hábitos de consumo

MERCADOS COMUNITARIOS

93

Los mercados comunitarios garantizan la continuidad en el abastecimiento de los productos

MERCADOS COMUNITARIOS

94

Los mercados comunitarios acercan a productores y consumidores

MERCADOS COMUNITARIOS

95

6. Mensajes combinados son los que en general, a través de la palabra y de la imagen transmiten significados combinados entre dos o más de las funciones descriptas.

Los avisos de la campaña que ilustran las Figuras 92 a 95, si bien son informativos, también intentan persuadir, porque tratan de inducir al público al cambio de hábitos en la alimentación.

El aviso de un famoso whisky escocés que junto a la foto del producto incluye el texto: *Cuesta dos dólares más, pero es Navidad, ¿no?*, lleva implícita una doble función: una expresiva, de persuasión, y otra, imperativa, de orden.

Así también, las noticias periodísticas - si bien son mensajes informativos - suelen estar cargadas de componentes expresivos, que, mediante sutiles y a veces ocultas formas redaccionales, encierran la intención de influir sobre el lector mediante el procesamiento del tono de aquella misma información [104].
En ese sentido, la dimensión pragmática no define la veracidad ni la falsedad de los mensajes porque es objetiva.
Como expresamos en el inciso anterior, este concepto está reñido con el habitual y endeble argumento de que la buena publicidad dice la verdad.

2.11.
Comunicación social y autoritarismo

En pueblos como el nuestro que han iniciado la tarea de construir su vida democrática definitiva, la Publicidad, la Propaganda, los mensajes masivos y los medios de comunicación, participan de manera decisiva ejerciendo una influencia crucial.

El desarrollo del pensamiento moderno desde el protestantismo hasta la filosofía kantiana se ha caracterizado por la sustitución de las autoridades exteriores por otras que han incorporado al yo en lugar de una autoridad externa [105].
El hombre libre ha reemplazado esa autoridad por su propia conciencia o por su superyo. La Psicología y el Psicoanálisis se han encargado de demostrar que la conciencia manda con un rigor comparable al de las órdenes exteriores, y que esos mandatos internos a veces contradicen a los del yo individual, asumiendo la dimensión de normas éticas.
Al sentir que las órdenes son la suyas propias, el individuo no se rebela porque no puede hacerlo contra sí mismo.
En realidad la autoridad, más que desaparecer se ha hecho invisible. Ahora es anónima. Se disfraza de sentido común, de normalidad o de opinión pública.
Y al transformarse, se hace sutil, persuasiva, exhortativa, no imperativa, y por lo tanto, más penetrante. Supuestamente no quiere dominar, pero en realidad lo hace.

Distintas fuentes de poder político, económico y social, mediante conocimientos extraídos de la Psiquiatría, del Psicoanálisis y de las Ciencias Sociales, realizan enormes esfuerzos - muchas veces con éxito impresionante - para canalizar nuestras decisiones así como nuestros procesos mentales.

Estos esfuerzos, según Vance Packard, suelen aplicarse en un plano que escapa a nuestra conciencia. Por eso las incitaciones son ocultas, con lo que resulta que a muchos de nosotros se nos manipula en mayor medida de lo que nos damos cuenta [106]. Algunas manipulaciones son divertidas, otras turbadoras, otras inocuas, otras malignas, otras gravemente perjudiciales para el cuadro social. El Psicoanálisis de masas aplicado a las campañas, se ha convertido en una industria multimillonaria en la comunicación social contemporánea.

Algunos comunicadores sociales, políticos o comerciales, venden sus mercancías —ya sean éstas productos, ideas, actitudes, candidatos, metas o estados de ánimo— según sus propias conveniencias o maquinaciones. Día a día, un número importante de ellos, suelen actuar como persuasores de intenciones e ideologías ocultas. En el lenguaje publicitario de Estados Unidos se los llama *depth boys* (muchachos de la profundidad). Estos manipuladores del fondo han adquirido con sus operaciones por debajo de la superficie de la vida, un poder inusitado. Es un poder velado que evidencia siempre autoritarismo y ausencia de solidaridad social ocultos tras los beneficios que provee la libertad de expresión y la democracia [107].

Este estado de cosas puede conducirnos erróneamente a la creencia de que la Publicidad y los medios de comunicación social son los responsables de las desvirtuaciones de la equidad social. Pero los medios y la Publicidad son neutros. No son ni buenos ni malos por sí. Un reconocido creativo publicitario argentino, José Juni, dice que « publicitar zapatillas no le hace mal a nadie », y que « no nos debemos olvidar que las fábricas de pasta dental han contribuído más a la higiene bucal de la población que la más grande campaña de salud pública ». De lo que se trata es de evitar toda suerte de desvirtuaciones y de manipulaciones perversas contra las cuales, justamente, nos rebelamos.

2.12.
Publicidad y Propaganda

Para Starch, la publicidad es un llamado dirigido al público de manera que lo induzca a actuar de acuerdo con ese mandato, para que cambie o mantenga sus comportamientos o hábitos de consumo [108]. Para John Kenneth Galbraith, es la técnica persuasiva y exhortativa destinada a alcanzar los objetivos de *marketing* (comercialización), al que define como « el conjunto de operaciones destinadas a optimizar el lucro de una empresa » [108]. Y para Rodríguez Dieguez, constituye un medio de comunicación —medio entendido como lenguaje— asistemático, porque en ella no existen unidades ni reglas de composición que puedan ser transferidas de mensaje a mensaje » [110].

La mayoría de las veces la Publicidad crea *estimuladores,* mensajes que despiertan deseos de placer, de posesión o de bienestar. En esos casos, estimula las necesidades sin satisfacerlas. Una fábrica de salchichas publicó avisos destinados a los niños argentinos con un gran título imperativo que decía: *Viajá a EuroDisney,* como si todos los lectores infantiles y sus padres pudieran hacerlo. La clave, como era obvio, estaba en el subtítulo, mucho más pequeño y también imperativo: *Buscá en el envase el bono para participar en el sorteo de los pasajes* [111].

Pero para bien de todos, la Publicidad suele ser en general más solidaria. En campañas informativas y didácticas sobre vacunación, alfabetización, defensa ecológica, educación sexual o cultivo de los valores nacionales, se constituye en una verdadera intérprete de la comunicación pública. En esos casos se jerarquiza, se eleva y adquiere un rol trascendente. Deja de promover *estimuladores* para comunicar *benefactores,* mensajes que benefician. La idea de un *spot* de televisión para la

información sexual pública con motivo del Sida, creada por la agencia *Lautrec* y auspiciada por el *Consejo Publicitario Argentino,* estaba centrada en la profundidad conceptual de una frase inteligente. Sobre la imagen de un preservativo se leía en la pantalla: *Se hizo famoso evitando la vida. Paradójicamente, hoy la preserva.*

Cuando busca la adhesión del receptor, cuando crea, transforma o configura opiniones, la Publicidad se comporta como la Propaganda. Empero, en la mayoría de los casos se diferencia de esta porque persigue fines comerciales en lugar de políticos. Las necesidades o las preferencias que suscita están dirigidas a un producto o a un servicio, mientras que la Propaganda sugiere o impone creencias o reflejos que a menudo modifican el psiquismo e influye más profundamente en las actitudes fundamentales del ser humano.

En ese sentido —dice Jean Marie Domenach— « la Propaganda puede compararse con la Educación, pero las técnicas que emplea y sobre todo su designio de convencer y subyugar sin formar, la hacen su antítesis » [112]. El sociólogo francés, férreo defensor de una Propaganda al servicio de la sociedad democrática, concluye: « La verdad, para existir y conquistar, necesita un clima favorable.

Sería vano creer que se le puede crear ese clima, ese campo de fuerza, en un siglo en que todos los problemas se plantean en términos de comunicación de masas, sin recurrir al poder de la Propaganda. Como sería vano creer que se puede prescindir de la Propaganda —por no sé qué mística de la virginidad de la opinión pública— para hacer fracasar la empresa de los impostores » [113].

2.13.
El modelo americano

En la década del 60, unos pocos publicitarios americanos e ingleses de extracción literaria, comienzan a ejercitar nuevas técnicas creativas de comunicación masiva apoyados en investigaciones fisiológicas, sociológicas, psicoanalíticas y de marketing. Lo hacen desde un grupo de agencias aglutinadas en la avenida neoyorkina Madison Avenue y desde otras situadas en Chicago y en Londres. William Bernbah, David Ogylvy y Leo Burnett son los líderes de este cambio producido en la Publicidad, a partir de una serie de ideas apoyadas en la Psicología Social, en las técnicas de persuasión razonada y en las de la retórica verbal y visual. Las frases, los textos y las imágenes, especulan sutilmente con las emociones, juegan con humor entre la verdad y el ocultamiento, gobiernan

refinadamente el erotismo y el instinto sexual, azuzan sin reparos los deseos de poder y de tener, acuden a la ternura, a la culpa y al temor. Durante estas últimas tres décadas y en todos los países con economías de consumo, se han mantenido intactas aquellas eficaces y potentes armas, sin haber modificado un ápice lo esencial de sus formulaciones.

En nuestras tierras australes, el iniciador de aquellos cánones de la llamada *década de oro* [114] fue David Ratto. Como responsable creativo de *Gowland Publicidad,* durante 1963 se incorpora desde Buenos Aires al movimiento, haciendo causa común con *Doyle Dane Bernbach, Carl Ally, Batten Barton, Young & Rubicam, Papert Koenig, Lois, Jack Lincker y Mary Wells,* a través de una campaña para *Swift.* Ese mismo año impresiona al lector con un aviso en el que el *Auto Unión (Audi)* aparecía ruedas para arriba pegado al borde superior de la página. En el pie, entre el auto y el texto, mediaba un espacio blanco, sorpresivo e inquietante, que conducía la vista a la frase: *Se agarra pero no tanto...* [115]. Con luz propia, Ratto comenzaba a expresar actitudes coloquiales y persuasivas en cada mensaje conjugando aquí los valores que en el norte desplegaban dos hombres: Bill Bernbach y Helmut Krone.

El primero como líder y redactor creativo, y el último como diseñador gráfico y autor visual de la mítica agencia *DDB*.

Hoy, después de más de treinta años de labor intensa, el renombrado publicitario argentino ha logrado congregar la adhesión de dos generaciones, que, con matices diversos, han inspirado la versión ríoplatense del más potente pensamiento de la Publicidad contemporánea.

2.14.
La estrategia creativa

La vigencia actual de aquella génesis americana, autodenominada con cierto exceso *la revolución creativa,* nos permite extraer las reglas básicas que preservan hasta ahora su fuerza original:

Primero: la estrategia de cualquier campaña reside en tratar de modificar el comportamiento actual del consumidor por el que dicta el marketing: *Pruebe Pepsi hoy y deje que su gusto decida*. O por el contrario, tratar de mantener ese comportamiento en caso de que coincida con aquellos objetivos: *Cada vez más gente elige Pepsi*.

Segundo: La base de la estrategia reside en la creación y el desarrollo de la *ventaja competitiva:* « Una ventaja competitiva es una prebenda que los competidores no tienen. Una vez que ellos acceden a la fórmula especial, al nuevo proceso o a la maquinaria de alta velocidad, ya no es una ventaja competitiva », dice sin reparos ni anestesia Len Hardy, un ejecutivo inglés que obtuvo éxito comercial como directivo del grupo *Lever* de jabones, detergentes y otros productos de limpieza [116].

Tercero: Toda la investigación previa se centra en la detección, el perfilamiento y la definición de la ventaja competitiva del producto o del servicio que debe publicitarse: automóvil de nuevo diseño, jabón de lavar que perfuma la ropa, lavarropas con mejor servicio de reparación, aditivo con mayor rendimiento, envase más práctico o con más contenido. Si esa ventaja no existe, debe crearse, y en lo posible, sobre argumentos creíbles: jabón de lavar que *lava más blanco*.

Cuarto: El núcleo de la ideación publicitaria se debe situar en la búsqueda de ideas que dramaticen las ventajas competitivas de los productos. Ello quiere decir, que logren concentrar la atención del observador —al que siempre se considera cliente y consumidor, actual o potencial— mediante la retórica de la palabra y de la imagen. Veamos algunos ejemplos de la publicidad televisiva.

Un comercial para una gaseosa dietética destaca sus cualidades en base al baile del *hula-hula*. La cámara muestra primeros planos de espigadas modelos que mueven con seducción sus cinturas cimbreantes mientras hacen girar aros luminosos al ritmo de un tema pegadizo *(Seven Up Diet)*.

La hipérbole y la sinécdoque son evidentes: la cintura y la cadera son las zonas del cuerpo de la mujer donde más se concentra el exceso de peso.

Veamos otro ejemplo. La caza del zorro es un buen argumento metafórico para apelar al emergente de la velocidad en la promoción de un automóvil. El zorro (el auto) será inalcanzable y los jinetes sólo lograrán capturarlo cuando quede atrapado al borde de un precipicio *(Renault)*.

Un vampiro que succiona nafta es la metáfora que simboliza a un mal lubricante que obliga al motor a devorar combustible. Esta inducción expresa, por contraste, la cualidad del rendimiento *(Esso)*.

Un automovilista impotente ante su automóvil que se desinfla, es el eje de una trama, que al final, remite metafóricamente a la potencia del auto, y a la del conductor, que, gracias a haber cargado el nuevo aceite en su motor, consigue energías hasta para seducir a la mujer que antes lo había rechazado *(Esso)*.

Un automóvil de perfil conformado por millones de billetes de papel moneda, comienza a desaparecer por el viento que hace volar el dinero, dejando apenas las cuatro ruedas tiradas en el suelo. *(Shell)*.

Estos tres comerciales —para productos de dos empresas competidoras— en apariencia diferentes, en su esencia no lo son tanto. Los tres exaltan primero carencias para luego destacar ventajas que son comunes a los productos de ambas compañías. La primera (la metáfora del vampiro), el mayor consumo de combustible. La segunda (la del auto desinflado), la menor potencia. La tercera (la de los billetes al viento), la desvalorización del vehículo. Las tres son en verdad dramatizaciones negativas, para luego, por contraposición, apelar positivamente a las cualidades de los combustibles y lubricantes de cada marca.

La comparación nos permite verificar que el procesamiento creativo de tres variantes sutiles del mismo concepto comunicacional, son proyectadas al público con expresiones argumentales disímiles, pero puede percibirse nítidamente que las tres emplearon la misma estrategia de ideación.

Quinto: La médula de la idea es la palabra. Por lo tanto, el núcleo original de la creatividad publicitaria es lingüística, verbal y redaccional.

Aunque algunas veces se busca con suerte diversa un contrapunto verboicónico entre la imagen y la palabra, siempre ésta es solar y aquella satelital:

Para la caspa (Valet). Renault pone la vida en movimiento. La mejor aspiradora de la tierra (Ultracomb). La mejor medida de cada día (Ginebra Bols). La especie dominante (Peugeot). Una especie en expansión (Lacoste). El escarabajo de los 90 (Volkswagen). Coca Cola es sentir de verdad. Siempre (Coca Cola).

Todas estas frases son ejemplos de que tanto en los títulos de los avisos como en los mensajes institucionales de cierre, el nacimiento creativo es lingüístico y retórico, y se manifiesta muchas veces con frases de doble sentido.

Los premios que otorga el *Círculo de Creativos Argentinos* a la gráfica publicitaria son otra clara manifestación de lo expuesto. El *Gran Prix de Gráfica* fue adjudicado no hace mucho a dos interesantes campañas de la agencia *Ogilvy & Mather Argentina* para el *Ministerio de Turismo del Uruguay.* El director creativo era Jorge Heymann, su redactor. Una de ellas decía: *El sol es el mismo, la arena es parecida, el agua es igual. El que cambia es uno.* La gráfica correcta, sólo acompañaba la esencia de la idea, cuyo origen verbal era tan transparente como en la otra campaña de tres avisos, en cada uno de los cuales, se establecía un diálogo lúcido entre el texto y la imagen. El título del primero —*Conquiste el espacio*— tenía una figura con tres estrellas de mar. El segundo —*Piérdase*— estaba ilustrado con la huella de un pie en la arena. Y el tercero —*Atienda el llamado*— con la imagen de un caracol.

Lo dicho encuentra su mejor fundamento en el subtítulo del *Diccionario ideológico de la lengua española:* " De la idea a la palabra; de la palabra a la idea ", cuyo autor, Julio Casares, académico de la Real Academia de la Lengua Española, dedicó treinta años de su vida a concebir la gran obra idiomática [117]. El concepto es de notable significación para la didáctica de la proyectación comunicacional, porque manifiesta la influencia de la lengua y del habla en la construcción de las ideas. Confirma también la tesis de los estructuralistas como Claude Lévi-Strauss, Ferdinand de Saussure y Oscar Masotta, en el sentido de que el orden de jerarquía viene de la estructura (lengua) a la imagen [118], y de que ésta en Publicidad interviene sólo con dos fines: o para ilustrar retóricamente cada frase —muchas veces con obviedad— o para connotar.

2.15.
Publicidad y Diseño

Mientras el fin del Diseño como ciencia proyectual, es el de responder a la necesidad social de la comunicación visual, el de la Publicidad, como técnica persuasiva al servicio del marketing, es el de contribuir al beneficio empresarial.
En Diseño, la ideación se sitúa en el acto de simbolizar con signos los significados y contenidos comunicacionales, proceso que en ningún caso excluye a la voluntad de forma visual.
En la Publicidad en cambio, la ideación se centra en la dramatización escénica, en la exaltación del mensaje que determina el objetivo de comercialización. Y lo hace siempre con recursos que subyugan, emocionan o impresionan para convocar la atención o el interés. Una anécdota, una historia, una humorada, un dicho, un gag, una frase, un personaje. Pero el equilibrio semiótico no es condición inexcusable.

Las ideas siempre tienen una génesis que se sitúa en la naturaleza lingüística de los mensajes y en la retórica del mensaje verbal. Este rasgo debe valorarse para que los diseñadores levantemos la mirada hacia la exploración literaria y redaccional, a fin de que el conocimiento de nuestro idioma nos permita ampliar el potencial creativo a los vastos dominios de la palabra escrita y hablada.

Pensar que el Diseño (gráfico en este caso) quede limitado hoy a lo estrictamente icónico o tipográfico, presupone negar los fértiles terrenos creativos que nos ofrece el verbo. Debemos desterrar la creencia de que el diseñador (gráfico) solo sabe sobre *isotipos* o *logotipos* [119], interpretación que no por ingenua deja de ser generalizada. Entre tantas vivencias gratas de nuestra experiencia docente debemos lamentar el haber escuchado involuntariamente, decir a una alumna hija de un reconocido publicitario de nuestro medio: « Me gusta el Diseño pero no sé si voy a seguir. No quiero terminar en el último cuartito, al final del pasillo, como los diseñadores gráficos que trabajan en la agencia de mi papá ».
Las nuevas generaciones, por tener conciencia del valioso aporte que el Diseño brinda a la sociedad, perciben esta descalificación. Lo demuestra otro comentario que nos formuló una brillante y activa diseñadora recién egresada: « Muchos publicitarios creen que en sus agencias se hace Diseño solo porque dan empleo a diseñadores ». Para bien de la educación visual argentina, este problema se está solucionando gracias a centenares de alumnos y graduados de la Universidad cuyas ópticas tienen diafragmas abiertos que dejan pasar la luz que les permite ver el espectro publicitario y el nuevo rol del Diseño en la comunicación social.

De esta manera, los jóvenes no pueden menos que reconocer las contribuciones de la Publicidad que en la última década han nutrido el Diseño visual y audiovisual. La retórica del texto escrito, la digitalización de los caracteres tipográficos, el nuevo tiempo cinematográfico influenciado por los spots comerciales y la divulgación popular del lenguaje visual que surge de la animación computarizada y de las nuevas tecnologías cinemáticas de imagen y sonido, son valores que ellos jamás niegan.

Pero son ellos también los que lamentan que esas contribuciones no se dispongan siempre al servicio de una estética comercial, sino por el contrario —y con excesiva frecuencia— al de la plasmación de mensajes caóticos y de fealdad irremediable. Aunque aceptan que el fin de la Publicidad es vender, se preguntan por qué tantos de los operadores publicitarios confunden a la creación visual con el ingenio (habilidad para resolver dificultades), y por qué le adjudican el rótulo de creativo a cualquier mensaje que —suponen— cumple los dictados de la estrategia comercial aunque no contemple ninguna de las leyes elementales de la forma visual. La respuesta a sus interrogantes no tardan en encontrarla en otro implacable y descarnado bando militar de Len Hardy: «Por muchos aspectos el negocio es una especie de guerra.

Para que haya verdadero éxito en los negocios es necesario pensar mejor (sic) ser mejores estrategas que los competidores, (el enemigo)» [120].

La oscilación anímica que produce la obsesión por la venta, muchas veces obnubila, ofusca la vista y no permite discernir. No se puede escoger lo adecuado porque se lo desconoce. En estas instancias es aleccionador el pensamiento de Goethe: «Comprender significa ser capaz de hacer» [121].

En pos de una fluctuante y errática ambición vendedora, muchos ejecutivos son afectados por lo que hemos dado en llamar *síndrome de Ogylvy,* en alusión a uno de los diez mandamientos del publicitario escocés: «Si un aviso no vende no es creativo» [122]. En boca de ciertos árbitros nativos, la frase se transforma en otras dos, amenazantes, con las que aterran al empresariado: *es creativo pero no vende* o *vende pero no es creativo.* Verter opiniones y ejercer la crítica, no como análisis, sino como juicios negativos personales e infundados sobre las cosas, puede conducir, por *ignorancia presuntuosa* [123], a la destrucción de toda propuesta innovadora.

El pensamiento visual, por ser de raíz proyectual y semiótica, es objetivo, y permite en cambio una evaluación de cualquier mensaje en términos comunicacionales y estéticos. Si muchos directivos indagaran el origen de las pérdidas a las que han sido sometidas sus empresas, desterrarían de sus despachos aquellas dos sentencias todavía vigentes en pos de la educación visual pública y de sus mejores ventas.

El verdadero ejercicio de una conciencia crítica y objetiva en el diseñador debe ir unido a la voluntad de buscar alternativas coherentes y estructuradas frente a las distorsiones de nuestra época. Dice Juan A. Magariños de Morentin en su estudio *Creatividad publicitaria y mundos posibles:* « Cuando lo que se les dice a los receptores supone que sólo entienden lugares comunes relativamente triviales, ello obedece a tres razones:
a. Los empresarios imponen pautas rígidas prefiriendo lo convencional a lo audaz, y prefiriendo moverse en mercados en vías de agotamiento, pero seguros.
b. Los creativos y por lo tanto las agencias prefieren conservar su propia cartera de clientes (su propio mercado), y quizá también en vías de agotamiento, haciendo prestaciones de campañas según lo que ya saben que históricamente viene satisfaciendo a los clientes, en vez de mostrarles los inquietantes caminos hacia mercados que pueden inventarse.
c. La sociedad argentina no ofrece alternativas vigorosas que permitan

explorar y descubrir nuevos mundos posibles, nuevas posibilidades de vivir y un futuro en formación cuyo esbozo ya sería detectable. Si estas tres razones confluyen por igual, la imaginación creadora está en crisis; si alguna de ellas predomina sobre las demás, será el momento de que empresarios y creativos se sacudan la inercia » [124].

Un diseñador comprometido con su profesión respeta las leyes de marketing sin claudicar en los valores de la creación formal, porque tiene la certeza de que el proceso de comunicación es un diálogo entre los supuestos opuestos. En otras palabras, no existe un buen contenido sin una buena forma.

En esta energía para la construcción de una estética comercial cohesiva, integral y superior, reside el permanente e indestructible aporte del Diseño a la Publicidad.

2.16.
Comunicación visual y Diseño

Por ser la comunicación visual el lenguaje de la visión, enmarca todas las experiencias que establecen un diálogo entre el emisor y el receptor del mensaje. En el mundo contemporáneo, dichas experiencias pueden ligarse a lo estrictamente visual en los impresos fijos, como a lo audiovisual en los productos cinéticos: la televisión, el video y el cine. Dentro de este contexto de la comunicación visual se inserta el Diseño Gráfico. Abarca a los objetos físicos y a los signos estéticos, participa en ambos y en ciertos sentido los une.

Conectando las reflexiones del primer capítulo sobre lo proyectual, con las de este segundo sobre lo comunicacional, podemos concluir definiendo al Diseño Gráfico como la disciplina que posibilita comunicar visualmente, ideas, hechos y valores útiles para la vida y el bienestar del hombre mediante una actividad proyectual en la cual se procesan y sintetizan en términos de forma y comunicación, factores sociales, culturales, económicos, estéticos, tecnológicos y ambientales [125].

Todas las constelaciones del Diseño se interrelacionan en un universo común, el Diseño Ambiental o Diseño del Entorno, que, como vimos, es la síntesis integradora de todas las experiencias en el área.

La esfera del Diseño más afín a la del Diseño Gráfico es la del Diseño Industrial, hasta el punto en que puede convenirse que Diseño Gráfico y Diseño Industrial son dos cauces de un mismo río más amplio —Diseño Industrial— que es la

entidad básica de las experiencias disciplinarias en este campo. Como los límites entre ambas especialidades se esfuman en una franja de interacción dialéctica, —según vimos en el capítulo 1— ello nos permite valorar la naturaleza industrial de la profesión, la amplitud de su espectro y su inserción en el contexto del Diseño.

El término *gráfico,* no es por añadidura lo suficientemente expresivo como para condensar el mundo actual de la disciplina, ya que en verdad gráfico aplícase a las descripciones que se hacen con figuras y signos. Por lo tanto refiere sólo a tratamientos, expresiones y tecnologías exclusivamente sígnicas, tipográficas, fotográficas o de impresiones bidimensionales, pero no remite a objetos de concepción espacial o tridimensional, ni a aquellos ideados en base a tecnologías computarizadas o audiovisuales, no necesariamente gráficas en el estricto sentido del término.

Dice Jorge Frascara que el título más apropiado y descriptivo es Diseño de comunicación visual, ya que en este caso están presentes los tres elementos necesarios para definir una actividad: un método, Diseño; un objetivo, comunicación; y un campo, lo visual. « El diseñador gráfico es el profesional que mediante un método específico construye

mensajes (comunicación) con medios visuales » [126]. Convenimos en aceptar no obstante, que la palabra gráfico establece una referencia que sitúa con bastante aproximación el ámbito profesional específico en la conceptualización del quehacer. Desde la gran cuenca del Diseño, y a través de uno de sus principales afluentes —el Diseño Industrial— vamos hacia el cauce del Diseño Gráfico.
Razonar así, compromete a convenir que el Diseño Industrial enmarca a todas las experiencias que se realizan tanto en el Diseño de producto como en el diseño de comunicación visual. No hacerlo implica omitir la naturaleza industrial de la gráfica y desentenderse de las posibilidades formales y tecnológicas que nos ofrece.

El Diseño Gráfico en su más amplia acepción, reúne los componentes básicos del Diseño Industrial, puesto que su producto resultante puede ser formalmente bidimensional o tridimensional; su tipo de expresión puede ser visual-auditiva o visual-táctil; su función básica puede ser la información o el uso operacional; y sus tecnologías pueden ser exclusivas del área gráfica o ajenas a ella.

Hasta hace unos pocos años el Diseño Gráfico comprendía por lo general sólo la creación de afiches, avisos, envases o marcas. Hoy, su campo de actividad abarca prácticamente todo el dominio de la representación y la creación de las formas visuales: desde un logotipo hasta un programa de identidad visual empresaria, desde una señal hasta la planificación visual de una ciudad, desde la tapa de un libro hasta la totalidad de las ediciones de una gran editorial, desde la marca identificatoria de un canal de televisión hasta la planificación visual de todas las emisiones.

En los distintos factores que enmarcan la labor dentro del Diseño Gráfico está implícita la actividad proyectual.
Ella es el núcleo de la gestación de las formas gráficas útiles, del mecanismo de pensamiento, imaginación, razonamiento e intuición; del proceso de información, síntesis y respuesta necesario e indispensable para la concepción de mensajes, informaciones e ideas de comunicación visual o audiovisual.

2.17.
Principios rectores del Diseño Gráfico

Joaquim Redig considera que dichos principios son los siguientes [127]:
a. El hombre.
b. La utilidad.
c. El ambiente.
d. La economía.
e. La forma.

a. La mayoría de los mensajes visuales no se diseñan; cumplen las funciones elementales de apelar o persuadir sin procesar proyectualmente los contenidos ni las formas visuales. El Diseño Gráfico, por el contrario, concibe al hombre como una entidad ética y estética que integra la sociedad de la cuál él forma parte y para quién el espacio visual es uniforme, contínuo y ligado.

b. El Diseño Gráfico es útil porque responde a una necesidad de información. El término útil —como vimos en el capítulo 1, inciso 1.5.— está considerado en su acepción más amplia. La utilidad implica uso y éste es comunicación.

c. El Diseño Gráfico afronta el estudio del contexto físico, del cual los objetos transmisores de imágenes son una parte constitutiva. Pero debe considerar además a todos los restantes objetos del entorno que integran con los primeros un sistema.
Nos exige el conocimiento de la realidad física para contribuir a la armonía del hábitat; de la realidad socio cultural para captar los requerimientos afectivos, sensoriales, y racionales del usuario que habita en ese medio ambiente; y de la realidad de otros contextos para comprender la estructura y el significado del ambiente humano.

d. El Diseño Gráfico incorpora el factor económico a su proceso de ideación, porque engloba todos los aspectos relacionados con el estudio del costo y la racionalización de los procesos y materiales para la ejecución de los elementos. Con la industria como determinante de la producción en serie y con la tecnología como conjunto de conocimientos técnicos para la transformación de materiales en productos.

e. El Diseño Gráfico utiliza la forma como su medio de expresión. Este es el más subjetivo y menos mensurable de todos los conceptos procesados por el diseñador. El hombre establece su contacto con la forma a través de la percepción visual. Para el diseñador la forma gráfica constituye comunicación y determina la integral estética del Diseño.

2.18.
El triángulo del Diseño Gráfico

Según Abraham Moles, el Diseño Gráfico es la ciencia —y la técnica— de la adecuación funcional entre un mensaje y su fin. El Diseño busca maximizar el impacto de una comunicación entre un emisor y un receptor, por las vías conjugadas del texto escrito, de la imagen o del signo.

Su capacidad comunicativa se mide por la influencia que ejerce en el público y por la eficacia de los medios utilizados para difundir esos mensajes [128].

Moles fue el que estableció, originalmente, la relación existente entre los fines y los medios del Diseño, y sobre su carga semántica denotativa (lo que quiere decir) y su carga estética connotativa (cómo nos atrae diciéndolo).

Sobre esa base, Bruce Brown trazó el llamado *triángulo gráfico* para sintetizar gráficamente el contenido comunicativo del Diseño. Cada uno de los lados del triángulo está conformado respectivamente, por la persuasión, la identificación y la información o explicación [129] (Figura 96).

La persuasión procura convencernos de que no existe más que una elección razonable; la identificación tiene como fin que se distinga el elemento en su contexto; y la información o explicación es más simple de precisar porque refiere a la comunicación objetiva de los hechos.

Los valores de la persuasión son emotivos y seductores, los de la explicación se sitúan del lado funcional, utilitario y racional, y los de la identificación son neutros y se constituyen en una prioridad importante para el reconocimiento y la construcción de las personalidades de productos y empresas.
Los componentes persuasivos, los identificatorios y los informativos o explicativos, pertenecen al campo de las ciencias de la comunicación.

El triángulo gráfico de Bruce Brown   96

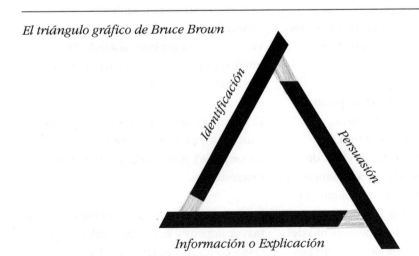

Identificación

Persuasión

Información o Explicación

El pensamiento del Diseño Gráfico, como todo el discurso del Diseño, está estructurado por la ciencia proyectual. Su condición de estar al servicio de la comunicación visual le provee un perfil propio y autónomo.

El pensamiento que nace de la ciencia proyectual —lo dijimos— es un pensamiento nuevo y distante del pensamiento del Arte.

2.19.
Diseño Gráfico y Arte Gráfico

Podemos considerar Arte Gráfico a toda manifestación estética o plástica creada mediante procedimientos industriales de reproducción gráfica, o imaginada para ser reproducida mediante técnicas de impresión o proyección semi industriales o industriales. Dichos procedimientos están regidos por dos constantes que los regulan: la producción en serie y el control de calidad.

El Diseño Gráfico tiene con respecto al Arte Gráfico dos bases diferentes: el fin que le da sentido y el tipo de pensamiento que lo gesta. Es el fin de responder a necesidades de comunicación visual de la sociedad en su conjunto, el signo que caracteriza al Diseño Gráfico y la razón que motiva el procesamiento del contenido y de la forma de los mensajes.

El Arte Gráfico puede ser concebido por los dictados expresivos íntimos de un individuo o de un grupo, sin tener que responder a necesidades sociales de comprensión; sólo el compromiso de satisfacer a un mandato interior, producto del deseo de autorrealización y de expresión del o de los autores. Ello no invalida que la obra de Arte Gráfico pueda provocar en el observador respuestas positivas de satisfacción, aceptación, emoción o gratificación como resultado del deseo del autor, libre y manifiesto, de expresarse. Los objetos —afiche, ilustración— son aquí sólo medios que en ambos casos posibilitan concretar aquellos fines. La utilidad del Arte Gráfico se centra en su contribución estética a la cultura del medio social en el cual nace.

La del Diseño Gráfico, en su respuesta a una necesidad de comunicación o de diálogo social. El pensamiento metodológico que lo gesta, es como vimos, un pensamiento sistemático, intuitivo, deductivo, inductivo, lógico, imaginativo y creativo.

El Diseño Gráfico no es Arte porque no se concibe desprovisto de conceptualidad, racionalidad, conciencia y sustancias extraestéticas.

Jorge Frascara, uno de los autores que con mayor ímpetu y convicción valoriza el rasgo comunicacional, considera que

« el diseñador, a diferencia del artista, no es normalmente la fuente de los mensajes que comunica, sino su intérprete » [130].

Por su parte Gui Bonsiepe expresa:
« El artista interpreta, el diseñador no interpreta: dirige sus efectos hacia la mejora inmediata del ambiente humano; el artista muestra cómo este mundo hostiga al individuo. Hasta ahora el Arte fue el área arquetípica para la experiencia estética. Esta puede haber sido la razón por la cual el Diseño fuera considerado al principio como una actividad artística, pero es un error forzar la estética del Arte en la estética del Diseño » [131].

2.20.
Diseño Gráfico realidad y cambio

El Diseño de comunicación permite ser enfocado desde dos ópticas diferentes, una estática y otra dinámica. La primera obliga al observador a someterse a esquemas fijos, centrados en sí mismos; a normas de información inmutables y rígidas que inexorablemente serán transformadas o destruídas por la realidad. La segunda, en cambio, partiendo del hombre a quien van destinados los mensajes, establece interrelaciones entre el emisor y el receptor del comunicado, transformando el proceso en un diálogo activo donde siempre hay respuestas.

En tales circunstancias los mensajes serán tanto más eficaces cuanto más se elabore —como vimos en el inciso 2.3.— su significante y su significado.

El significante conduce al estudio morfológico del mensaje y al de todos sus componentes: forma, estructura, color, textura (sintáctica).
El significado comprende el estudio del contenido (semántica) y la función del mensaje comunicativo. El conocimiento del receptor, de sus formas de vida, de sus gustos, tendencias, conductas, afectos y emociones. Implica evitar el procesamiento de normas segregadas de su universo sensorial y cultural (pragmática).

Los tres aspectos encuadran —como veremos en los capítulos 3 y 4— desde los problemas perceptivos hasta los psicosociológicos, desde los estudios de figura y fondo hasta los de ritmo y simetría, desde el análisis de las imágenes estáticas hasta las cinemáticas, desde las ilusiones ópticas hasta los formas ambiguas.

En el acto comunicativo hay una constante estructuradora sin la cual aquel no puede sustentarse: la objetividad, condición cualitativa insustituíble que quiere decir legibilidad para todos y de la misma forma.

Poseer objetividad equivale a auscultar el universo de imágenes de cada uno y extraer sólo aquellas que son comunes a todos. Exige la búsqueda de estímulos que apelen sensiblemente y con respeto a las emociones de todos. Implica saber que cada uno tenderá a ver lo que sabe, y por lo tanto, compromete a indagar sobre las imágenes conscientes e inconscientes o próximas y lejanas de cada observador. A conocer las imágenes que nos rodean, y conocer las imágenes es conocer la realidad.

La visión comparte con el habla la distinción de ser el más importante de los medios que nos sirven para aprehender la realidad. La ideación visual es dejar de ver las cosas en forma atomista para ver las relaciones. Significa —según Kepes— eliminar de nuestra experiencia social la engañosa autoimportancia del individualismo absoluto reemplazándola por el sentido de la vinculación y la interdependencia social a través de la comunicación visual establecida entre el diseñador y su ambiente.

Capítulo 3

La Visión Perceptual

3.1.
Psicología de la Forma

Desde fines del siglo diecinueve hasta
mediados del veinte, el desenvolvimiento
de la Psicología ensanchó su horizonte
teórico en lo que seguramente fue su
mayor crisis de crecimiento. Nuevos
hallazgos e ideas provenientes de los
campos más apartados y una severa y
rigurosa búsqueda experimental abrieron
un gran claro en el edificio psicológico
creando las bases para construir uno
nuevo, el de la Psicología de la Forma.
El conjunto de principios y leyes que de
él emergen se funden en la *Gestaltheorie,*
Teoría de la Forma o Teoría de la Gestalt.
El vocablo *gestalt,* de la lengua alemana,
no tiene un término equivalente en
nuestro idioma. El significado, en el
sentido más amplio, es el de forma, el de
estructura, el de configuración formal
que relaciona las partes con el todo,
y no el de apariencia externa de las cosas.

La Teoría de la Gestalt fue construida por
un grupo de brillantes investigadores
alemanes y austríacos integrantes de las
llamadas Escuelas de Berlín y de Viena
durante los años veinte. La teoría ha
tenido notable influencia en el terreno de
la Física y de la Biología y se ha
constituído en un aporte decisivo para la
comprensión de la realidad y para la
construcción del pensamiento sistemático
de todas las ciencias.

Pero donde sus principios rectores han sido de aplicación más directa y determinante ha sido en el campo de la Morfología, el Arte visual, la Música, el Cine y el Diseño contemporáneos. El conocimiento de los mecanismos sensoriales de los sentidos de la vista y del oído ha potenciado el enriquecimiento del acto creativo. El Diseño encuentra aquí uno de los fundamentos que más ha contribuido a los cimientos de la ideación visual. La aproximación al conocimiento de las leyes de la Psicología de la Forma le permiten al nuevo diseñador aprehender el mecanismo perceptivo de la psiquis y conducir la búsqueda de nuevas formas estimulando su voluntad estética.

Entre la copiosa obra que ha enriquecido el bagaje de datos de esta escuela se encuentra la de Max Wertheimer - antecesor de Karl Jasper -, la de Wolfgang Köhler y la de Kurt Koffka, tres de los más grandes investigadores que contribuyeron a desarrollar la teoría. Wertheimer fue el gran pionero. Formado inicialmente en la Física, asoció su aptitud investigadora y científica a su vocación filosófica. Otro de sus integrantes ilustres fue Frederick S. Perls (también conocido como Fritz Perls), doctor en medicina y psicoanalista. Comenzó su carrera en Berlín y Viena donde se relacionó con Reuch, Federn, Deutsch y Horney pertenecientes a la escuela freudiana,

y con Friedlander, Goldstein y Wertheimer, de la Psicología de la Gestalt. En 1933 Perls llega a Sudáfrica huyendo del nazismo y en 1942 pública en Durban su obra *Ego, hunger and agression (Ego, hambre y agresión)*, la primera aplicación de los principios descubiertos por la escuela al desarrollo y crecimiento de la persona. En 1946 viaja a Estados Unidos donde escribe tres obras más sobre Psicoterapia gestáltica que juntas con la primera comprenden su tratado sobre la materia.

El tratado de Perls es fundamental porque extiende los principios de la Teoría de la Forma a otras parcelas dentro de las mismas ciencias psicológicas —sobre todo a la Psicoterapia— inspirando una nueva orientación analítica posfreudiana a la que llamó análisis gestáltico. La obra de Fritz Perls ha demostrado que la Teoría de la Gestalt es una de las pocas corrientes del pensamiento contemporáneo que ha modificado la aproximación del hombre al mundo de la forma, es decir, a la estructura, al espacio, al tiempo y al medio ambiente. El supuesto básico de la teoría es que no percibimos las cosas como elementos inconexos sino que las organizamos por el proceso de la percepción en conjuntos significativos [132]. Esos conjuntos son *gestalten:* estructuras, configuraciones, formas organizadas e integradas.

La oración de la Psicoterapia gestáltica escrita por Perls dice: « Yo hago lo mío y tu haces lo tuyo. No estoy en este mundo para llenar tus espectativas ni tu estas en este mundo para llenar las mías. Tú eres tú y yo soy yo. Y si por casualidad nos encontramos es hermoso. Si no, no puede remediarse » [133].

La gestalt es por lo tanto un proceso inherente a la naturaleza humana. Cada persona organiza las cosas en estructuras o totalidades y ve y experimenta las cosas en estos términos [134]. La vida del hombre es así una contínua relación entre su propia organización y las organizaciones del medio ambiente y de las otras personas [135]. Es lo que los especialistas llaman *homeóstasis* y los profanos adaptación, un cierto proceso de autorregulación por el cual el organismo actúa con el medio ambiente. La persona no depende del medio ni el medio de la persona. Son dos variables independientes pero en contínua interacción [136].

Tres décadas después, Rudolf Arnheim, como miembro de Psicología del Sarah Lawrence College y profesor de la Universidad de Berkeley, asoció su cultura visual a su capacidad analítica logrando ampliar el espectro investigativo de la escuela con dos obras notables: *Arte y percepción visual y El pensamiento visual*.

Otra línea científica que ha brindado un generoso aporte al pensamiento gestáltico del Diseño es la Fenomenología. Maurice Merleau Ponty - continuador en Francia de los estudios de Husserl, el iniciador de esta rama del saber - considera que la Fenomenología es un método y un modo de ver a la vez. Es el estudio de las esencias, de la esencia de la percepción y de la esencia de la conciencia. Dice Merleau Ponty en su obra: « La idea de sensación parece inmediata y clara, sin embargo, es la más confusa porque nos impide penetrar en el estudio de la percepción como fenómeno » [137]. La Fenomenología en el pensamiento husserliano es eso, el estudio de los fenómenos como tales y no el de los contenidos de la conciencia.

3.2.
La percepción visual

Denominamos percepción visual al conjunto de actividades que comprenden el proceso de la visión al recibir el hombre las distintas señales del mundo circundante. Tal como lo describe la Optica dicho proceso es el siguiente: la luz es emitida o reflejada por los objetos, las lentes de ambos ojos proyectan la imagen de esos objetos sobre las retinas y éstas transmiten el mensaje al cerebro.

La percepción se refiere a cómo las señales visuales son recibidas por la psiquis. El ojo y el sistema nervioso conforman un todo en el acto de percibir dado que el proceso de la percepción visual en realidad se compone de tres fases o subprocesos: sensación, selección y percepción propiamente dicha.

El ojo y el sistema nervioso operan la sensación que consiste en la recepción de las señales como manifestación de los fenómenos y objetos que nos rodean.

La selección es el proceso por el cual una parte del campo visual es discriminado y separado del resto.

Y la estructura psíquica opera la tercera fase perceptiva a la que denominamos percepción propiamente dicha.

El ojo no es un artefacto de registro mecánico como la cámara - fotográfica, cinematográfica, de televisión o video - sino un órgano de exploración activa que capta lo esencial. Ver significa eso, captar unos pocos rasgos destacados de los objetos. Las manchas grisáceas del cielo tormentoso, la amplitud del mar, el volumen aerodinámico, la redondez de una esfera, se ven antes que las respectivas formas de las nubes y las olas, el modelo del automóvil o la pelota de fútbol.

Distinguimos a la distancia un rostro entre una multitud y somos capaces de identificar a una persona conocida en una imagen fotográfica difusa en la que entre altos contrastes de luces y de sombras apenas se descubren sus rasgos más característicos. Existen pruebas suficientes que demuestran experimentalmente que la percepción comienza con la captación de los rasgos estructurales destacados de las cosas. Por eso los niños reconocen el carácter perruno de un animal y se dan cuenta de que es un can y no un felino mucho antes de identificar el color de su pelambre o la raza a la que pertenece [138].

La forma es una de las características esenciales que la vista capta pero el aspecto de un objeto no sólo se determina por la imagen que impresiona la retina sino por lo que la memoria visual aporta al acto de ver [139].
Gracias al recuerdo que tenemos de una pelota nuestra mente completa su forma esférica aunque no la veamos en su totalidad. Sabemos que es redonda aun cuando no podemos ver toda la esfera.

Las partes no visibles de las cosas también pertenecen a lo que percibimos porque en la percepción el conocimiento anterior y la observación están estrechamente ligados. De esta noción se desprende la brillante frase de Bruno Munari: « Cada uno ve lo que sabe » [140].

3.3.
Principio de simplicidad

Del concepto antes descripto se infiere que la forma de un objeto percibido no coincide con los límites del cuerpo ni con la imagen externa que éste posee. La verdadera forma, dice Arnheim, se constituye por sus características esenciales. Y argumenta que si se le preguntara a cualquiera cómo es una escalera caracol el primer impulso sería, en la mayoría de los casos, intentar explicarla describiendo con el dedo índice una curva helicoidal ascendente (Figuras 97 y 98). Ello es una manifestación más de que en el acto de percibir registramos en nuestra retina y acopiamos en nuestra mente la estructura formal íntima —la gestalt— de las cosas, y no sólo su apariencia externa, su forma visual. Otro ejemplo arnheimiano que ratifica esta idea consiste en marcar los seis vértices de un hexágono virtual y preguntar al observador qué forma le sugieren esos puntos. Habitualmente se tenderá a cerrar la figura dibujando sus seis lados (Figura 99a) y descartando otras posibilidades como las mostradas en 99b y 99c.

Esta clase de fenómenos encuentra su explicación en el principio de simplicidad que para la Psicología de la Forma es la conclusión primera de la Teoría de la Gestalt:

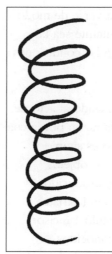

97

98

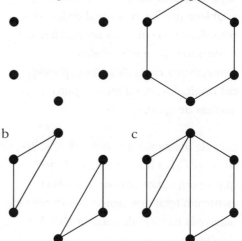

99

a

b

c

« Todo estímulo tiende a verse de modo tal que la estructura resultante sea tan simple como lo permitan las condiciones dadas ».

Si transferimos este enunciado al acto de diseñar se fundamenta la razón por la cuál todo producto de Diseño es simple. Poseyendo simplicidad, los objetos diseñados y construídos, producidos o difundidos por medios industriales - según vimos en el capítulo 1 inciso 1. 6 - son fácilmente reconocidos, aprehendidos; en suma, percibidos. Algo es simple cuando al presentarse a nuestros sentidos podemos imaginarlo y recordarlo fácilmente. Un objeto no se diseña con simplicidad para que satisfaga mandatos estilísticos o tendencias creativas del momento sino porque el diseñador sabe que debe responder a la regla gestáltica de la simplicidad que establece que las cosas mal ordenadas, complicadas o confusas no pueden ser reconocidas ni aprehendidas perceptivamente. El legado expresivo del diseñador será directo y puro además de claro.

Cuando alabamos una obra de Diseño por su simplicidad nos referimos al modo en que se organizan sus partes en una estructura total que define claramente el lugar y la función de cada uno de los detalles en el conjunto.

Simplicidad no quiere decir elementalidad sino ordenamiento basado en la comprensión de lo esencial a lo cual todo lo demás debe subordinarse [141].

La síntesis de elementos visuales - esa cualidad tan valorada en la obra de Diseño - no es nada más que la resultante del principio de simplicidad materializado en una forma visual. En el proceso de creación la simplicidad surge con antelación al estadio de síntesis. Mies Van der Rohe, quien en su obra arquitectónica elevó esta idea a un vuelo de altura notable, sentenció la máxima legendaria que simboliza a este espíritu: « Menos es más ». La frase - justa, exacta - refleja de forma emocionante su determinación de expresar sólo lo esencial prescindiendo de todo lo accesorio [142].

La búsqueda de simplicidad en la forma es a la vez una tendencia natural del hombre y un producto de la estructura de su campo cerebral que impulsa a la psiquis a ver las cosas - a percibirlas - de forma tan simple como sea posible. El principio se verifica en las tres dimensiones semióticas: en la sintáctica en relación a las características morfológicas de los signos, en la semántica en relación al significado, y en la pragmática en relación al usuario y a la función de las obras, los productos y los mensajes.

100.
Isotipo del *Consejo Profesional de Relaciones Públicas*.
1987.

101 y 102.
Anteproyecto de un sistema de marcas.
Banco de Crédito Argentino. 1982.

103.
Isotipo para una empresa de asesores económicos.
EKR. 1975.

Cuando un comunicador visual para simbolizar relaciones públicas elige un globo de historieta, para significar orientación y asesoramiento empresario utiliza una brújula, y para transmitir la idea de banco tecnológico lo hace con una tecla de computadora, está ejercitando la simplicidad porque esas sinécdoques son significados simples. (Figuras 100 a 103).

Lo mismo ocurre en el nivel pragmático de la función del mensaje, con los títulos de los diarios o las frases publicitarias. Periodistas y redactores conocen bien esa constante búsqueda de la simplicidad cuando deben resolver las frases informativas o persuasivas. Ambos tienen que transmitir un concepto con la menor cantidad posible de términos para aumentar su capacidad de retención y reducir en lo posible la ocupación superflua del espacio gráfico.

100

Consejo
Profesional
de Relaciones
Públicas

103

101

102

104.
Isotipo para un haras.
Rincón Roxan. 1979.

104

105

105 y 106.
Isotipo para una editora
musical. *Cat Music*.
1978.

La simplicidad manifiesta siempre una
correspondencia semiótica entre la forma
y el significado (Figuras 104 a 106).
Cuando en nuestro campo visual se nos
da un cierto número de unidades
dispersas nuestra estructura cerebral
tiende a que todas o algunas se conecten
de la manera más simple posible.
En estos casos hay tres emergentes
interdependientes:
1. La existencia de una unidad formal
implica la separación de sus alrededores.
2. La fuerza relativa del todo y de cada
una de las partes que lo componen varía
en las distintas figuras.
3. El todo y las partes se ven siempre.

El efecto depende del grado de
simplicidad del todo en relación a las
partes. Cuanto más simples son éstas,

106

tanto más claramente tienden a separarse
como entidades independientes. A los
todos constituidos (por partes) también los
llamamos *todos separados* o *todos
definidos*. Las Figuras 107 y 108 ilustran
un diseño gráfico nacido de la premisa de
obtener una forma singular y simple con
significado y economía visual.

107.
Isotipo para el *Jardín Zoológico de Buenos Aires*. 1991.

La planta urbana de la ciudad reemplaza a la palma de la mano de un oso.

108

108.
Varios isotipos agrupados forman una huella en un folleto.

107

3.4.
Principio de unidad

Otro principio rector de la Psicología de la Forma, surgido de la verificación experimental, sostiene que antes de percibir el significado de los signos, nuestra psiquis capta los todos constituídos. En una ruta con niebla vemos primero dos manchas difusas como todos separados, hasta que al acercarnos, una observación más profunda unida a mayor visibilidad, nos permite diferenciar un vehículo delante nuestro, de otro que viene en sentido contrario. A cada uno logramos verlo, finalmente, con los rasgos particulares de sus respectivas partes trasera y delantera. Nuestra percepción de los todos constituidos ha sido previa a la captación del significado [143].

El test para el daltonismo es una demostración clara del agrupamiento en todos constituidos por medio del color. Llegamos así a otra de las conclusiones develadas por Wertheimer en 1923, según la cual lo igual y lo similar tienden a formar unidades que se separan de lo que es diferente a ellas.

Este criterio nos permite situarnos para diseñar, dentro del breve espacio entre el mimetismo y la diferenciación. Eso hicimos con el logotipo para *Exposhow* (Figuras 109 y 110). En otro ejemplo, un afiche para la empresa de amoblamientos *Interieur Forma,* el tema gráfico es una composición de sillones de perfil que articulados entre sí permiten conformar un cuadrado.

109

110

109 y 110.
Logotipo para
*Exposbow, Exposición
Internacional del
Espectáculo.*
1971.

109.
Versión del logotipo
compuesto en dos
líneas.

110.
Versión del logotipo en
una sola línea.

Para que éste no se perdiera como unidad visual y a la vez pudieran reconocerse sus partes, le adjudicamos a las figuras de los sillones el naranja y el lila, dos colores diferentes pero que tienen igual valor lo que quiere decir que reflejan la misma cantidad de luz.
Cuando no existen diferencias ostensibles entre las partes la distancia relativa entre ellas es la que permite definir su agrupamiento. En ese mismo sentido los todos con formas simples y regulares se constituyen más fácilmente que los irregulares.

Si llamamos simétrico a algo ese algo es un todo separado y poseedor de unidad. Lo mismo sucede cuando a otros seres u objetos les adjudicamos cualquier otra cualidad. Filoso, redondo, aburrido, simpático, son también todos constituidos y unitarios.

En síntesis, cuando algo es susceptible de recibir un adjetivo calificativo - de ser adjetivado - caerá bajo esa definición. Hay *gestalten* espaciales y temporales como un tema musical, un libro, un film o una obra arquitectónica.

111.
Afiche para una
empresa de
amoblamientos.
Interieur Forma. 1973.

112 y 113.
Identidad visual de la
Municipalidad de
Buenos Aires. 1971/72.

Mobiliario urbano:
las luminarias, al verse
en perspectiva,
conforman un muro
virtual.

112
113

111

Al movimiento se lo considera un
todo de tiempo y espacio como lo son
una forma definida de baile o el
movimiento de los animales al saltar [144].
La aplicación de este concepto es
fundamental en el proceso de ideación
visual para secuencias de imágenes
encadenadas unas con otras como en el
diseño visual de un libro, una revista o
un diario, en el diseño audiovisual de
un film o en el diseño espacial de una
ciudad o una vivienda.
En el proyecto de identificación visual

para la *Municipalidad de Buenos Aires*
una de las razones que nos indujeron a
pintar de azul ultramar todas las columnas
de las luminarias fue que al ser miradas
desde el centro de la calzada, las
columnas de iluminación configuran una
suerte de plano virtual ya que por la
perspectiva, (Figuras 112 y 113) los postes
se ven en las aceras uno junto al otro.
Al ser azules permitían establecer por
contraste una diferencia neta entre el
todo constituído por las columnas, y otro
todo, el de los semáforos de las esquinas

114 a 116.
Logotipo para un centro
de compras. *Martel*.
Asunción, Paraguay.
1983.

Las tres figuras
geométricas permiten
configurar tramas por
ser de tamaños
parecidos.

que debían permanecer pintados de
amarillo y verde oscuro por ser los
colores que corresponden a las señales
preventivas en los cruces de las calles.
El azul recortaba visualmente a las cuadras
de sus respectivas intersecciones.
Establecía un ritmo serial entre las
columnas de iluminación y las esquinas
semaforizadas. En el capítulo 5
abordaremos otros aspectos que surgen
de este principio de unidad.

3.5.
Principio de similitud

Fue enunciado por Wertheimer y es el
que establece la relación entre las partes:

« El grado en que se asemejan las partes
de una configuración por alguna cualidad
perceptual entre ellas determina el grado
de relación en que se las vea ». O dicho
de una manera que rescata la consecuencia
de este principio: el todo de cualquier
configuración se verá más integrado y con
mejor estructura formal si se cumplen
ciertas reglas de similitud entre las partes.
Esas reglas son las siguientes:

1. La similitud de tamaño, que establece
que las partes se agrupan perceptivamente
según sus respectivas dimensiones.
Esta regla confirma que las agrupaciones
formales se entablan por la semejanza o
por la igualdad de las partes que las
constituyen. (Figuras 114 a 116).

114

115

116

117.
Señal de orientación:
Sistema de señalamiento
edilicio para un conjunto
de viviendas. 1975.

118 y 119.
Sistema de señalización
de la ciudad de Buenos
Aires. 1971/72.

El anverso de las
señales muestra la
diversidad de formas
y colores.

El reverso evidencia que
la unidad cromática
aglutina las formas.

2. La similitud de formas, según la cual el
agrupamiento perceptivo entre las partes
de un todo se establece a partir de sus
características morfológicas. La Figura 117
lo ejemplifica.

3. La similitud de color, que regla el
agrupamiento entre las partes por su
familiaridad cromática.
Las Figuras 118 y 119 ilustran un proyecto
que expresa este caso.

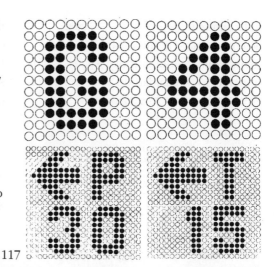

117

118

119

4) La similitud de ubicación, la cual determina que en una configuración se crean naturalmente grupos visuales según su parecido o igualdad de situación en el espacio (Figuras 120 a 125).

Del principio de similitud emerge el de consistencia o de la forma consistente. Determina que cuanto más simple y neta sea una forma con tanta más rapidez y claridad se destacará de su derredor.

120.
Isotipo para una compañía financiera. *Univer*. 1979.

120

121.
Isotipo para una empresa exportadora. 1985.

121

122.
Tema gráfico de un aviso para la campaña *Deporte con Todos*. 1985.

122

123.
Isotipo para una empresa de productos de electricidad. *Indico*. 1970.

123

124.
Isotipo para una empresa de caños y tubos.
Caños y accesorios. 1981.

124

125.
Isotipo para una sociedad de medicina prepaga. *Ampri*. 1978.

125

En el ejemplo de la Figura 126 todos tenderán a ver a ésta como una gestalt constituída por las partes *a-b* y no como un todo definido por las *c-d*. Este principio es fundamental para el diseñador.

Quien logra incorporarlo exalta a su obra y la carga de energía propia; quien no lo considera fundamental la expone a las fuerzas disgregadoras del entorno accidental.

126

a/b

c

d

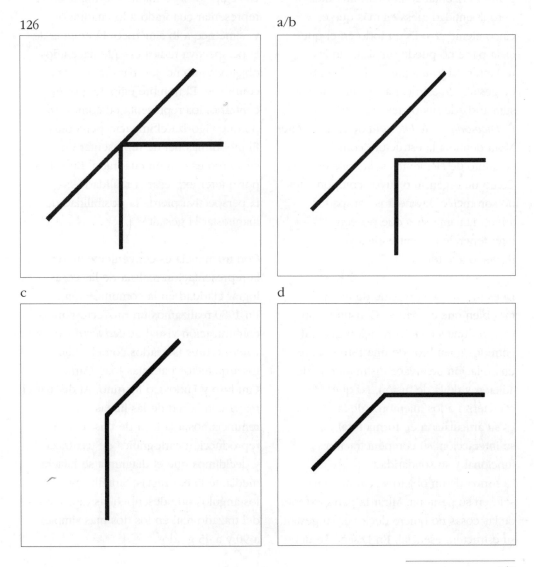

3.6.
Principio de estructura

La forma es una propiedad de los todos definidos. Cuatro piezas verticales y un plano horizontal conforman una mesa pero la entidad mesa es más que esos cinco elementos. Es un todo en el que cada parte no puede subsistir sin las restantes. La forma mesa - en el sentido de gestalt, de estructura - es más que la sumatoria de sus partes.

El *Diccionario de Filosofía* de José Ferrater Mora define a la estructura como un conjunto de elementos solidarios entre sí. Como un organismo cuyos componentes no son meros fragmentos agrupados arbitrariamente sino que poseen interdependencia entre ellos y con respecto a la totalidad [145].

La estructura se compone de miembros más bien que de partes. Constituye un todo no una suma. La relación general entre los miembros de una estructura es una relación de enlace distinta de la de adición y de la de fusión. Lo que caracteriza a los miembros de la estructura es su articulación en forma total, su interacción, su compenetración funcional y su solidaridad.

La forma de un objeto visual no consiste sólo en su periferia. Mirar la parte exterior de las cosas no quiere decir ver su gestalt, su estructura esencial. En Diseño se debe tender a evidenciar la estructura fundamental de las cosas con la mayor claridad para que sean el resultado de su esqueleto estructural.

Los egipcios a su manera lo lograban al representar cuadrado a lo cuadrado y simétrico a lo simétrico. El enigma de la perspectiva radica en que hace a los objetos como no son para que se vean como son. El hombre egipcio, por el contrario, los representa tal como son porque vigoriza el impacto perceptual. El modo más fiel de representar un cuadrado es con un cuadrado. En cambio por querer expresar la realidad la perspectiva pierde la posibilidad de manifestar la gestalt [146].

Con frecuencia es conveniente alejarse de la representación realista de las cosas para lograr claridad en la comunicación. En 1980 realizamos un proyecto para la comunicación visual de *Subterráneos de Buenos Aires* asociados con el estudio de los arquitectos paulistas João Carlos Cauduro y Ludovico Martino. Al diseñar el mapa con la red de las líneas renunciamos a la idea de buscar una reproducción cartográfica de esa traza y decidimos que el diagrama se hiciera mediante líneas rectas. Sintetizamos todos los ángulos que describen las direcciones del trazado real en los dos más simples: a 90 y a 45 grados.

127.
*Subterráneos de Buenos
Aires*. Diagrama de la red.
1980.

Ingeniería y Arquitectura:
Desaci S.A. / Antonini,
Schon, Zemborain,
Fervenza, Hall.
Arquitectos.

El diagrama final distorsiona la realidad pero permite comunicar visualmente los datos en forma clara y simple mediante la acentuación de la estructura de la red (Figura 127).

Ernst J. Mc Cormick en su obra *Ergonomía* incluye una representación esquemática simplificada del plano de la red de subterráneos del *London Transport* que fue realizada con el mismo planteo. Según Mc Cormick, la forma visual esquemática de la red resulta mucho más fácil para la comprensión del público [147].

El estudio inglés *Kinneir Calvert Tuhill* diseñó en 1969 la señalización de las autopistas de Londres alcanzando una solución notable para resolver la información vial de intersecciones complejas: el diseño gráfico integra la forma lineal de la calle con la punta de una flecha creando un mapa de *calles-flecha* que no pretende reproducir la realidad sino simplificarla lo más posible para que el automovilista comprenda al instante el nudo circulatorio. Lo logra merced al diseño de la estructura y no al de la transcripción topográfica de la realidad vial [148].

127

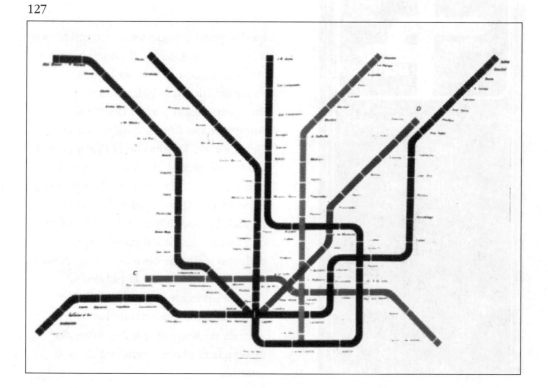

128 y 129.
Sistema de señalización
de la ciudad de Buenos
Aires. 1971/72.

Señales de información
de intersecciones
complejas.

Cuando dos años después nos
encontramos ante el mismo problema
adoptamos el modelo de Jock Kinneir
para señalizar los encuentros viales de
aquel tipo. La nobleza de la solución del
estudio inglés reside en que las líneas
anchas que representan la calzada
terminan en punta a 45 grados pero sin
cabezas de flechas para evitar la
interferencia de éstas sobre las leyendas
de la señal (Figuras 128 y 129).

129

128

En dos proyectos posteriores transferimos
a las tres dimensiones el principio de
estructura que hasta ahora hemos
ejemplificado en la bidimensionalidad.
En la exposición para el *Centro de
Interpretación Istmo Ameghino* de la
Dirección de Turismo de la Provincia del
Chubut (Figuras 130 a 136), se suceden
pequeñas dársenas, alvéolos o bolsones
expositivos a ambos lados de una espina
central. El recorrido es inducido en forma
de U y las islas tienen paneles que
incluyen temas de distintas zonas turísticas
de la provincia donde el público se
detiene sin interrumpir la circulación.
La forma semioctogonal de los paneles
además de simplificar la construcción
evidencia el planteo vertebral de la
muestra.

130

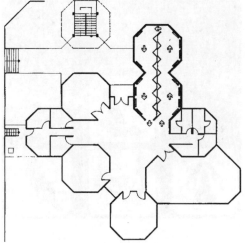

131

130 a 132
Sistema de identificación
turística integral. 1983.

*Centro de Interpretación
Istmo Ameghino,*
Península de Valdés.
Secretaría de Turismo
de la Provincia de
Chubut.

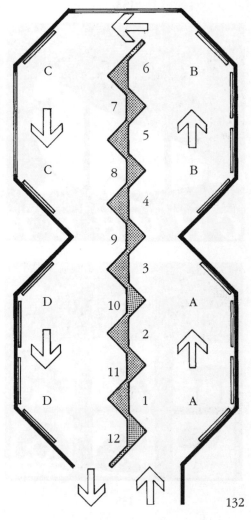

132

130.
Panel de acceso.
131.
Planta del complejo.
132.
Planta de la muestra.

1. Chubut.
2. Mapa turístico.
3. Interpretación de la
fauna.
4. Centro Istmo
Ameghino.

5. Península de Valdés.
6. Reservas de fauna.
7. Fauna terrestre.
8. Fauna marina /
Pinípedos.
9. Fauna marina /
Pinípedos.
10. Cuadro comparativo.

11. Aves.
12. Síntesis
A, B, C y D:
paneles fotográficos.

133.
Panel del sector 1.

134.
Panel del sector 7.

135.
Panel del sector 5.

136.
Panel del sector 11.

133

134

135

136

En la muestra *3000 Años de Cultura
Nacional* (Figura 137), los bordes del gran
espacio recorrible están constituídos por
un contorno esquemático del mapa
de la Argentina.

Ese tratamiento sintético dado a los
límites permite que el público que recorre
la exposición perciba con mayor claridad
a cada sector del perfil geográfico
y al país como una unidad territorial.

137.
Proyecto de la
Exposición *3000 Años
de Cultura Nacional*.

*Centro Municipal de
Exposiciones*.
1975.

1, 2, 3, 4, 5, 6, 7 y 8:
Salas regionales.
S1, S2, S3, S4 y S5:
Salas de video.

ES1, ES2:
Entradas y salidas
generales.

137

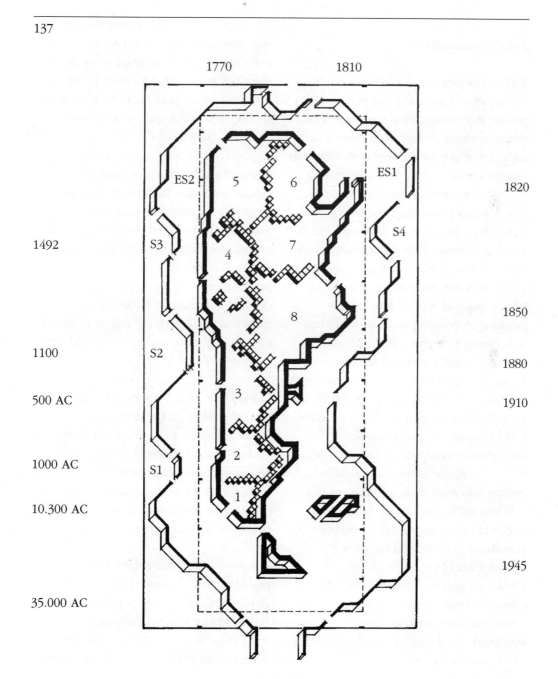

1770   1810

1492

1100

500 AC

1000 AC

10.300 AC

35.000 AC

ES2   5   6   ES1

S3   4   7   S4

8

S2   3

S1   2

1

1820

1850

1880

1910

1945

3.7.
Principio de equilibrio

Toda estructura visual es un campo de fuerzas en el que cada parte tiene energía propia. Esa energía atrae o rechaza a las restantes partes que también ejercen la suya. Así se producen centros de atracción y repulsión que mantienen la estructura total en permanente estado de tensión. La estructura puede mantenerse en equilibrio o bien quedar despojada de él y desequilibrarse. Esas situaciones de reposo y movilidad tensional de las partes se generan por dos motivos. En primer lugar porque el acto de percibir se produce en nuestra psiquis y por lo tanto se constituye en un juicio visual que emitimos porque somos seres activos frente a los hechos visuales; y en segundo término porque toda configuración visual es dinámica y entre el sujeto que percibe y el percepto - objeto percibido - existe una relación dialéctica. Al depositar la vista en una sola ventana de la ciudad, en una sola palabra de un libro, en una sola imagen de un film, en la pieza más pequeña de un automóvil, se modifica la comprensión de todo el derredor y se movilizan el espacio y la realidad. Cada cosa genera en quien la percibe un estímulo. Emite su propia energía perceptual que adecuadamente distribuida producirá una visión armónica en el observador.

El principio de equilibrio establece que en una obra de Diseño - o de Arte - todas las partes deben distribuirse de tal manera que la estructura total, la forma resultante, sea equilibrada. Pero, ¿qué es el equilibrio? ¿Por qué es necesario obtenerlo para diseñar?

El equilibrio físico es el estado de un cuerpo en el cual las fuerzas que operan en él se compensan mutuamente. Toda estructura visual tiene un centro de gravedad lo mismo que las estructuras físicas. Si para mantener el equilibrio de una estructura de hormigón armado debemos determinar su centro de gravedad, igualmente, pero por el método de prueba y error podemos lograrlo con las formas visuales [149].

El equilibrio visual entonces es el estado de distribución de las partes por el cual el todo ha llegado a una situación de reposo. Una composición desequilibrada se ve arbitraria, injustificada, inestable e incoherente. En una forma equilibrada no es requerido ningún cambio porque todas las partes se necesitan unas a otras.

Los dos factores que determinan el equilibrio son el peso y la dirección. El primero depende de la posición de las partes en el conjunto, del tamaño y del color de éstas. La dirección está determinada por la configuración misma.

138.
Isotipo para un centro
turístico y comercial.
Noctiluca Center.
1968.

139.
Isotipo para un centro
de deportes de invierno.
La Hoya,
Esquel, Chubut. 1980.

Los ejes que poseen las formas establecen sus direcciones (Figuras 138 y 139).

En Diseño el principio de equilibrio evita lo arbitrario, lo ambiguo y lo inconexo, y obtiene en cambio coherencia, reposo activo y armonía. El equilibrio satisface al hombre y es placentero al espíritu porque responde a la teoría freudiana del placer: « el curso de los acaeceres psíquicos es estimulado por una tensión de displacer y sigue una dirección que lo conducirá a una reducción de la tensión » [150].

Hemos planteado ahora la necesidad de obtener equilibrio en el todo formal. Veremos después en el capítulo 4 cuáles son los elementos básicos de la forma que debemos relacionar para que se organicen equilibradamente.

3.8.
Principio de figura y fondo

La interacción entre las partes y el todo de una forma se manifiesta también entre un conjunto de formas y el campo de apoyo de éstas. De ello se infiere que en determinadas condiciones en el acto perceptual y por lo tanto en nuestra psiquis, lo que es figura pasa a ser fondo y el fondo se transforma en figura, estableciéndose entre ambos una relación mutua de interdependencia. En general la superficie rodeada tiende a convertirse en figura y la superficie que rodea en fondo. Como en el proceso proyectual de la comunicación es necesario significar, darle a las formas un contenido, el diseñador puede dotarlas de esa carga comunicativa si incorpora este principio.

138

139

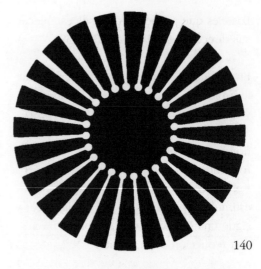

140.
Isotipo del *Consejo
Nacional de las
Comunicaciones
Sociales*. 1983.

Puede adjudicarles significados diferentes a la figura y al fondo y capitalizar ese sorprendente juego dinámico de alternancia en el cual en determinado momento y en nuestra retina, la figura ocupa el lugar del fondo y éste el lugar de aquella.

La Figura 140 ilustra el isotipo del *Consejo Nacional de las Comunicaciones Sociales*. La forma del diseño está constituída por dos elementos cuya articulación se establece según lo expuesto. El sol construido con 24 rayos en alusión semántica a los 24 estados argentinos, es la figura. Entre cada dos rayos hay un espacio intermedio que tiene la silueta de los palillos de un tambor radialmente dispuestos con sus cabezas hacia el centro. En el primer acto perceptivo los palillos son sólo un espacio inerte entre los rayos y constituyen el fondo de la figura radial. En el segundo momento perceptual los palillos se constituyen en 24 figuras blancas apoyadas en un círculo que remite al tambor.
Las dos significaciones simbólicas han sido generadas merced al principio de figura y fondo.

En la Figura 141 que ilustra el isotipo para el *Auditorio de Buenos Aires,* la forma es un telón teatral en alusión al escenario del auditorio. El telón está entreabierto.
La apertura podría ser un simple vacío

140

y nada cambiaría. Pero en ese signo el espacio que separa ambas partes del telón sugiere la figura inconfundible del obelisco de Buenos Aires. En el instante en que es descubierto por nuestra facultad de la percepción deja su condición de fondo para transformarse en figura. De acuerdo con esta regla general en nuestra retina se acusa con más fuerza aquel efecto de fondo y figura que posea la estructura de mayor consistencia visual y de mayor simplicidad formal.

El principio gestáltico de figura y fondo en general se dispone al servicio de la creatividad visual, pero si nos encuentra desprevenidos también puede atentar contra ella. Así, el fondo de una lámina puede actuar como figura y alterar nuestra visión del conjunto.

141.
Isotipo del *Auditorio de
Buenos Aires*.
1978.

141

Hojas de papel blancas pueden ser resaltadas si se presentan sobre un panel gris o quedar exageradamente destacadas por el fondo si éste es azul.

El marco de un diseño se relaciona siempre con la figura porque ésta actúa como una forma sobre un fondo y a la vez como una cavidad, como un vacío que tiene un marco de borde el que deja de ser fondo para transformarse en figura.

En Arquitectura, las ventanas plantean un problema perceptivo de la misma naturaleza: pueden verse tanto como un fondo que abre una cavidad en la figura del muro o como figuras compuestas dentro del fondo construído de la pared.

En el proceso de ideación del Diseño Industrial de Producto, la problemática de figura y fondo se remite en general a los aspectos de concavidad y convexidad de las formas, y a los de las relaciones ergonómicas con la estructura formal. Una tecla puede ser planteada como una forma cóncava preparada para recibir la convexidad del dedo o como un botón convexo que induce a la epidermis blanda de la mano a apoyarse y adquirir una sutil concavidad en el momento de presionarlo. Un ejemplo del primer caso lo constituyen los teclados de las computadoras personales y uno del segundo las teclas de las calculadoras de la marca *Braun*.

Este juego dialéctico de los llenos y los vacíos, de las figuras y los fondos, de la formas y las contraformas, adquirió para nosotros especial significación cuando debimos afrontar el proyecto de un modelo de bolígrafo para la marca *Sylvapen*. Aquel diseño del cual se han producido millones y millones de ejemplares surgió de este principio.

La observación de la cavidad que conforman los dedos pulgar, índice y mayor en la postura de la mano al escribir, nos hizo intuir que debíamos buscar una forma que se acoplara ergonómicamente dentro de ese hueco natural (Figuras 142 a 144).

142.
Lapicera bolígrafo
Sylvapen. 1968.

143 y 144.
El estudio de la posición
de la mano en el acto
de escribir dio origen al
diseño.

145.
Marca del *Banco
Argentino de Inversión*.
1976.

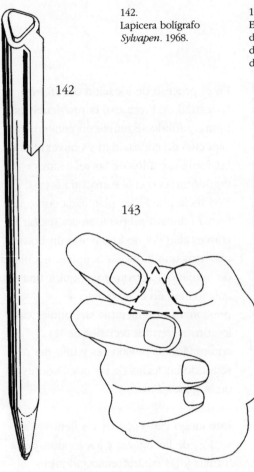

142

143

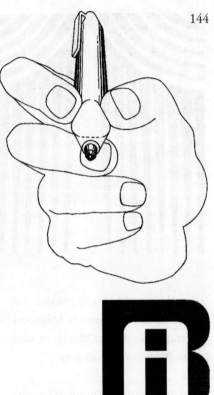

144

145

En el terreno de los signos tipográficos
—estudio que afrontaremos en el
capítulo 5 sobre la interacción serial—
las letras son figuras que poseen una
apariencia y una estructura formal
—una gestalt— y cumplen por ello todos
los principios y las reglas de
la percepción visual.

Con este criterio fueron diseñados
diversos trabajos como el que muestra la
Figura 145. El isotipo monogramático del
Banco Argentino de Inversión

está inspirado en sus tres iniciales
y construído mediante una progresión de
tres elementos: la figura *B,* el fondo *A*
y la figura I.

Podrá argumentarse con razón que el
recurso de ensamblar las tres letras en
función del principio de figura y fondo se
antepuso a la búsqueda de unidad
tipográfica, dado que las tres iniciales son
dos mayúsculas y una minúscula;
y a la pureza del diseño, porque la barra
horizontal de la *A* fue elevada para poder

146 y 147.
Diseño tipográfico para
uso textil. *Mc Taylor.*
1978.

148.
Trama para otra marca
del mismo grupo
empresario. *Mc Shoes.*
1990.

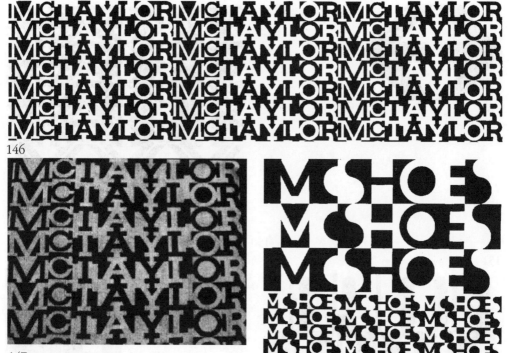

146

147

148

construir la I minúscula como fondo.
Aunque el trabajo pueda ser cuestionado
en aspectos como los que subrayamos, se
ha incluído al solo fin de ejemplificar el
principio analizado en el plano tipográfico.

En el logotipo de *Mc Taylor* que
muestran las Figuras 146 y 147, la idea
se desarrolla en base a la aplicación de
signos en positivo y en negativo.

Obsérvese que en la primera línea el
fondo negro construye las figuras de las

letras *M, T, Y* y *O*, y se fusiona con las
figuras de las letras *C, A, L* y *R*, creando
una sensación dinámica - a la que
denominamos efecto de *forma* y
contraforma - por la tensión que produce
en nuestra retina. En la línea siguiente
dicho efecto se traslada a las contiguas,
pero siempre unas se construyen con
el auxilio del fondo de otras.

Al mismo principio se ha recurrido para
diseñar los trabajos que ilustran
las Figuras 148 a 154.

149 y 150.
Isotipo para una
compañía aérea.
ALA. 1966.

151.
Logotipo para una
sociedad de medicina
asistencial.
Ampri. 1976.

152.
Trama para la tapa de
una publicación de
arquitectura hospitalaria.
Ianua. 1979.

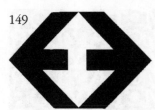

149

150

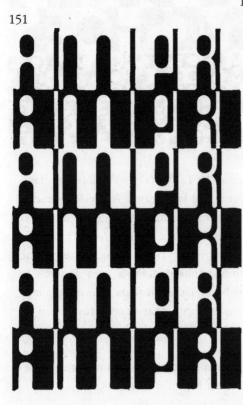

151

152

153 y 154.
Logotipo para una
compañía de seguros.
La Buenos Aires.
1989.

153

154

155.
Boceto para una marca
de papeles vinílicos
decorados. 1978.

156.
Isotipo para una
compañía de finanzas.
Faciema. 1977.

3.9.
Principio de superposición

El principio de figura y fondo antes
descripto se refiere a una clase limitada de
casos en los que la figura y el fondo se
encuentran en un mismo plano, es decir,
son coplanares. El efecto se produce
porque nuestra mente no percibe a
ninguna de las partes de la estructura
visual como situada delante o detrás de la
otra. Cuando en cambio un cuerpo se
antepone al otro, sucede lo que en 1866
observó por primera vez Von Helmholtz,
investigador de la percepción: si la línea
del contorno de la forma que está
adelante no cambia su dirección en el
punto de encuentro con la que está
detrás, se logra diferenciar a ambas y lo
que sucede en un punto de intersección
es independiente del otro [151]. La unidad
cuyo contorno continúa siempre se ve
adelante, y la que se interrumpe se ve
detrás (Figura 155). Si esto no ocurre
la situación es equívoca (Figura 156).

3.10.
Principio de ambigüedad bi-tridimensional

Si se unen tres paralelogramos entre sí
que adopten todos una posición oblícua al
plano frontal y no paralela a dicho plano
- lo que haría que uno de esos
paralelogramos se viera como un
cuadrado - el conjunto se verá como un
cubo en tres dimensiones. La forma
también es un hexágono plano y regular.
Nuestra psiquis percibe más fácilmente el
cubo porque es una forma más simple
que el hexágono regular.

Con frecuencia hemos acudido a este
principio para resolver marcas que en
general requerían un significado de
connotaciones urbanas o arquitectónicas
y a las que les hemos provisto de ese
carácter mediante la inclusión del cubo
(Figuras 157 a 162).

Este prisma regular de lados cuadrados
sintetiza para nosotros la idea de espacio
habitable, de unidad de vivienda o de caja
contenedora.
Y el hexágono connota la idea de célula,
de panal, de organismo vivo.

En las obras de arquitectura clásica y
contemporánea es frecuente la utilización
del principio de ambigüedad perceptiva
para acentuar la sensación de profundidad.

155

156

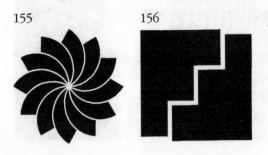

157

158

Los arquitectos del medioevo lo obtenían
en las iglesias disminuyendo
progresivamente los espacios entre
columnas en la dirección hacia el altar.
En el edificio de la televisora *ATC* de
Buenos Aires, las dos hileras de columnas
situadas en el exterior persiguen la misma
intención. Los arquitectos Manteola,
Sánchez Gómez, Santos, Solsona y Viñoly,
obtuvieron el efecto descripto situándolas
en un plano inclinado y pintando cada par
consecutivo de columnas en tonos de gris
cuyos valores van decreciendo del claro
al oscuro.

158.
Isotipo para la cámara
de productos químicos y
farmacéuticos.
Proquifarma. 1975.

159

159.
Marca de una compañía
financiera. *Conjunción.*
1978.

Las Figuras 163 a 168 ilustran afiches
diseñados de manera tal de obtener
ambigüedad entre la percepción
bidimensional de la forma como cubo y la
percepción tridimensional de la forma
como hexágono. Por ser los hexágonos
regulares formas simétricas, el ojo percibe
indistintamente los dos efectos. Según se
adecue nuestra atención en el acto
perceptivo, veremos las figuras corpóreas
como cubos o las figuras planas como
hexágonos.

160.
Isotipo para un
congreso de vivienda.

160

161

161.
Isotipo de la *Federación
Argentina de Sociedades
de Arquitectos, FASA.*
1974.

162

162.
Isotipo para un sistema
de señalamiento urbano.
1975.

163 a 168.
Serie de afiches para la
*Sociedad Central de
Arquitectos, S.C.A.*
1981/82.

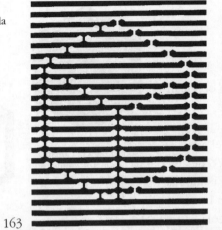

163

164

165

166

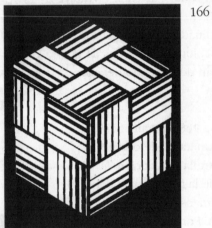

167

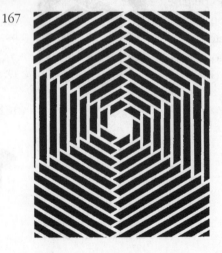

168

3.11.
Principio de escala

Según este principio que está estructuralmente ligado con el anterior, las cosas se ven idénticas cuando tienen idénticas relaciones con su marco espacial. De aquí se desprende una regla esencial para el diseñador, descubierta por James Gibson y expuesta en su obra *La percepción del mundo visual:* « Lo que permanece constante en la percepción es en realidad la escala y no el tamaño» [152].

Escala es la relación espacial y formal que se entabla entre un objeto y los demás [153]. Cuando miramos la tierra desde un avión, por carecer de referencias y perder la escala, no logramos establecer la relación entre la dimensión de un determinado objeto y la de los demás. El tamaño de los árboles, las casas, los animales, los vehículos y las personas se nos confunden. Tampoco podemos establecer con cierta precisión a qué distancia están de nosotros.

Para el diseñador es fundamental adquirir adiestramiento y manejo sensible de la escala, tanto en la relación entre las partes con el todo como entre un todo con el entorno en el que está situado.
Su ingobernabilidad puede conducir a un arquitecto a sobredimensionar la estructura de un edificio en relación a éste, a un diseñador industrial a decidir inadecuadamente las dimensiones de las asas de una vajilla en relación al tamaño de cada pieza, y a un diseñador gráfico a tratar las imágenes y textos de un afiche en la vía pública con el concepto con el cual diagramaría un aviso para diarios. Las obras, los objetos y los mensajes, deben diseñarse para convivir en un medio que tiene dimensiones determinadas. La actitud de Diseño debe contemplar dos aspectos en forma simultánea. Por un lado la escala de cada parte con referencia al objeto en sí: la estructura en relación al edificio, las partes en relación al objeto, la tipografía en relación al afiche. Y por otro, la escala del objeto con respecto al medio: el edificio en relación al entorno, la vajilla en relación al usuario, el afiche en relación a sus distancias de observación.

El espacio urbano es un medio propicio para ejercitar la escala adecuada entre objetos aunque también sea un ámbito propenso para que se deslicen errores con respecto a ella.
Al afrontar el proyecto de la señalización de Buenos Aires y encarar el diseño de las señales viales circulares de reglamentación, juzgamos inicialmente que el diámetro de éstas podría estar entre los sesenta y setenta centímetros. Sesenta centímetros era en verdad el tamaño más recomendable.

La razón estriba en que esas señales deben emplazarse en la acera lo más próximo posible a la calzada, para que el automovilista las pueda visualizar sin obstrucciones. Una reglamentación de tránsito establece que dichas señales deben ir sujetas a columnas propias o columnas de alumbrado.

Si la señal es de diámetro excesivo sobresale demasiado a cada lado de su columna, y al estar próxima al cordón de la acera puede ser golpeada por camiones y ómnibus con el consiguiente riesgo de provocar accidentes y de deteriorar la señal.

Pero por otra parte, aumentar lo más posible las medidas de las señales era una intención de forma que nos permitía proveerla de energía propia para obtener lo que Kepes denomina «lúcido vigor de la señal». Cuando emplazamos en la ciudad maquetas de cada una de las medidas, el disco de sesenta centímetros era visualmente intrascendente y la señal pasaba casi inadvertida en la polución visual urbana. Con diez centímetros más de diámetro el cambio era notable, y sin llegar a ser exagerado el objeto se veía generoso y vital. En el capítulo 4, inciso 4.16, continuaremos con este tema.

3.12.
Principio de superficialidad y profundidad

Fue enunciado por Arnheim a partir de los estudios de James Gibson. Establece que la sensación de superficialidad o de profundidad se produce por los *gradientes* que en nuestra retina crean un espacio tridimensional. Gradiente es el crecimiento o decrecimiento gradual de alguna cualidad perceptual. Para que ese aumento o disminución se produzca es necesario que las formas tengan entre sí el mayor parecido posible [154]. De esa manera la gradación queda remitida sólo a la reducción progresiva de tamaño, no es alterada por la desigualdad de las figuras y la sensación de profundidad se produce por la reducción de los objetos intervinientes. El efecto final es producto de figuras iguales o similares que poseen poca variación entre sus configuraciones visuales respectivas.

En dos proyectos de arquigrafía para un local comercial y para un proyecto urbano conmemorativo del cuarto centenario de la fundación de Buenos Aires, se siguieron los lineamientos de este principio (Figuras 169 a 174). En ambos el propósito fue el de obtener en el espacio un mensaje visual único mediante el desplazamiento gradual de planos que contienen partes del mensaje total.

169 y 170.
Señalización
Institucional para el
*4º Centenario de la
Fundación de la Ciudad
de Buenos Aires*. 1980.

171.
Arquigrafía para el
frente de una empresa
de materiales de la
construcción. *Hierromat*.
1986.

Arquitectura:
Carlos Dines y
Héctor Sbarbati
y Alicia Mantovani,
Arquitectos.

169

170

171

172 a 174.
Vista y detalles
constructivos de la
estructura del fuste.

Elemento símbolo del
*IV Centenario de la
Fundación de la Ciudad
de Buenos Aires*. 1980.

172

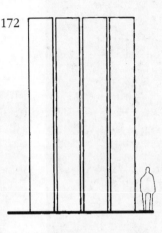

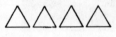

173

174

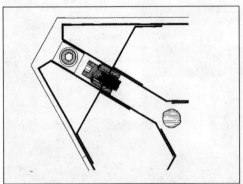

En el local comercial la forma resultante está subdividida en tres planos sucesivos; en el conjunto de señales los planos son cuatro.

Como ocurre con otros ejemplos que ilustran este libro, el tiempo transcurrido entre las fechas de concepción de los diseños es considerable - siete años en este caso - y las propuestas de forma son francamente diferentes, pero es útil relacionarlos para verificar que el principio que los originó es el mismo.

No es obvio observar que la visión completa del conjunto - tal como lo muestran las imágenes - se produce en un solo momento y en un solo punto del recorrido del observador. No obstante, la influencia que ejerce nuestra memoria visual en el acto perceptivo nos induce a reconstruir mentalmente las partes que se van separando entre sí en los restantes puntos de vista de nuestro desplazamiento. Tener ante nosotros una gran imagen descompuesta en el espacio nos atrae y conmueve porque su disgregación aparente nos invita a armarla en nuestra mente.

Podemos acceder a una vastísima gama de recursos de este orden si al principio enunciado le sumamos ideas acerca de la noción de interacción serial, a la que trataremos más adelante en el capítulo 5.

3.13.
Principio del movimiento en las formas inmóviles

Por transmitirle a nuestra psiquis la sensación de movimiento, la cámara de filmación ha producido un cambio trascendental en el hombre contemporáneo y ha influenciado su conducta y su pensamiento. Decimos sensación de movimiento porque la cámara - cinematográfica, de video, o de televisión - capta en realidad una sucesión de fotogramas con imágenes fijas, que al ser sensibilizadas por procesos fotoquímicos, registran en cada cuadro un instante de la realidad móvil o de la movilidad abstracta. Sutiles y progresivos cambios en el espacio de las personas y las cosas se van produciendo en cada fotograma.
Al proyectarse la película a una velocidad de veinticuatro cuadros por segundo, el ojo humano recibe en su retina la sensación de que todo lo filmado efectivamente se mueve.

La cámara nos posibilita una experiencia que influye notablemente en nuestra vida cognoscitiva porque el movimiento es el más intenso foco visual de atención. Nada que sea fijo puede producir en nosotros una conmoción visual como un hecho móvil. La evolución cultural del hombre ha experimentado desde el advenimiento de la cámara un cambio de igual o mayor magnitud que el que se produjo con el descubrimiento de la imprenta y los tipos móviles. Si el diseñador adquiere una conciencia plena de que los hechos nos atraen más que las cosas, seguramente podrá ir construyendo en su interior una forma de expresión congruente con ese dictado que emerge como uno de los hitos que perfilan el pensamiento visual del hombre contemporáneo.

La danza, el teatro, el cine, la televisión y el video, son expresiones visuales del movimiento. En ellas el tiempo es cambio, transformación. El movimiento es una experiencia perceptiva y por lo tanto determinada por los principios y las leyes que rigen la visión perceptual. Cuando miramos el sol entre las nubes, aquel parece avanzar en el sentido opuesto y a la misma velocidad de éstas. Cuando desde el interior de un automóvil y a través de la ventanilla trasera vemos un vehículo que avanza detrás del nuestro, nos da la sensación que retrocede cuando su velocidad es sólo un poco inferior a la que vamos. En cambio, el rayo es tan veloz que todo su trayecto nos parece una sola línea quebrada [155]. Los estudios de Wertheimer y Oppenheimer permitieron comprender estas sensaciones al verificar que en nuestro campo visual la figura tiende a moverse y el fondo a permanecer inmóvil.

175.
Isotipo y afiche del
*2º Festival de Cine
Publicitario*. 1972.

176.
Isotipo de la
Fundación Antorchas.
1982.

175

176

En todos los casos vemos movimiento cuando algo se traslada. Pero el diseñador puede aspirar a infundir movimiento a su propia creación aunque ésta sea inmóvil. A proveerla de una cualidad dinámica propia de los fenómenos móviles, aun de aquellos que están despojados del movimiento real. La movilidad no se encuentra sólo en los sucesos, en los seres vivos o en la transformación de la naturaleza, sino también en las obras inmóviles. Según los filósofos griegos, la mayor gracia y vitalidad de una obra de arte residía en que pudiera transmitir la idea de movimiento. Para Aristóteles la forma más bella y dinámica era el fuego porque en cada fulgor instantáneo la llama se recrea con infinitas variaciones de la misma estructura formal.

Los símbolos que ilustran las Figuras 175 y 176 pueden servir como ejemplo de esta sensible afirmación aristotélica.
Uno fue diseñado para un festival de cine publicitario y el otro para una fundación cultural. En ambos la llama fue la forma apta para transmitir las ideas de dinamismo y de intelecto activo.

La curva nos motivó otros diseños. En la marca para un centro de esquí, tres bandas oblicuas y paralelas bajan zigzagueantes para significar el perfil de los cerros que tienen una plataforma casi horizontal en la parte intermedia.

177.
Isotipo para dos centros de esquí. *Catedral y Chapelco*. 1975.

178 a 184.
Identidad visual de los complejos turísticos. 1975.

Arquitectura y Planeamiento: Antonini, Schon, Zemborain, Fervenza, Hall, Arquitectos.

Las dos líneas interiores finas remiten a las huellas de las tablas de esquí. La oblicuidad, el engrosamiento y el afinamiento de las líneas le proveen al símbolo el movimiento del deporte y la velocidad propia de éste (Figuras 177 a 184).

177

178

179

180

181

182

183

184

185.
Isotipo del *Congreso*
Pedagógico Nacional.
1985.

186.
Anteproyecto para el
mismo tema. Animación
del signo para
televisión.

185

En el isotipo del *Congreso Pedagógico
Nacional* (Figura 185), las dos bandas
constituyen la union simbólica de lo
nacional (la bandera) con lo pedagógico
(las hojas del libro abierto). El dinamismo
que implica toda acción intelectiva es
sugerido mediante el trayecto ondulante.
En un anteproyecto para el mismo trabajo
las bandas con los colores argentinos, en
su desplazamiento también dibujan un
libro (Figura 186).

La modalidad expresiva de transmitir el
concepto de dinamismo mediante la línea
es fecuente y habitual en el campo de la
comunicación gráfica. Un trabajo
arquetípico en ese aspecto es el realizado
en 1969 por el estudio neoyorquino
Lipincott & Margulies para *Coca-Cola,*
que debía responder a los objetivos de la
empresa de dinamizar la marca para la
década 1970-1980. La propuesta consistió
en un ponderado diseño aún vigente a
pesar de la inicial intención de uso
temporario, que emplea la línea curva
para transmitir connotaciones dinámicas.
La onda no sólo responde al
requerimiento previo sino que asocia
además con las curvas del clásico logotipo
diseñado en 1886, y con el envase del
producto, ya que nació de haber
percibido que la figura ondulada es el
espacio libre - la contraforma o fondo -
que queda entre dos botellas superpuestas
una sobre la otra pero en sentido inverso.

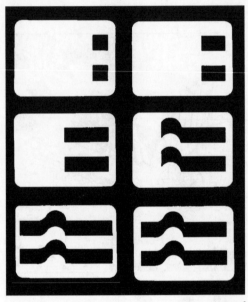

186

El resultado ha sido un trabajo de notable
síntesis gráfica y *pregnancia*. Este término
expresa la capacidad de retención visual
consistente en la virtud que poseen
ciertas formas de impregnar la retina
permitiendo así su reconocimiento y
memorización sin esfuerzo alguno durante
extensos períodos de tiempo.

187

188

189

187 a 189.
Identificación de la
sucursal Buenos Aires
del *Banco de Tierra del
Fuego*. 1983.

Arquitectura:
Aftalion, Bischof,
Egozcue, Vidal,
Arquitectos.

expresión de vitalidad.

Todos los productos artísticos podrían clasificarse en dos grandes grupos, los que manifiestan reposo y serenidad y los que expresan tensión y movimiento.

Pero la tensión a la que aquí nos referimos es sin embargo la que nace de las formas como resultado de las intensidades de las fuerzas que poseen las figuras.

Los trabajos de Moholy-Nagy nos demostraron que de toda forma visual emergen líneas de fuerza que tienden a expandir la figura centrífugamente [156]. Esa es la razón por la cual nos parece ver de noche haces de luz que salen de los faros de un automóvil y que al abrirse radialmente nos encandilan.

Las Figuras 187 a 193 ilustran diseños que intentan capitalizar ese principio para el *Banco de Tierra del Fuego, Antártida e Islas del Atlántico Sur,* para *ATC Argentina Televisora Color,* para el *Hospital Nacional de Odontología* y para la represa binacional argentino paraguaya *Yaciretá.*

En el primer caso el signo expresa la idea de irradiación y desarrollo desde el centro geográfico argentino, situado en ese estado patagónico si se considera que la Argentina se extiende desde la Quiaca en el límite con Bolivia, hasta la Antártida en el Polo Sur.

3.14.
Las formas expansivas

La provisión de cualidades dinámicas no es sólo privativa de las líneas curvas y onduladas. La percepción de movimiento es frecuente en las obras de Pintura y Escultura. En el dramatismo de los gestos de las víctimas de La Fusilación de Goya o en los pliegues del manto de La Piedad de Miguel Angel se anida una notable

190.
Isotipo para *Argentina Televisora Color, ATC* 1978.

191.
Isotipo para el *Hospital Nacional de Odontología*. 1975.

192.
Anteproyecto para el concurso del isotipo del *Ente Binacional Yaciretá*. 1977.

193.
Isotipo para una empresa de selección de personal. *Capacity*. 1976.

190

191

192

193

En el proyecto para la empresa de televisión la idea consistió en significar la emisora graficando la forma trebolada que adquiere la torre tanque del edificio al estar constituida por tres cilindros tangentes entre sí que soportan las antenas de transmisión.

En el símbolo del *Hospital Nacional de Odontología* la figura está conformada por una sucesión de líneas que se expanden desde la cruz de sanidad a la O de Odontología. La transformación visual se efectúa por una serie de pasos intermedios entre las dos figuras de los extremos. El mismo efecto, desde la Y hacia el círculo, se repite en el anteproyecto para el isotipo de la represa binacional *Yaciretá*. En estos dos ejemplos se conjuga el principio de

irradiación con el de expansión formal. El efecto que transmiten es similar al que produce una piedra cuando cae en el agua. El mismo concepto generó la marca para una empresa de selección de personal y el tema para un aviso de deportes, utilizándose en ambos casos siluetas humanas sintetizadas (Figuras 193 y 194).

Las Figuras 195 y 196 ilustran trabajos para la *Asociación de Consultores Argentinos* y para una empresa de servicios electrónicos. Ambos connotan crecimiento mediante líneas que se expanden desde el centro hacia ambos lados.

La acentuación gráfica de la cualidad expansiva de las formas en general y de las convexas en particular la tenemos siempre presente en la naturaleza.

194.
Tema gráfico de un
aviso para una campaña
de deporte. 1985.

195.
Isotipo para la
*Asociación Argentina de
Consultores*.1985.

196.
Isotipo para la empresa
Argión. 1990.

194

195   196

El sistema solar, las nubes, el humo, el fuego, las olas, tienden a abrirse desde sus centros hacia afuera mediante formas convexas y centrífugas. Las formas solares no son símbolos de energía solo porque el sol origina la vida y el movimiento sino también porque las figuras radiales emiten vibraciones visuales dinámicas desde el centro hacia afuera de sus configuraciones. A ese efecto expansivo Kandinsky lo llama «tensiones dirigidas» [(157)].

Las Figuras 197 a 203 muestran diseños con temas solares para la *Dirección Nacional de Turismo,* el *Banco Hipotecario Nacional,* el *Banco de la Provincia de La Rioja,* el *Primer Congreso Nacional de Planeamiento Urbano,* la empresa de turismo *Sol Jet y* el centro de esquí *Los Penitentes.*

Los seis ejemplifican el efecto cinético de vibración dinámica que registra nuestra psiquis cuando las líneas blancas y negras interactúan entre sí con sus espesores y distancias reguladas ópticamente.
No existe una regla matemática o geométrica para obtenerlo. Nace de una intuición visual y de cierto adiestramiento producto indefectible de ejercitaciones y de pruebas y errores. Hay un momento en que las líneas blancas y negras ya sean finas o gruesas - la regla es que sean un conjunto - ingresan en un estado de *reberberación.* El término se utiliza en Acústica para referir a los sucesivos rebotes de una onda sonora en las superficies refractarias. En la percepción se produce el mismo fenómeno: el blanco y el negro reverberan entre sí por las vibraciones que ambos emiten.

197.
Isotipo para la
*Secretaría de Turismo de
la Nación.*
1989.

198.
Isotipo del *Banco
Hipotecario Nacional.*
1975.

199.
Perspectiva interior de
la Sucursal Buenos Aires
del *Banco de la
Provincia de la Rioja.*
1978.

197

198

Sus influencias recíprocas producen una excitación retineal que transforma la figura en un hecho dinámico. Para que el efecto cinético se produzca es indispensable que la figura posea una dimensión determinada. Una misma forma puede ser poseedora

de efecto cinético sorprendente en determinado tamaño y nulo en otro.

La sensación vibratoria se denomina efecto *gamma* y es estimulante de la atención visual (Figuras 204 y 205).

199

200.
Isotipo del *Banco de la Provincia de La Rioja*. 1978.

201.
Isotipo del *Primer Congreso de Planeamiento Urbano y Vivienda*. 1975.

202.
Isotipo de la empresa de turismo *Sol Jet*. 1977.

203.
Isotipo del centro de deportes de invierno *Los Penitentes*. 1980.

200

Las líneas rectas y curvas también tienen la propiedad de infundirles sensación de movimiento y cualidades dinámicas a las formas inmóviles. Entre las primeras las oblicuas y quebradas lo logran con mayor énfasis porque su propia posición de

201

ruptura del equilibrio desestabiliza el reposo y la quietud de la vertical y la horizontal. La letra *M* de la marca para *Radio Mitre* es quebrada, rápida, energética, afín con el carácter de emisión radial y de dinamismo informativo (Figura 206).

202

203

3.15.
Las formas incompletas

También las formas incompletas producen
una tensión interior en nuestra psiquis
que siempre se dirige y se predispone
hacia su consumación. Conocer esa
propiedad de nuestra visión permite
estimular en el observador la completud
de las formas que deliberadamente se
dejan inconclusas. Las Figuras 207 y 208
ilustran las marcas del *Consejo Publicitario
Argentino* y del *Programa Alimentario
Nacional*.

En el primero de los isotipos los tres
círculos simbolizan los grupos básicos
de entidades que integran la Publicidad
(los medios, las agencias y las empresas
anunciantes). El espacio blanco que fluye
entre ellos se continúa en el interior
para dibujar, respectivamente, el rostro,
el gorro frigio y la cabellera del perfil
simbólico de la república.
En las zonas de confluencia de los
círculos la cabeza de mujer no se define
pero la tensión interior dirige nuestra
psiquis hacia su cierre final.

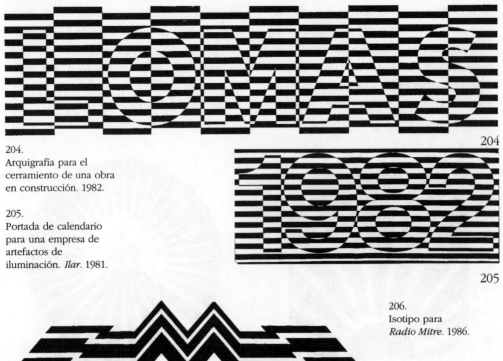

204.
Arquigrafía para el
cerramiento de una obra
en construcción. 1982.

205.
Portada de calendario
para una empresa de
artefactos de
iluminación. *Ilar*. 1981.

204

205

206.
Isotipo para
Radio Mitre. 1986.

206

207.
Isotipo del *Consejo
Publicitario Argentino*.
1982.

208.
Logotipo del *Programa
Alimentario Nacional*.
1984.

207

208

En el segundo, las figuras de los tres miembros de la familia - padre, madre, niño - nacen como contraforma de los vacíos de las letras *P*, *A* y *N*. Las tres tienen sus perímetros incompletos para que nuestra tendencia perceptiva nos impulse a completarlas mentalmente.

3.16.
El efecto estroboscópico

Dentro de este tipo de efectos cinéticos analicemos ahora dos casos que encontramos con frecuencia en la vida cotidiana.
Las lámparas de un cartel electrónico publicitario se encienden y se apagan en secuencias muy rápidas logrando transmitirnos la sensación de que las figuras se animan y se mueven.

Sin embargo nada se ha desplazado de su lugar. La sensación la obtuvimos en nuestra retina porque determinadas lámparas se encienden y se apagan en lapsos muy breves.

Ciertos efectos lumínicos en lugares de diversión nocturna nos transmiten también la sensación de que las parejas que bailan efectúan grandes movimientos en sus cuerpos porque durante el brevísimo lapso en que la lámpara se enciende dos veces sucesivas, los vemos como detenidos y desplazados en relación a la postura anterior. En ambos casos se han producido en nuestra estructura perceptiva sensaciones de movimiento que no condicen con la realidad.
Ellas se crean en nuestra psiquis por el efecto llamado *estroboscópico* que fuera descubierto por Wertheimer.

209.
Cartelera municipal
sobre el campeonato
nacional de rugby.
1972.

210

210.
Imagen para un afiche
sobre el campeonato
mundial de fútbol.
1978.

209

Otro ejemplo pero ajeno al campo
lumínico lo encontramos en ciertos libros
con dibujos de historietas que incluyen
pequeños movimientos en cada página.
Al ser hojeados rápidamente, los dibujos
transmiten la sensación de que es el
personaje el que se mueve.

Las Figuras 209 a 216 ilustran emulaciones
fijas del movimiento. Se obtuvieron
mediante la aparición, el desplazamiento y
la desaparición de una misma figura en
lapsos progresivos.

Los ejemplos corresponden a dos temas
para difundir eventos deportivos, a
murales gráficos para una empresa aérea,
a un afiche para un centro de esquí,
a otro para una agencia de turismo,
y a un envase para medias de mujer.
Las imágenes están construidas con partes
de una figura determinada - un jugador
de rugby, uno de fútbol, un avión, dos
esquiadores y una silueta femenina - que
por estar fragmentadas y repetidas
crean fuertes tensiones en las direcciones
vertical y horizontal.

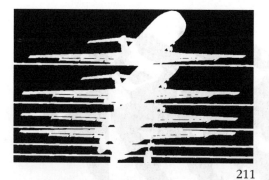

211 a 213.
Arquigrafía para el una
compañía aérea *Austral*.
1978.

211

212

213

Cada segmento del tema gráfico tiene una parte propia y una del segmento inmediato anterior o posterior según el sentido del desplazamiento. El conjunto resulta de adicionar, una junto a otra, partes segmentadas de una figura que ha sido particionada.

No obstante, nuestra psiquis percibe un conjunto estructurado y dinámico porque merced al efecto estroboscópico se sueldan las particiones y se transforman las imágenes inmóviles en formas con carga cinética propia.

El *rugbier* corre hacia la izquierda, el futbolista avanza hacia la derecha, el avión despega y los esquiadores y la modelo se desplazan hacia la derecha.

La intervención de una de las manifestaciones del principio dinámico de las formas inertes - el efecto estroboscópico - les infunde a las imágenes tensión dirigida en el sentido de sus respectivos desplazamientos y consigue transformarlas en verdaderas formas dinámicas.

214.
Tema para afiche de un
centro turístico de
invierno. *Chapelco*.
1978.

214

215

215.
Tema gráfico para el
afiche de una campaña
de turismo. *Soljet*. 1977.

216.
Tema gráfico para el
anteproyecto de un
envase. *Medias Balux*.
1985.

216

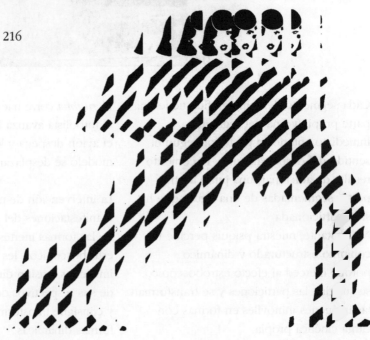

3.17.
El congelamiento de la imagen

Paradójicamente, si un deportista real o un avión fueran fotografiados en movimiento, la foto transmitiría la sensación de que la persona en acción y la aeronave se han detenido bruscamente en el espacio. No hay nada más estático que la fotografía de un avión en vuelo o la de una bandera flameando.

En el cine, la televisión y el video, esta sensación de quietud puede conseguirse mediante la abrupta detención del movimiento. El efecto se denomina *congelamiento del cuadro* y produce una conmoción perceptiva como consecuencia del contraste entre la movilidad y la parálisis visual de las cosas.

En el film *Los cuatrocientos golpes (Les quattrecents coups),* (1959), François Truffaut (1932-1984) logra un final conmovedor, inesperado, con un hallazgo expresivo casi inédito hasta ese momento y hoy divulgado universalmente. En la última escena, Jean Pierre Léaud en el papel del protagonista Antoine Voinel, corre y corre hasta detenerse junto al mar. Mira el horizonte y de una forma sutil, casi imperceptible, su rostro agitado y triste de niño acostumbrado al dolor se transforma por el congelamiento del cuadro, en hierático, inmóvil, desconcertante.

Esta escena nos conmovió de tal manera, que un año después, cuando tuvimos la oportunidad de diseñar los títulos de presentación de la película *Shunko* (1960) de Lautaro Murúa, nos inspiramos en aquel singular y anticipado recurso del gran director y crítico francés. La pantalla con las primeras secuencias del film, era invadida desde sus bordes por planos oscuros que al irse cerrando ocultaban parte de la imagen. Cuando los campos negros detenían su camino dejando visible parte del cuadro, la imagen se congelaba y aparecían entonces los textos sobre fondo negro con los nombres del *casting* (Figuras 217 y 218).

El buen cine siempre es un referente para el diseñador porque las problemáticas que afronta son afines a las suyas.
No es frecuente tener una opinión tan afin a nuestras conmociones cotidianas como la de Alan Parker, director de *Midnight Express* (Expreso de Medianoche), *Birdy* (Alas de Libertad), *The Comminments* (Camino a la fama) y *The Wall* (El muro) entre otros films:
« El realizador es quien debe responder durante todo el día a centenares de preguntas. La diferencia entre un film bueno y uno malo depende del porcentaje de buenas respuestas que sepa encontrar.
¿Recuerdan al Truffaut de *La noche americana?* El sabía.... » [158].

217 y 218.
Títulos de presentación
del film *Shunko*. 1960.

Director:
Lautaro Murúa.
Productor: Leo Kanaf.

Capítulo 4

La Organización Formal

La Organización Formal

4.1.
Estadios del Diseño

Hemos destinado los primeros capítulos a situar el Diseño como ciencia proyectual, a plantear los fenómenos primordiales de la comunicación visual y a indagar en los principios y reglas que nacen del estudio de la visión perceptual. Nos resultaría azaroso ahora continuar sin haber transitado antes esas instancias preliminares. Como la proyectación es un acto de tipo holístico (del griego *holo:* todo, entero, global), nos exige construir visiones abarcadoras, totalizadoras y sintetizadoras. Y haber recorrido aquellas etapas previas contribuye a que podamos ir adquiriendo esa concepción integrada e integradora a partir de la Teoría de la Gestalt, que es indispensable para la transmisión y la adquisición de las herramientas mentales para diseñar.

Como lo expresamos al inicio de este estudio, nuestra tesis nace del supuesto básico de que las actividades físicas y psíquicas son del mismo orden y que pueden ser observadas como manifestaciones del mismo fenómeno, la persona [159]. Desde esa concepción holística vemos al proceso del aprendizaje y de la enseñanza del Diseño como una gestalt, que como tal, se manifiesta en conjuntos significativos del conocimiento.

Dichos conjuntos de significación son como estadios o niveles de comprensión y asimilación de las ideas, como fases del saber que se perfilan con nitidez a pesar del fluir constante de la mente, como estamentos del pensamiento proyectual, como medidas ascendentes, como fértiles mesetas escalonadas en las que va creciendo la siembra de valores, ideas, conceptos, juicios, leyes, principios y postulados. Cada uno de esos estratos del conocer si bien se interconecta con los escalones inmediatos en un intercambio dinámico, puede no obstante, ser reconocido, aprehendido y entendido como un todo organizado, y por lo tanto, perfilarse, nutrirse, consolidarse y enriquecerse. Cada uno ocupa un espacio propio, que una vez cubierto, nos permite ascender por pasos a otro situado en un nivel de complejidad mayor, y a otro más elevado aún en el que logramos finalmente articular, relacionar y vertebrar los datos ya adquiridos junto con otros nuevos en un proceso combinatorio de ideas múltiples.

Ese camino del pensar y del actuar, sinuoso a veces, culmina en una plataforma intelectiva y sensible construída con el acervo acumulado. Es el lugar adecuado para partir hacia una nueva senda: la de la definitiva convicción de la autoformación y del aprendizaje permanente.

En este tránsito gradual por los caminos que la mente construye para la ideación proyectual encontramos tres estadios básicos y progresivos sobre los que nos ocuparemos en estos próximos capítulos y a los que hemos definido respectivamente como los de organización formal, interacción serial, y programación integral.

4.2.
La forma visual

Llamamos organismo a cualquier cosa viviente que tiene órganos, una organización y mecanismos de autorregulación dentro de sí misma. Un organismo no es independiente de su medio. Necesitamos del ambiente físico para intercambiar aire y alimentos, y del ambiente social para intercambiar amistad, amor o rabia [160]. El organismo funciona como un todo. No tenemos un corazón o un hígado, somos un corazón, un hígado. Y aun esto es erróneo porque no somos una suma de partes sino una coordinación sutil de todas ellas.

La forma visual que nace como resultado del Diseño se comporta como un organismo aunque el objeto sea artificial, creado por el hombre. Así como un organismo está compuesto por órganos la forma lo está por partes.

La resultante final de la forma también es más que la suma de sus partes dado que tiene una organización que le da orden a las partes las que en verdad se comportan como miembros. Y del mismo modo que el organismo vivo, la forma visual - o la audiovisual - depende del ambiente, del contexto, de las demás formas con las que convive y participa.

En el capítulo 3 hemos visto que uno de los procesos centrales de la percepción es la formación getáltica. Se refiere a la distinción que surge entre lo que está en primer plano, la figura, y el entorno en que ésta se encuentra, el fondo.
A estas dos unidades suele denominárselas par figura-fondo.
Desde esa concepción gestáltica veremos que los elementos visuales básicos de la forma son como las partes compositivas de una organización en la cual dichas partes dependen del todo formal, y el todo a su vez, depende de cada parte.
Dice Louis Kahn [161]: « La forma es el qué, el Diseño es el cómo. El orden es, el Diseño es dar forma en el orden.
La forma surge de los elementos estructurales, inherentes ».

Analizaremos ahora las clases o categorías de elementos básicos con los cuales se componen y configuran las formas dentro del lenguaje visual, al cual como ya vimos, pertenece el código del Diseño.

4.3.
Clases de elementos visuales

El lenguaje visual como cualquier lenguaje - natural o artificial - está formado por tres clases de elementos [162]:

a. Un conjunto de signos visuales básicos, que, como las palabras en el lenguaje del habla, nos permiten construir oraciones visuales merced a nuestra intención de Diseño, a nuestra voluntad de forma. Siguiendo con el ejemplo de las oraciones ese proceso es del mismo tipo que el que sigue en el campo lingüístico un escritor cuando compone una obra literaria.

b. Un conjunto de elementos y reglas básicas para la formación, configuración u organización de las formas.

c. Un conjunto de elementos y reglas de relación que permiten entablar conexiones y derivaciones partiendo de las composiciones básicas.

Dada la complejidad del lenguaje visual, trataremos de simplificar las cosas considerando a los signos o elementos visuales básicos por una parte, y a los elementos y reglas básicas de formación y de relación por la otra.
Tendremos así entonces sólo dos grupos a los que llamaremos respectivamente:

a. Elementos visuales básicos.

b. Elementos visuales básicos de formación y de relación.

El conocimiento de ambos es necesario, tanto para concebir formas bidimensionales como tridimensionales, y tanto formas inmóviles o fijas, como móviles o cinéticas.

a. Los elementos visuales básicos son:
1. El punto.
2. La línea.
3. El plano.
4. El volumen.
5. La dimensión.
6. El color.
7. El valor.
8. La textura.

A todos ellos los trataremos desde el inciso 4.4 hasta el 4.13.

b. Los elementos visuales básicos de formación y de relación son:
1. El equilibrio.
2. La escala.
3. La posición.
4. La dirección.
5. El espacio.

A estos últimos los trataremos en la parte final de este capítulo, desde el inciso 4.14. hasta el 4.21.

4.4.
Elementos visuales básicos

Dentro de la forma visual se presentan las tres direcciones principales: la extensión en altura, la extensión en ancho y la profundidad. Esta tridimensionalidad de la forma pertenece a ella. Todo es de tres dimensiones, hasta la hoja de papel más delgada. Toda materia tiene corporeidad. En la realidad física no existe nada bidimensional. Toda imagen de dos dimensiones existe sobre algo que tiene tres.

La noción de tridimensionalidad nos ayuda a interpretar mejor los elementos básicos porque los tres primeros - el punto, la línea y el plano - son conceptos bidimensionales, y el cuarto - el volumen - es un concepto tridimensional. Pero lo fundamental reside en que los cuatro elementos son conceptos y no formas [163].

Creemos ver un punto en el vértice de un cristal, una línea en el borde de una puerta, un plano en la superficie de un muro liso, o un volumen en el cuerpo de una caja cúbica. Ninguno de ellos existe de hecho. Si los pusiéramos bajo un microscopio, el punto se vería como la superficie lunar, la línea como un camino tortuoso, el plano lleno de imperfecciones y el volumen también irregular y deforme.

Desde el punto de vista matemático y geométrico esos cuatro elementos son abstracciones, conceptos y no formas. El punto no tiene largo ni ancho; es el comienzo y el fin de una línea o el cruce de dos de ellas (Figura 219). La línea también es un concepto y no una forma porque según su definición matemática es un punto que se desplaza en el espacio. Tiene largo pero no ancho; está limitada por puntos y forma los bordes de un plano (Figura 220). El plano es otro concepto porque se constituye por una línea que se desplaza en el sentido paralelo a su dirección; tiene largo y ancho pero no espesor (Figura 221). Y finalmente, el desplazamiento de un plano en un sentido paralelo al suyo lo convierte en un volumen; éste tiene una posición en el espacio y es limitado por planos pero también es un concepto (Figura 222).

Los elementos conceptuales no son visibles. No tienen existencia como formas visuales. Existen las formas de puntos, las formas de líneas, las formas de planos y las formas de volúmenes, que sí son visibles. Estos cuatro tipos de formas sumados a la dimensión, el color, el valor y la textura, constituyen los ocho elementos básicos de la configuración formal. En todo proceso de Diseño, la influencia y la acción recíproca de cada uno con los restantes es permanente y generalizada. Veamos el primero de ellos.

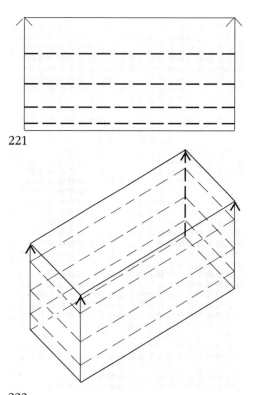

219

220

221

222

223.
Trama para la
arquigrafía de las
sucursales de un banco.
Banco de Italia. 1977.

224.
Isotipo para el *Hospital
Central de SEGBA,*
empresa estatal de
energía. 1974.

En este caso los puntos
se disponen para
connotar luz formando
una cruz de sanidad
luminosa.

4.5.
El punto

Es el átomo visual. La noción de punto
tomada en su sentido más amplio es toda
forma plana que tiene un centro y
configura un todo. Pero aún esa definición
no basta para reconocer sus
características. Es necesario considerarlo
fuera de su contingencia como forma y
relacionarlo con su contexto, porque el
punto es tal si establece una cierta
relación de tamaño con el fondo, que va

desde la más pequeña dimensión dentro
del campo visual en el cual se sitúa, hasta
una medida establecida por nuestra
intuición que determina que
por encima de ella, el punto deja de serlo
para constituirse en plano gráfico.

En esta relación entre el punto como figura,
y el plano gráfico donde está situado
como fondo, intervienen su valor de tono,
su estructura superficial y su forma
externa que es la determinante de la
visión de conjunto [164] (Figuras 223 a 227).

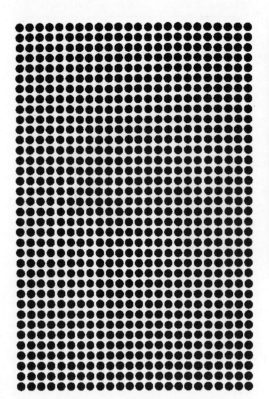

223

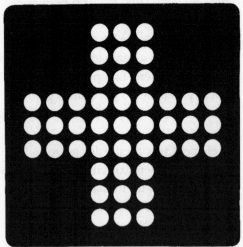

224

Según lo expresado, un punto puede adquirir diversas formas y no sólo la circular, la única que se intuye a priori (Figuras 231 a 235). El punto puede ser también cuadrado, oval, triangular, irregular o una mancha.
Una fotografía de una multitud es también un conjunto de puntos.
La noción es tan abierta y amplia que por eso se constituye en un elemento esencial para el Arte y el Diseño.
« Es la piedra angular de la enseñanza visual », dice Armin Hoffmann [165].

En gran cantidad y diferentes dimensiones y distancias los puntos crean la ilusión de matices y valores. Este efecto perceptivo se denomina *medio tono* y manifiesta la ductilidad del punto, en base a la cual una imagen puede ser reproducida mediante cualquier sistema que no sea el fotocopiado (Figura 236).
El *sistema tipográfico,* la *litografía offset,* el *hueco grabado,* la *serigrafía,* son sistemas de impresión que permiten reproducir los valores de tono, los colores, las transiciones y las mezclas.

225

226

227

228.
Puntos rectangulares:
Memoria y Balance para
un banco. 1978.

229.
Otro ejemplo similar.
Logotipo para una
empresa de informática.
1978.

230.
Puntos cuadrados de
distinto tamaño y color
simulan ventanas de
edificios de vivienda.

Tarjeta de salutación,
una empresa
para constructora. 1980.

Toda la técnica de impresión reposa sobre
esta pequeña unidad, verdadero lugar de
encuentro entre la Técnica, el Arte y el
Diseño. Volveremos sobre el tema en el
capítulo 5, inciso 5.11.
La energía del punto está en el centro de
su masa que se expande. Si incorporamos
otros puntos próximos a aquel las fuerzas
de todos se conjugan y pueden crear
nuevas situaciones y tensiones visuales [166].
Un gran número de puntos permite
agrupamientos diversos y formación
de tramas.

Al pasar del punto en el plano a una
esfera en el espacio, no varía ninguna de
las condiciones establecidas para aquel ni
tampoco sus relaciones. Las leyes visuales
que se cumplen en dos dimensiones
también lo hacen en la tridimensionalidad.
En Diseño no hay fronteras entre el plano
y el espacio pero la espacialidad aumenta
la capacidad de atracción visual. Un cubo
se ve más que un cuadrado. La fuerza de
una esfera es mayor que la de un círculo
porque el campo de energía crece al
agregarse una nueva dimensión.

228   229   230

231.
Puntos cuadrados para
un afiche sobre
desarrollo urbano y
vivienda. 1975.

232.
Puntos como cápsulas
de medicamentos en el
logotipo para una
droguería. 1985.

233 y 234.
Tramas de puntos con
formas diversas:
Levi's. 1988.
Dorotea Oliva. 1984.

235.
Trama para un banco
connotando teclas de un
ordenador. 1982.
236.
Trama de medio tono.

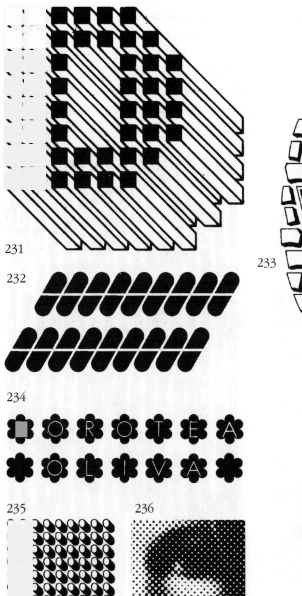

231

232

234

235

236

233

237.
Trama con líneas
horizontales y verticales
en la fachada de una
torre de oficinas.

238.
Efecto de moaré,
vibración óptica que se
produce por la
superposición de
tramas.

En este caso las tramas
están formadas
por líneas rectas y
onduladas.

4.6.
La línea

La energía de la línea nace del
ordenamiento de los puntos que se
suceden. El movimiento es su
característica propia.

El punto es estático, la línea es dinámica.
Y su dinamismo puede extenderse en las
tres direcciones porque no está ligada a
un centro.
Mientras el punto es un elemento básico
de composición, la línea lo es de
construcción [167].

238

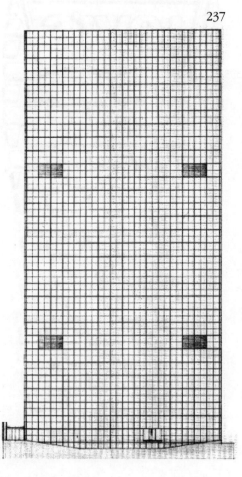

237

239 y 240.
Isotipo para el concurso
de un emblema. 1980.

*IV Centenario de la
Fundación de la Ciudad
de Buenos Aires.*

Las líneas se cruzan, convergen, divergen, y forman grupos. Cuando estos conjuntos constituyen agrupamientos que se entrelazan ordenados, configuran las tramas (capítulo 5, inciso 5.1.). Y de ellas, las de horizontales, verticales y onduladas son las más simples (Figura 238).

La línea tiene la misma propiedad que el punto de construir valores de tono. Con el mismo espesor y a intervalos iguales, su repetición produce un determinado valor de gris. Pierde su rol individual para disponerse a la sensación de conjunto (Figuras 239 y 240).

239

240

Isotipos de medidas iguales ordenados según el espesor de sus líneas:
241. *Canal 2*, 1966.
242. *Canal 8,* Mar del Plata, 1966.
243. *Yaciretá.* 1976.
244. *Financiera RM.* 1977.
245. *D'argent Corp.* 1977.
246. *Conicet.* Concurso. 1983.
247. *Metropol Seguros.* 1982.
248. *Ciudad de Federación.* 1975.
249. *Propulsora Patagónica.* 1985.
250. *Banco Tornquist.* 1976.
251. *Conjunción,* Boceto. 1978.
252. Conjunción. 1978.
253. Banco Latinoamericano. 1978.
254. *Carta Credencial.* Boceto. 1979.
255. *Yaciretá.* 1976.
256. *Confederación de Arquitectos del Cono Sur.* 1982.

Dos líneas negras separadas, como figuras, generan entre sí otra línea blanca, como fondo. Según las leyes de la percepción las figuras y el fondo vibrarán mutuamente en un efecto estroboscópico de positivo y negativo, que, como vimos en el capítulo 3, es una de las oposiciones fundamentales en la creación visual [168]. Para este efecto lineal los intervalos son tan importantes como los espesores (Figuras 241 a 259). Para brindarle carácter y expresividad a la forma lineal,

241

242

243

244

245

246

247

248

249

250

251

252

253

254

255

256

Se obtienen efectos
diversos por el juego
entre los espesores y las
distancias de las líneas.

257.
Isotipo del *Coral de los Buenos Aires*. 1980.

258.
Tema gráfico del
1er. Congreso Nacional de tecnología de la madera. 1977.

259.
Programa de la
Universidad de Buenos Aires UBA 21. 1986.

es importante el aumento progresivo
de la distancia, de los espesores y de la
forma de resolución de los extremos.
Estos pueden ser curvos, rectos,
oblícuos, en forma de huso o combinados
(Figuras 260 a 264).

La línea para considerarse como tal debe
entablar una relación acorde con el campo
de apoyo, ya que si su grosor es
exagerado se transforma en una
superficie y si se afina demasiado
pierde vitalidad y se disipa visualmente.

257

258 259

Terminaciones de líneas.
En forma de huso:
260.
*Bicentenario de la
Ciudad de Chascomús.*
1982.

Curvas:
261.
Símbolo de energía.
Aluar. 1975.

Rectas a 45° y 90°:
262.
Inmobiliaria Luchetti.
Boceto. 1981.

263.
Banco del Chaco.
1978.
264.
Centro de compras.
Del Siglo. 1978.

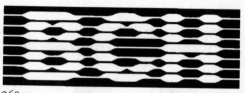

260

261

262

263

264

265 y 266.
Avisos para una
campaña gráfica de
perfumes. *Coty.* 1964.

Agencia:
Cícero Publicidad.

El diseñador puede capitalizar la energía
de la línea para disponerla al servicio del
destino y de la adecuación técnica de su
diseño (Figuras 265 a 267).

265

266

267.
Diseño gráfico del
solado para un conjunto
de viviendas.
1975.

Arquitectura:
Bielus, Goldenberg,
Wainstein Krasuk,
Arquitectos.

267

268.
Afiche para la *Dirección
Provincial de Turismo
de Córdoba*. 1958.

269.
Afiche para la
*Dirección Nacional de
Turismo de la Nación*.
1959.

4.7.
El plano

La forma plana está determinada
conceptualmente por sus líneas de borde.
Por lo tanto el tipo de líneas que
delimitan el contorno de una figura plana
es el que define sus características.
Nuestra producción gráfica inicial estuvo
signada por este concepto. Las Figuras 268
y 269 ilustran diseños en los cuales es
ostensible la línea de borde que delimita
los planos tramados y cromáticos de las
siluetas.

Aquellos trabajos del comienzo con
planos y bordes lineales, recibieron la
influencia ostensible de Celestino Piatti,
de Renée Gruau y de Raymond Savignac,
quienes en la Europa de fines del 50 y
principios del 60, llevaron la línea de
borde en sus afiches y dibujos a una
expresión de singular belleza y notable
fuerza. Por eso nos trajo cálidas nostalgias
el recuerdo que Milton Glaser revivió en
la Facultad de Arquitectura, Diseño y
Urbanismo con motivo de su viaje a Buenos
Aires en 1987: « Mi expresión gráfica
actual tiene su origen esencialmente en la
admiración que en mis comienzos
profesaba por Walt Disney debido al
carácter gráfico que imprimía a la línea de
contorno de sus dibujos y al tratamiento
plano y liso que les infundía a los campos
internos que aquella delimitaba ».

ARGENTINA

DIRECCION NACIONAL DE TURISMO

268   269

CORDOBA

DIRECCION PROVINCIAL DE TURISMO

270 y 271.
Ilustraciones de una
campaña gráfica para
un centro turístico.
1978.

Villa Arelauquen,
Bariloche.

272.
Isotipo para una marca
de ropa infantil.
Gatopardo.
1983.

273.
Símbolo para una línea
de créditos familiares.
Citibank. 1969.

Si bien en todo lo expuesto se manifiesta una interacción indivisible entre el plano y la línea de contorno, en este punto es importante clasificar las figuras planas según los tipos de delimitación de sus bordes.

Con ese fin y sobre la base de la clasificación realizada por Wucius Wong [169], las hemos reagrupado según solo tres clases básicas:
1. Geométricas: formas planas construidas geométricamente (Figuras 270 a 273).

270

271

272

273

274 y 275.
Figuras de la fauna
patagónica.
1982.

274. Lobo marino.
275. Albatros.

Las líneas curvas son
libres y han sido
tratadas sin leyes
geométricas.

276.
Cartelera municipal
para el día del niño.
1971.

2. Lineales: formas planas cuyos bordes
son rectilíneos, curvilíneos o combinados
y cuya configuración no está regida por
leyes matemáticas, sino espontáneas
(Figuras 274 y 275).

3. Gestuales: formas planas que nacen de
una intención expresiva a mano alzada,
o por procesos de estampado, grabado
o sopleteado, o por el uso de materiales
determinados (Figuras 276 y 277).

276

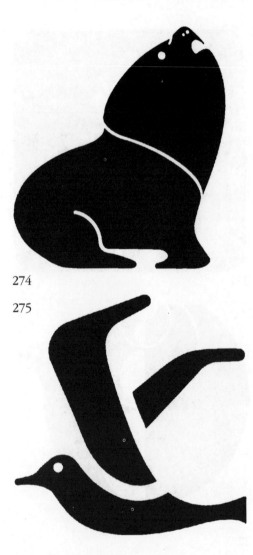

274

275

277.
Afiche conmemorativo
del *150 Aniversario de
la Revolución de Mayo*.
1960.

La idea simboliza el
paso de un patriota que
ató cintas celestes y
blancas a un farol y dejó
marcada en el muro la
palabra *libertad*.

Primer premio del
concurso nacional de
afiches.

277

4.8.
El volumen

Como lo expresamos en el inciso 4.3. de este capítulo, el desplazamiento virtual de un plano en el sentido paralelo a él conforma un volumen. Aparecen aquí las tres dimensiones: al largo y al ancho se le suma la profundidad. Si a cada una de las tres le adjudicamos un plano, obtendremos la materialización más simple de la idea de tridimensionalidad.

En las Figuras 278 a 281 que ilustran un exhibidor para una línea de productos de cosmética, cada plano se encastra con otro por ranuras que se ensamblan entre sí. Obsérvese que cada uno de los ocho espacios semicúbicos que se crean al encastrar los tres planos en sus respectivas direcciones, podrían completarse.
Ello permitiría conformar ocho nuevos cubos que nacerían del cubo original.

En las formas tridimensionales los elementos conceptuales son los mismos que en las bidimensionales aunque adquieren otra denominación: el punto es el vértice en el que confluyen tres planos, la línea se transforma en la arista que conecta dos planos entre sí, y el plano se constituye en cada una de las caras del volumen. La visión completa de éste se obtiene efectuando tantas representaciones como caras tenga.

En el caso del cubo serían seis, aunque es aceptable pensar que si lo imaginamos apoyado sólo serán necesarias tres vistas para representarlo: una mirando la cara superior desde arriba (vista aérea), otra mirando una de las caras frontales (vista frontal) y la tercera una de las caras laterales (vista lateral).

La Figura 282 muestra el diseño para un envase de perfume de mujer.
Es un prisma con base de sección anular de cuarto de círculo.
Aunque la forma es simple son necesarias como mínimo cuatro vistas para representarlo adecuadamente (Figuras 283 y 284):

1. Vista superior (también llamada vista aérea en las obras de arquitectura).
2. Vista del frente convexo.
3. Vista del frente cóncavo.
4. Vista lateral.

Cada visión representa sólo una parte del objeto total, pero el pensamiento gestáltico nos induce a interrelacionar las caras para obtener una percepción del volumen como forma visual integrada. La toma de conciencia de que cada cara o parte del volumen fluye y se continúa en las demás es decisiva para el acto de diseñar. Veremos otras facetas de este mismo concepto en el capítulo 5.

278.
Exhibidor para
productos de cosmética
Mc Taylor. 1980.

279 a 281.
Las tres placas se
encastran entre sí para
formar un cuerpo.

278

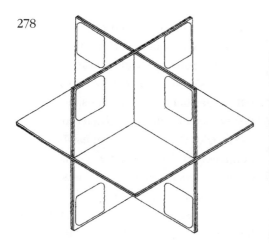

282

279

282 a 284.
Envase para un perfume
de mujer. *Miss Taylor*.
1991.

280

281

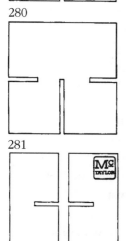

283

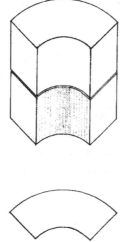

284

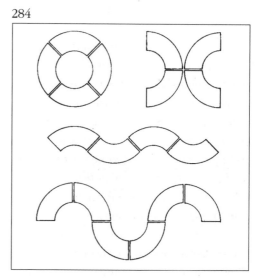

4.9.
La dimensión

Las formas bidimensionales o tridimensionales tienen dimensiones diversas y pueden ser medidas. Como el Diseño es un acto de prefiguración, nos exige la representación del tamaño dentro de los formatos visuales bidimensionales en los que representamos los croquis, los bocetos y los dibujos de los anteproyectos y de los proyectos. La dimensión existe en el mundo real pero en la representación gráfica de la idea esa dimensión es ficticia. En primer lugar porque en general las ideas se dibujan en otra escala y en segundo término porque aunque la escala sea natural la influencia del entorno sobre los objetos diseñados es tal que el diseñador debe proyectar intuyendo siempre la fuerza incidente del contexto sobre su obra.

Un diseño gráfico - el original de un aviso de diarios por ejemplo - tiene habitualmente la misma dimensión que cuando sale publicado, pero a pesar de ello las diferencias entre el original y el impreso son manifiestas por las influencias perceptivas que ejercen sobre el observador los títulos y textos de las noticias y los demás anuncios publicitarios que lo rodean en la página impresa.

En Arquitectura y en Diseño Industrial las diferencias entre las medidas que tienen

las obras cuando se representan los proyectos y las que resultan cuando esos proyectos son construidos o producidos son más significativas aún por las fuerzas influyentes del tiempo y del espacio.
Por eso los arquitectos y diseñadores industriales mientras diseñan establecen permanentes comparaciones y relaciones entre las dimensiones de las cosas que dibujan como prefiguraciones de sus ideas y las dimensiones que ellos desean que tengan las cosas proyectadas cuando se materialicen. En Diseño de Imagen y Sonido pasa lo mismo: cuando el cineasta filma un primer plano de un rostro humano o un detalle de la realidad - efecto que se denomina *close up* - está efectuando una traspolación intuitiva de las dimensiones de lo que percibe a través de la lente de la cámara, de lo que la cámara efectivamente capta, y del efecto final que él desea y aspira a obtener con esa toma cuando el film esté concluido. Este mecanismo psíquico es permanente y no deja de manifestarse a pesar de que en la actualidad los realizadores cinematográficos filman con un equipo auxiliar computarizado que va reproduciendo en una pantalla y con exactitud cada imagen que aquellos van capturando con la cámara.

La representación de las dimensiones de las cosas para que ellas sean construidas, se obtiene mediante el recurso del cambio de escala, y a través de plantas, vistas, perspectivas, maquetas, o fotomontajes. La escala, como veremos en el inciso 4.13, es un auxiliar valioso para la comprensión y percepción de los objetos porque permite dibujar proporcionalmente dimensiones prefiguradas que en la realidad serán luego mayores, iguales o menores. El diseñador en su proceso creativo entabla siempre una relación dialéctica y recíproca entre las dimensiones de las cosas que él crea y las del medio. Su mente, en un fluir constante, relaciona las proporciones y la escala de sus diseños con los campos dentro de los cuales ellos vivirán.

4.10.
El color

A través de la vista y sus propiedades nos formamos un concepto llamado visual del mundo que nos rodea. El ojo humano tiene con su sentido de la vista varias propiedades independientes: puede reconocer formas, tamaños, en cierto grado distancias y también el color de las cosas. El color entonces es una propiedad perceptible al ojo, reconocida por la mente y diferenciable no solamente de otras propiedades sino de color a color. Para sentar bases para un entendimiento de las relaciones de los colores no entraremos en la Física del color

ni estudiaremos la parte fisiológica de la percepción visual cromática. Aceptaremos que los colores existen a través de nuestra vista y trataremos de expresarlos partiendo de la idea de que la sensación del color - como la del sonido - puede ser afinada con la práctica [170].

Para poder percibir el color es necesaria una fuente luminosa. Sin luz no hay percepción visual. En 1704 Newton usó un prisma de cristal para analizar el fenómeno de los colores y estableció el hecho sorprendente pero irrefutable de que la luz blanca del sol, tan homogénea en apariencia, estaba compuesta de una serie de colores diferentes como se observa en el arco iris. Este conjunto de rayos procedentes de la descomposición de una luz compuesta, se denomina *espectro* (Figura 285).

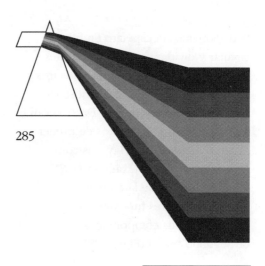

285

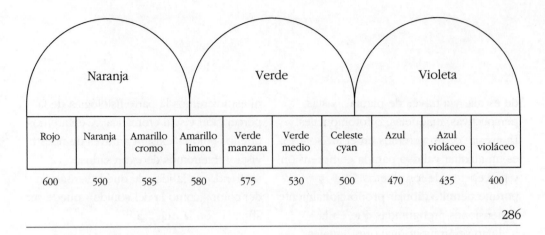

Rojo	Naranja	Amarillo cromo	Amarillo limon	Verde manzana	Verde medio	Celeste cyan	Azul	Azul violáceo	violáceo
600	590	585	580	575	530	500	470	435	400

286

La Figura 286 ilustra un gráfico que muestra el orden y la longitud de onda correspondiente a cada color: rojo, naranja, amarillo, verde, azul, índigo y violeta. Se aceptan como siete pero más rigurosamente debería también considerarse a los intermedios.

Esta escala por ello es arbitraria: algo más correcto es aceptar tres campos, cada uno de ellos con su respectivo conjunto de colores fundamentales, como se indica en el mismo dibujo. Estos tres campos corresponden a los colores naranja, verde y violeta.

Si disponemos el espectro en forma circular y dividimos al círculo en tres partes, el triángulo *ABC* indica los tres colores fundamentales primarios: azul, rojo y amarillo. Los puntos *DEF* indican los tres colores compuestos de primer orden o secundarios. Hay seis colores más, unidos por el hexágono *GHIJKL,* y que se forman de la combinación en dos de los colores fundamentales o primarios, y sus componentes de segundo orden (Figura 287).

Las investigaciones que realizó Albert Munsell durante toda su vida para analizar el color, le permitieron comprobar que la sensación cromática tiene tres distintas dimensiones o propiedades del color a las que llamó; tono o tinta *(hue)* valor *(value)* y saturación *(chroma).*

La primera de ellas, el tono (o tinta) es la propiedad en virtud de la cual existe una afinidad máxima entre un color determinado y el color del espectro solar más próximo a él. Es la correspondencia entre un color y su respectivo del espectro. Donis Dondis también utiliza el término matiz, del inglés *hue* [171].

La segunda dimensión, el valor - a la que trataremos en el inciso siguiente - es aquella propiedad en virtud de la cual existe una afinidad máxima entre cada color o tono posible y un punto de una escala de grises que se extiende del negro, el de valor más bajo, al blanco, el de valor más alto. A los colores con alto valor los llamamos claros, y a los poseedores de bajo valor, oscuros.

286.
Gráfico indicador del
orden cromático del
espectro y de la longitud
de onda de cada color.

287.
Círculo cromático.

La tercera propiedad a la que Munsell llamó saturación, es la fuerza, brillantez, cromaticidad o distancia psicológica que separa al color del gris neutro de igual valor [172].

Un color saturado es un color que tiende a la pureza. Uno desaturado es un color puro al cual se le ha agregado blanco, negro o gris. Un ejemplo nos ayudará a fijar estos conceptos. Veamos el color de tres elementos: el girasol, la arena húmeda y una tela negra desteñida. El tono o tinta de los tres es el mismo: el amarillo.

287

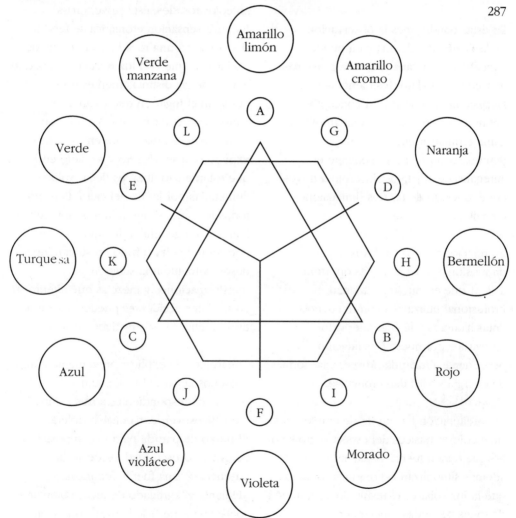

El girasol tiene valor alto, la arena húmeda valor medio y la tela negra desteñida valor bajo. El amarillo del girasol tiene alta saturación, el color de la arena húmeda es medianamente saturado y el de la tela negra desteñida es de baja saturación [173].

En estas condiciones la observación de la ilustración de una rosa puede concebirse con variantes: rosa puro, rosa grisáceo, rosa claro, rosa amarillento. La palabra rosa no fija un concepto definido sino que acepta una amplísima gama cromática que no puede ser definida con precisión mediante el agregado de adjetivos sino sólo a través del enunciado de las tres dimensiones cromáticas.

En relación a estos aspectos dimensionales del color, es oportuno aclarar que en nuestra actividad profesional utilizamos con frecuencia tintas saturadas de cualquier valor motivados por nuestra inclinación permanente a tratar de proveer a las formas de energía y vitalidad cromática.

Otra reiteración ha sido la de emplear los siete colores básicos del espectro, no sólo porque tienen fuerza visual sino porque además simbolizan la conjunción, dado que la luz solar es el resultado de la unión de todas las ondas espectrales.

4.11.
Mezclas de colores

Para aproximarnos a otro concepto de importancia en la percepción cromática volvamos al ejemplo de la rosa.
Si observamos una rosa blanca con anteojos rosados, ésta se verá rosa. Idéntica sensación cromática se tendrá si se observa una rosa blanca iluminada exclusivamente con luz rosada. La luz que emana de las distintas fuentes que iluminan el lugar en que estamos, tiene también un color propio. Así, un cubo blanco parece amarillento en sus caras expuestas al sol directo y azulado en las que están en sombra, es decir, sólo iluminadas por la luz del cielo. Pero no todos los objetos que miramos son cubos blancos. En general la luz que llega a nuestra retina ha sufrido en su camino desde la fuente una serie de transformaciones y mezclas que alteran su color. Estos accidentes pueden ser de dos tipos: aditivos o sustractivos [174].

Trataremos de explicar brevemente cómo logramos llegar al blanco sumando los colores correspondientes a tres campos cromáticos: verde, naranja y violeta. El punto de partida para la composición aditiva es la oscuridad, es decir, la ausencia de una fuente luminosa. Mediante el agregado de luces coloreadas sobre una superficie blanca - que aparece como negra por la oscuridad del ambiente - se obtiene una claridad cada vez mayor y se puede llegar al blanco. La Figura 288 muestra la combinación aditiva de los colores a través de la superposición de tres haces de luz.

Imaginemos tres lámparas que proyectan luz a través de tres filtros con los colores compuestos de primer orden o secundarios (verde, violeta y naranja) y lo hacen sobre la superficie blanca en un ambiente oscuro. En la zona de superposición del verde y del violeta resulta el azul, en la zona de superposición del violeta con el anaranjado aparece el rojo, en la zona de superposición del naranja con el

verde resulta el amarillo, y en las zonas donde se superponen los tres haces se forma el blanco. Deducimos entonces que cada superposición no solamente cambia el color sino que eleva la luminosidad hasta llegar a la luz blanca.

La composición aditiva encuentra aplicación directa en los laboratorios fotográficos de los talleres gráficos o de fotograbado, para la separación de los colores a partir de un original en cualquier tipo de tonos, y en el teatro, el cine, la televisión, el video y el espectáculo.

La composición sustractiva es la inversa de la anterior. Su punto de partida es el blanco, que puede ser dado por una pared, una tela, un papel. Mientras que la mezcla aditiva se producía mediante la proyección de luces coloreadas, la sustractiva se efectúa mediante el agregado de pigmentos cromáticos corpusculares al fondo blanco elegido. La superficie clara, al recibir los pigmentos (tintas, óleos, témperas, acuarelas, esmaltes) se transforma en modo tal que una o más luces coloreadas dejan de ser reflejadas, obteniéndose de esa forma el negro. Recordando que el blanco es la suma de todos los colores podemos convenir que lo que en verdad estamos haciendo es quitarle luces coloreadas a luces coloreadas.

288

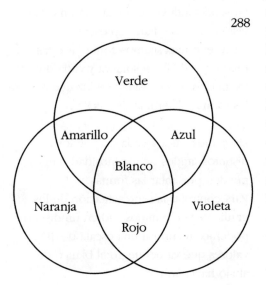

En la composición aditiva proyectamos luces - anaranjada, verde, violeta - de colores secundarios. En la sustractiva hacemos lo opuesto: utilizamos en la industria gráfica pigmentos - amarillo, rojo *(magenta)* y azul *(cyan)* - como primarios para obtener los compuestos de primer orden.

En la Figura 289 podemos ver que partiendo del blanco y utilizando cualquiera de los tres colores primarios se pierde un grado de luminosidad. Luego, al mezclar de a dos esos tres colores se obtienen los secundarios - anaranjado, verde y violeta - y se pierde otro grado de luminosidad. Finalmente, al superponer los tres secundarios resulta el negro, con lo que hemos perdido el último grado de luminosidad.

El ejercicio compositivo de la sustracción le permite al diseñador obtener cualquier tono a partir de los colores fundamentales.

289

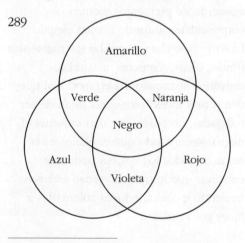

4.12.
El valor

En su ensayo sobre la luz y el valor, Fernández Segura expresa que la impresión primera que produce toda aparición de la forma a nuestra mente es muy breve. Pero esos pocos segundos que la mirada emplea en recorrerla definen para el observador su categoría o valoración [175]. En ese corto período, al que llamaremos impacto visual, se reconocen rápidamente los componentes de la forma: el punto, la línea, la dimensión, el color. Pero el factor que interviene con más potencia en esta rápida comprensión es el juego de las luces y las sombras porque es el que posee la mayor fuerza de atracción. La relación entre las partes claras y oscuras influye sobremanera en esta visión primaria. Para representar un diseño necesitamos controlar estas relaciones de luz y sombra y cada uno de los grados de intensidad de luz que reflejan las formas al ser iluminadas [176].

Llamamos valor a cada uno de los distintos grados de luminosidad que pueden presentar las formas. Para controlar la representación de los gradientes de luminosidad en un diseño podemos recurrir a una escala de diez valores que va del negro al blanco de abajo hacia arriba.

290.
Escala de valores del
negro al blanco con
nueve pasos
intermedios.

Al negro le adjudicamos el cero y al blanco el número diez. Habrá por lo tanto nueve pasos intermedios con valores de gris, desde el más oscuro de valor bajo hasta el más claro de valor alto (Figura 290). La escala de valores se puede representar mediante distintas técnicas. Las acuarelas, témperas y tintas, y los esmaltes con técnicas de aerografiado o sopleteado permiten obtener valores lisos. Los efectos texturados se logran mediante grafías diversas por medios manuales o mecánicos.

Grafismo es el conjunto homogéneo de grafías, que de manera organizada y según una determinada ley, afecta a una superficie modificando su aspecto sin destruirla ópticamente como tal.
Las grafías varían según tres variables: la configuración, el color y la posición. El efecto final de un grafismo depende necesariamente del tipo de grafía que el diseñador emplee para representar su diseño. Todo parece converger hacia la conclusión de que la textura visual de una superficie es decisiva para la configuración formal. Por esa misma razón, la textura - la visión superficial de la forma - puede percibirse como ajena o como extraña a ella si no ha sido concebida en relación armónica y congruente con la estructura, con el sentido y con el significado para la cual esa forma ha sido diseñada.

Como dijimos antes en los incisos 4.5 y 4.6, los puntos y las líneas son unidades de composición y estructuración que nos permiten obtener valores muy diversos. La riqueza expresiva podrá ser mayor aun si manejamos las tres variables mencionadas de la grafía. Este es el fundamento sobre el que reposa toda la técnica de la reproducción gráfica.
El punto y la línea utilizados en dimensiones y configuraciones diversas, son los elementos integrales del *fotograbado,* medio mecánico que registra todos los valores de tono para la impresión de imágenes y leyendas mediante técnicas de reproducción.

290

10
9
8
7
6
5
4
3
2
1
0

291.
Afiche del film
Los Inconstantes. 1963.

Director:
Rodolfo Kuhn.
Productor:
Marcelo Simonetti

292.
Aviso de campaña
gráfica para diarios.
Di Tella 1500. 1963.

Agencia:
Agens Publicidad.

El principio es simple: una película que registra una determinada imagen - una fotografía por ejemplo - se logra imprimir mediante un proceso fotoquímico sobre una plancha plana o cilíndrica. Los ácidos dejan en bajo relieve las partes del fondo y en alto relieve las de la figura. Si la plancha de la impresión fuera totalmente plana, la imagen impresa de la foto hubiera sido una mancha uniforme porque la tinta es una película contínua.

En los sistemas de impresión, los valores de tono se logran por medio de tramas de puntos o de líneas (negras o de color) que en distintos tamaños y posiciones permiten lograr lo que en la industria gráfica se denomina *medio tono* o *tono contínuo*.
La propiedad gráfica del punto y de la línea para obtener valores de gris o colores mediante tramas de tono contínuo en los sistemas de impresión, es otra de las razones que sitúan a esos dos elementos básicos como núcleos germinales del Diseño Gráfico.

Esta propiedad del punto y de la línea para construir distintos valores puede capitalizarse por medios fotomecánicos o manuales. El diseñador encuentra en los grabados y películas reticulados con tramas de puntos y de líneas recursos que le proveen matices de tono en blanco y negro y en color.

A los primeros se los denomina *autotipías* y a los segundos *fotocromos*. La idea de autotipía se muestra aquí con los ejemplos de las Figuras 291 y 292. Veremos después en el inciso 5.10. del capítulo 5, que la idea de valor es fundamental para la proyectación porque se relaciona con otras dos también nucleares: la de estructura y la de serie.

291

292

4.13.
La textura

La característica superficial de la forma, la textura, es otro elemento básico para su configuración. Puede ser apreciada mediante el sentido del tacto o el de la visión, o a través de ambos a la vez. Cada material manifiesta una textura diferente según su naturaleza - orgánica o inorgánica - y según su composición física. Los metales, las maderas, los mármoles, los plásticos, los vidrios, los papeles, poseen una textura intrínseca. Son lisos o ásperos, duros o blandos, cálidos o fríos. A la vez pueden ser tratados en su superficie por medios naturales o mecánicos para que adquieran una textura propia que modifique su expresión epidérmica natural.
Los procesos de texturizado son muchos y diversos: moldeado, inyección, impresión, estampado, plastificado, arenado. Cada uno está en relación directa con las características del material al cual se aplica y es compatible con él.

El diseñador siempre tiende a conjugar las características funcionales de cada material que utiliza con la textura acorde con él, y a lograr coherencia entre dicho material y su expresión visual. No es congruente con el pensamiento del Diseño buscar texturas con la mera intención de obtener efectos superficiales decorativos, sino indagar soluciones creativas que propicien la unidad entre el rol constructivo del material y el rol estético de su apariencia. Manifiestan esta intención los diseños que ilustran las Figuras 293 a 297.

El primer ejemplo corresponde a las fachadas gráficas de las sucursales de un banco. Consiste en placas estampadas de chapa de hierro de 50 centímetros de alto por 1,80 metro de largo. La textura la constituyen círculos de 8 centímetros de diámetro distantes 2,5 centímetros uno del otro. La imagen resultante, como muestran las Figuras 293 a 295, es una trama de puntos que produce luces y sombras sutiles por el alto relieve de los puntos. Para graficar el isotipo y el logotipo se aplica simplemente un rodillo con esmalte blanco sobre los discos que sobresalen de la superficie metálica.
El fondo es verde oscuro y la gráfica blanca. Ese alto contraste se mantiene en la visión nocturna porque los puntos que forman el isotipo son discos plásticos que se iluminan con tubos de gas neón desde el interior.

El segundo pertenecía a un stand para la empresa *BGH,* concebido como un gran recinto de planta octogonal. Su piso interior era una plataforma giratoria sobre la que el público al ingresar giraba lentamente. Durante su desplazamiento veía un espectáculo audivisual en ocho

293 y 294.
Arquigrafía para las
sucursales de un banco.
Banco de Italia. 1977.

Arquitectura:
Proconsult S.A.
295.
Versión luminosa con
discos plásticos.

293

pantallas sucesivas mediante proyectores
ubicados en los lados opuestos de las
ocho pantallas. Entre las intenciones de la
idea, una era la de establecer correlación
entre las imágenes del interior y las del
exterior. Por eso el cerramiento del stand
se resolvió con espejos. Tanto adentro
como afuera se veían imágenes móviles.
Las de adentro eran las que se
proyectaban directamente sobre las
pantallas. Las de afuera, las que se
reflejaban en la superficie del cristal
espejado. Esta textura vidriada servía
además para aliviar visualmente el
volumen del stand, efecto que de noche
se acentuaba mediante reflectores que
emitían luz rasante sobre los muros
especulares (Figuras 296 y 297).

294

Los dos ejemplos encierran la convicción
de que en el diseño de los objetos,
la textura siempre nace como un factor
más de las variables en juego durante la
concepción formal, pero nunca como
un fin en sí misma. Siempre es la
consecuencia de las características
intrínsecas del proyecto y de su
manifestación tecnológica.
En cada material anida un archivo
notable de recursos de texturización.
De nosotros depende detectarlos,
capturarlos y capitalizarlos racionalmente
para ponerlos al servicio de
la expresión visual.

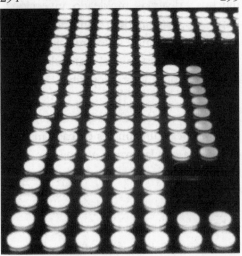

295

296 y 297.
Stand para la empresa
BGH. 1971.

296

297

298.
La obra del arquitecto
Frank Lloyd Wright es
una culminante
expresión de equilibrio.

Afiche de la serie
Pioneros de la
Arquitectura Moderna.
SCA.
1982.

4.14.
Elementos de formación y de relación

La actitud de Diseño lleva implícita la
intención de organizar, de dar forma a los
elementos visuales. Habíamos constatado
en el capítulo 3 que los principios que
rigen la percepción son el instrumental
imprescindible para llegar a las ideas de
estructuración y de organización,
que estas últimas constituyen la medida
y el modo de ordenamiento de las partes
para crear todos coherentes,
y que sin ordenamiento y coherencia,
no hay totalidad.

El acceso a los procesos elementales de la
visión perceptual nos facilitó el recorrido
posterior por los elementos visuales
básicos y también nos facilita ahora la
mirada por los de formación y de relación.
Porque no solo es necesario organizar las
formas sino también transformar unas
expresiones formales en otras.
No sólo debemos conformar sino además
intercambiar y conmutar.

4.15.
El equilibrio

En el inciso 3.7. del capítulo 3 vimos que
según el principio de equilibrio todas las
partes deben distribuirse de tal manera
que la estructura total, la forma resultante,

sea equilibrada. Un principio de la Teoría
de la Gestalt, el de equilibrio, es también
como vemos uno de los elementos
básicos de formación y de relación.

El equilibrio provee de estabilidad a la
forma visual. Cuando fuerzas encontradas
ejercen su tensión propia es un
contrapeso que da reposo dentro de ellas
y las compensa mutuamente proveyendo
de serenidad al conjunto.
(Figuras 298 y 299)

Y no solo abarca los aspectos sintácticos
sino que se extiende a los semánticos y a
los pragmáticos. Equilibrio es buscar
armonía entre argumentos diversos. Es
ecuanimidad y prudencia en los actos del
Diseño social. Es contemporización con
quienes son en definitiva destinatarios de
las obras, los productos y los mensajes.
Equilibrio es satisfacer las espectativas del
usuario a través de la forma.

298

Frank
Lloyd
Wright

299
Afiche para la *Semana
del Cine Argentino
en Italia*. 1964

300 y 301.
Identidad visual de
Austral Líneas Aéreas.
1977/78.

4.16.
La escala

Llamamos escala a la propiedad que
tienen todos los elementos visuales para
influenciarse, modificarse y relacionarse
unos a los otros. Una columna puede
verse sobredimensionada porque soporta
un peso mucho menor que el previsto en
el cálculo o también porque visualmente
parece exagerada en relación a las
dimensiones de lo que sustenta.
Un color puede verse saturado en relación

a otro y desaturado con respecto a un
tercero. No existe lo grande sin lo
pequeño [177].

Las Figuras 300 y 301 muestran la puerta
delantera de acceso de un *DC 9* de
Austral Líneas Aéreas. En primer plano el
símbolo *AU* se ve como un grafismo
gigante comparado con las personas y con
las ventanillas. Sin embargo, cuando el
avión carretea en la pista parece pequeño
no solo porque está más lejos sino porque
lo vemos en relación a toda la aeronave.

301

300

302.
Un *DC9 '80* en vuelo.

303.
Cartelera gigante en la
Avenida 9 de Julio de
Buenos Aires.

La aeronave pintada al
tamaño natural
sorprende al observador
porque éste compara
sus dimensiones con
las del edificio.

302

303

304.
Señales en las cabeceras
de los pabellones del
*Mercado Central de
Buenos Aires*. 1980/81.

Arquitectura:
Llauró, Urgell, Facio,
Arquitectos. /
SEPRA Arquitectos. /
Corporación del
Mercado Central.

305 y 306.
Sistema de
señalización de la
ciudad de Buenos Aires.
1971/72.

Relación entre tres
secciones de columnas
para señales.

304

En el proyecto de señalización del
Mercado Central de Buenos Aires, las
señales que identifican los pabellones de
compra y venta de frutas y hortalizas
ocupan todo el lugar disponible a ambos
lados de las cabeceras de las naves
(Figura 304). En cambio, a la distancia
media de observación - que desde las
playas de estacionamiento es de cien
metros - esos mismos mensajes que
tienen tres metros de lado parecieran
haberse reducido hasta adquirir el tamaño
de una señal vial urbana.

305

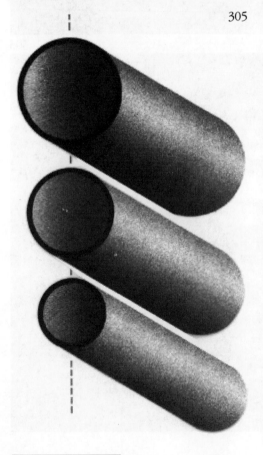

Las distancias de observación modifican
las formas o las alteran pero las relaciones
entre un objeto y su alrededor pueden
gobernarse mediante el control
de la escala.
Las primeras columnas que proyectamos
para las señales de nomenclatura de las
calles de Buenos Aires tenían una sección
circular de dos pulgadas (50,8 mm) de
diámetro. Luego las redimensionamos
aumentando su sección a dos pulgadas y
media (63,5 mm). Más tarde, al diseñar las
señales para las paradas de ómnibus
decidimos que el diámetro fuera de tres
pulgadas (76,2 mm). Habíamos llegado a
la conclusión de que las señales cuyas
columnas tenían esa sección eran las más
armónicas y estables de las tres aunque
sólo una pulgada de diferencia las
distanciaba de las de menor sección
(Figuras 305 y 306).

Las primeras se veían delgadas como
espigas frente a las segundas que lucen
más estables y equilibradas con respecto a
su altura y a los elementos que soportan;
las terceras sin embargo, además de
altivez poseen fortaleza y templanza.

Cuando se deben dimensionar las
estructuras portantes de cualquier obra en
respuesta acorde a la solicitación de las
cargas actuantes ello no implica
necesariamente que el cálculo estructural
les adjudique siempre proporciones
adecuadas. Estas en verdad nacen de un
procesamiento de los aspectos vinculados
con la escala, y para ese adiestramiento
no existe método de cálculo racional que
reemplace a la intuición de armonía visual
entre las dimensiones y las proporciones
de las formas. La gimnasia permanente de
ver y razonar sobre lo que se está viendo
es un acto placentero y un aprendizaje
para la regulación de los elementos
básicos de la relación visual.

En lo concerniente a la escala, el metro
patrón para su medición es el hombre.
Le Corbusier, tal vez el más grande
arquitecto del siglo, creó un canon
proyectual basado en las medidas
humanas al que llamó *modulor*
(Figura 307). Se trata en realidad
de contornear y dimensionar
las posturas del hombre cuando
se halla de pie, sentado o acostado.

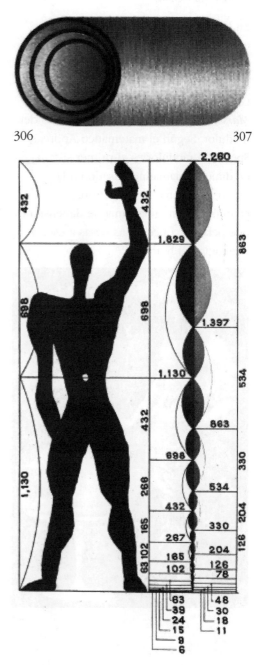

306   307

En base a esas dimensiones ideó una espiral matemática apta para establecer relaciones múltiples entre la arquitectura y el hombre [178]. Una de sus obras más célebres, la *Unidad de Habitación de Marsella,* es un producto significativo del modulor. Según el matemático Andreas Speiser el modulor es el primer sistema de dimensionamiento basado en la estatura humana. Es un patrón ergonómico con una gama de dimensiones que permite concebir las cosas a escala y medida del hombre [179].

Entre la riqueza de los manuscritos de Le Corbusier reluce el brillo de su definición liminar: «La arquitectura es el juego sabio correcto y magnífico de las formas reunidas bajo la luz». En aquel gran pensamiento de aquel *gran tipo* [180] anida una verdad axiomática: que el Diseño - arquitectónico en su caso - es un giro del espíritu que funde el saber con el jugar y la razón con el lirismo. El manejo lúcido y preciso de la escala es una de las instancias en la que ese juego sabio se manifiesta con mayor nobleza.

El mueble:
tradición
y vanguardia

Museo Nacional
de Arte Decorativo
Av. del Libertador 1902
Mayo/Junio, 1968

308

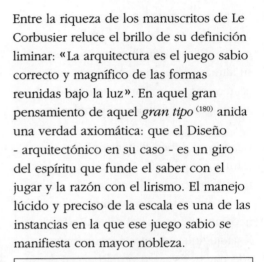

309

Para iniciar el adiestramiento debemos controlar las relaciones de las cosas entre sí, y entre ellas y el hombre, porque es el hombre, quien, a través de su mecanismo perceptual, establece el canon visual por el cual las cosas son grandes o pequeñas, anchas o estrechas, imponentes o insignificantes, tanto en relación a otras cosas como en relación a sí mismo (Figuras 308 y 309).

Concebir un objeto a escala es adjudicarle equilibrio a sus partes constitutivas e insertarlo en el espacio circundante con proporción y correspondencia convenientes. Por ser el cuerpo humano el metro para el establecimiento de la escala, las formas y los espacios diseñados a escala del hombre, ingresan naturalmente en un estadio de placidez que da sosiego a la composición.

En un aviso para una marca de automotores y en un calendario para otra de neumáticos que ilustran las Figuras 310 y 311, puede verse en cambio,

310

311

310.
Aviso para el automóvil
Di Tella 1500. 1964.

Agencia:
Agens Publicidad

311.
Ilustración para una página de calendario.
Fate. 1965.

Agencia:
Cícero Publicidad

312.
Mural titulado Homenaje
a Roberto Arlt. 1984.

Concurso de murales
para la ciudad, *Benson
& Hedges*. 1984.

313.
Mural gráfico en el
*Autódromo de la
Ciudad de Buenos Aires*.
1971.

que la reducción exagerada de la silueta
humana de inmediato agiganta
y dramatiza los restantes elementos
compositivos intervinientes. Y en otros
tres proyectos de *arquigrafía,* es decir de
gráfica aplicada a la arquitectura, ese
aumento significativo del grafismo con
respecto al tamaño del hombre

se proyecta al espacio y nos impresiona
porque en el ámbito urbano o
arquitectónico las relaciones habituales
entre las dimensiones del grafismo y del
observador se han alterado. (Figuras 312 a
317) Los integrantes del jurado del *Premio
Meca* 1990 de publicidad gráfica argentina
en la vía pública, seleccionamos las obras

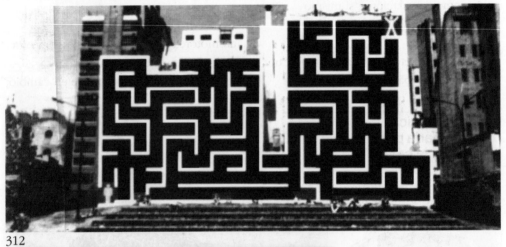

312

313

314 a 317.
Arquigrafía para un
restaurante. *Di Pappo.*
1985.

Arquitectura:
Carlos Dines y Héctor
Sbarbati, Alicia
Mantovani, Arquitectos.

- como es norma - en dimensiones reducidas. Luego del dictamen, cuando recorríamos las salas del *Centro Cultural Recoleta,* era interesante observar la dimensión que en relación a nosotros adquirían las imágenes que ocupaban las carteleras de tres metros de alto por siete de largo, dentro del recinto del museo.

Eran las mismas que a diario se mimetizan con el paisaje urbano en cualquier punto de la ciudad. Sin embargo, fuera de su contexto habitual y en un ámbito cerrado y blanco donde eran comparadas con la altura de las personas, se veían como grafismos imponentes.

314

315

317

316

4.17.
La posición

Ver algo implica verlo en una posición
dentro de la totalidad, situarlo en nuestro
campo visual en relación a su fondo.
Ninguna forma es un hecho aislado. Todas
tienen una ubicación en nuestra acción de
ver y todas entablan con el fondo cierta
relación de fuerzas. Si una forma se sitúa
en el centro del campo visual, allí todas
las fuerzas se equilibran. Por lo tanto la
posición central tiende al reposo.

En el repertorio morfológico, aquellas
formas que tienen un eje de simetría,
cualquiera sea éste, son naturalmente
equilibradas porque a las figuras
simétricas se les atribuye una función de
estabilidad y equivalencia en el conjunto.
La simetría es la correspondencia de las
partes de una forma, a uno u otro lado de
un plano transversal o alrededor de un
punto. La asimetría es la falta de esa
correspondencia.

El símbolo que ilustra la Figuras 318 tiene
dos ejes de simetría, uno vertical y otro
horizontal. Si lo dividimos según esos ejes
obtendremos cuatro subfiguras iguales.
En cambio, la composición que ilustra la
Figura 320 tiene también dos ejes de
simetría pero si la dividimos según esos
ejes obtendremos cuatro subfiguras
distintas porque su simetría es por

reflexión: cada eje actúa como un espejo.
La simetría les provee a todas las formas
de un centro de gravedad constante que
es fácilmente capturable por el ojo.
La asimetría en cambio, no nos facilita
obtener ese centro neurálgico de
estabilidad pero su valor reside en la
propiedad de atraernos debido al vértigo
que ofrece su equilibrio inestable.
Por eso es tan estimulante la búsqueda de
configuraciones simétricas que llevan
implícitas la propiedad del equilibrio,
como la de las asimétricas que deben ser
provistas de ese equilibrio del cual
carecen.

Las Figuras 322 y 323 ilustran
respectivamente una composición
simétrica y otra asimétrica en las cuales
las partes compositivas actúan como
movilizadoras de la tensión visual.
En ambos casos los fondos en los que se
emplazan las formas son como campos
magnéticos dentro de los cuales existen
polos de atracción de fuerzas. Al igual de lo
que sucede en nuestro planeta, los polos
se sitúan en el centro y en los extremos
de los ejes vertical y horizontal del campo.
Dichas áreas de tensión actúan como
cuerdas estiradas de un instrumento.
Desplazando las formas sobre esas líneas
magnéticas que tensionan el campo
se logran relaciones entre las figuras
que nutren de paz interior a la estructura
organizativa de las partes.

318.
Marca para una
compañía financiera.
Credibono.
1978.

319.
Anteproyecto de isotipo
para un banco. *BCA.*
1982.

320.
Isotipo de un hotel.
Libertador. 1978.

321.
Proyecto para la
identidad visual de las
sucursales del diario
Clarín. 1979.

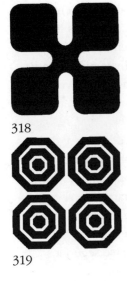

318

320

321

319

322 y 323.
Simetría y asimetría en
dos temas para una
campaña publicitaria
de deporte.
1985.

322

323

4.18.
La dirección

Como el campo visual carece de límites precisos, un observador solo puede hacer su interpretación espacial de lo que ve - el monte, el lago, la calle, los vehículos - desde su propia posición espacial. Es desde nosotros mismos que organizamos y medimos la dirección de las cosas. Abajo y arriba, atrás y adelante, a la izquierda, al centro y a la derecha, son situaciones, posiciones y direcciones desde nosotros. Los ejes vertical y horizontal están centrados en el yo y lo demás es el fondo sobre el cual esos ejes actúan. Si el observador altera la posición de su cabeza, también modifica su posición retineal y en el acto pierde la noción del campo. Los ejes de referencia se mantienen sujetos al propio yo pero ha cambiado su campo visual: el fondo se le hace confuso y queda sin equilibrio porque se ha alterado la relación entre él y el medio, y por lo tanto, las direcciones desde él hacia las cosas y de la cosas entre sí.

Cuando pasamos del espacio al plano gráfico, la dirección está delimitada por los confines de la superficie de la hoja de papel que es el soporte dentro del cual se sitúan las formas gráficas. Se hace por lo tanto menos difusa. Aparece un contexto referencial nuevo, producto de las nuevas relaciones visuales establecidas entre las imágenes del plano gráfico y los límites de ese plano. Estos márgenes constituyen los nuevos ejes horizontal y vertical a partir de los cuales entablamos la nueva dirección.

Las formas de puntos, de líneas y de planos que actúan sobre el fondo, son las respectivas unidades ópticas que crean nuevas direcciones, tanto entre sí como con respecto al campo. Un punto parece aproximarse, una línea sugiere fugar, un plano parece inclinarse según los representemos en relación a las direcciones de los ejes de la superficie de apoyo de la composición. Cualquier unidad visible situada dentro del soporte gráfico hace germinar una vida propia. La posición y la dirección que asume una determinada unidad óptica en el campo de base de la organización visual produce una experiencia diferente. Esos movimientos o tensiones de las respectivas unidades y su relación con las restantes moldean el espacio visual e influencian a las unidades mismas. El ojo siempre organiza diferentes direcciones perceptibles en una totalidad espacial.

Las Figuras 321 a 330 ilustran diseños cuya manifestación más ostensible es que han sido estructurados en base a la predominancia de la direccionalidad.

324.
Afiche del Campeonato
Mundial de Fútbol.
Argentina '78.

Primer premio del
concurso nacional de
afiches convocado por
la *FIFA* en 1973.

El afiche del *Campeonato Mundial de Fútbol* expresa el movimiento veloz de la pelota en juego mediante líneas horizontales y el concepto de lo argentino, con la bandera. El afiche de *Alvar Aalto* también dramatiza la dirección horizontal remitiendo a las hiladas de ladrillos, material al que el arquitecto finlandés le extrajo la más alta dignidad expresiva. El afiche del 40º aniversario del diario *Clarín* enfatiza la vertical para valorizar la idea de crecimiento, de desarrollo editorial.

324

325

326

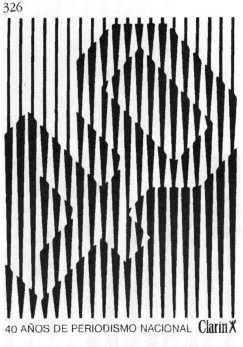

40 AÑOS DE PERIODISMO NACIONAL Clarín X

325.
Afiche para la *Sociedad
Central de Arquitectos:
Aluar Aalto*. 1981.

326.
Afiche del 40º
Aniversario del diario
Clarín. 1985.

327.
Arquigrafía interior para
un restaurante.
Di Pappo. 1984.

328.
Gráfica de uno de los
muros interiores del
restaurante.

329.
Afiche para la *Sociedad
Central de Arquitectos*.
1982.

La arquigrafía para un restaurante también acentúa la vertical porque el revestimiento era de chapa acanalada de onda pequeña, y ese material colocado verticalmente, hace dificultoso el pintado horizontal mientras que facilita el vertical. El cartel que simboliza la obra de Charles Rennie Mackintosh - arquitecto escocés que ejerció una influencia directa sobre el movimiento del arte decorativo en Viena - valoriza las direcciones vertical y horizontal porque mediante ambas obtiene personalidad y firmeza en sus diseños para mobiliario.

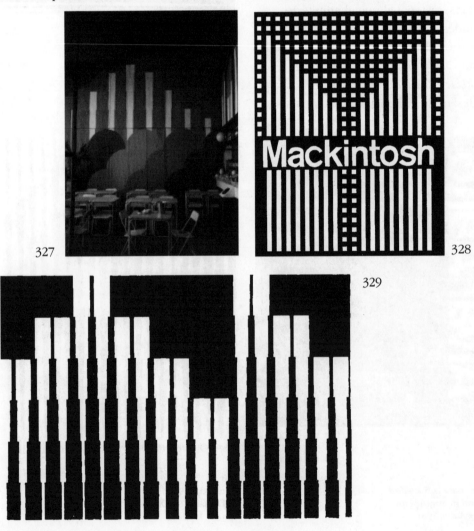

327

328

329

330 a 332.   Isotipo y aplicaciones.
Subterráneos de
Buenos Aires.
1980.

Por su parte, el isotipo para los
Subterráneos de Buenos Aires acentúa la
dirección oblicua para asociar la inicial S
con las flechas que en los medios de
transporte simbolizan ambos sentidos de
circulación. En cambio, la oblicuidad de la
composición en el afiche del film

Juan Moreira, responde al propósito de
recurrir a la dirección para acentuar el
efecto dramático de la imagen del
protagonista en la escena culminante.

En el proyecto del centro de ciencia y
tecnología *Puerto Curioso* (Figura 334)

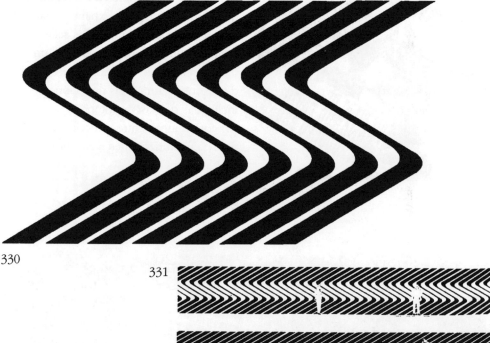

330

331

332

333.
Afiche del film
Juan Moreira.
1970.

Director:
Leonardo Favio.

334.
Centro de ciencia y
tecnología *Puerto
Curioso*.
1989.

Croquis de la planta.

333

la direccionalidad no se manifiesta en el
plano sino en el espacio, y se refleja en la
planta de la exposición. La dirección
principal de la calle central que conecta a
las tres áreas del museo - energía,
medio ambiente y comunicación -
es oblicua, y las direcciones de los
módulos que contienen a los fenómenos
de la ciencia y que se expanden hacia
afuera desde cada uno de los sectores,
también son sesgadas. Se entabla un
diálogo entre las direcciones ortogonales
de la arquitectura y las direcciones
inclinadas del diseño interior.
Un contrapunto entre direcciones
espaciales horizontales, verticales
y oblicuas.

334

4.19.
El espacio

Los medios con los cuales accedemos a la comprensión del espacio son nuestros sentidos, y en particular el de la visión. Las relaciones de forma, de color, de distancia, de tamaño y de textura de los cuerpos conforman nuestro mundo espacial, tanto como el juego de volúmenes, de transparencias, de luces, de sombras y de movimientos. Todos son elementos de la organización formal que contribuyen a nuestra percepción del espacio.

Si bien lo que sabemos de él poco nos ayuda para captarlo como existencia real, la definición que nos da la Física al menos puede ser tomada como un punto de partida en ese sentido: «Espacio es la relación entre la posición de los cuerpos». Por consiguiente, la creación espacial es la creación de relaciones entre las posiciones de los cuerpos o volúmenes [181].

Las relaciones que se entablan en una llanura donde sólo vemos cielo y tierra, son distintas a las de una montaña donde las formas se superponen una a la otra, o a las de una ciudad donde además de superponerse se entrecruzan. La vida urbana va estructurando en el ciudadano de hoy un modo de ver acorde con las intrincadas situaciones de las calles, las avenidas, las construcciones edilicias, las áreas verdes, los vehículos, y el mobiliario urbano.

Lo mismo ocurre en la Arquitectura. Una de las diferencias básicas entre las obras clásicas y las surgidas a partir del Movimiento Moderno reside en que mientras en las primeras predomina la modulación de masas y cuerpos, en las segundas ese predominio está dado por las tensiones y relaciones espaciales de las paredes laterales, que, al ser esparcidas en distintas direcciones, le aportan una nueva poética al hecho arquitectónico.

El Arte y el Diseño modernos nacen con aquella nueva visión del espacio. El pintor, el escultor, el arquitecto, el diseñador industrial, el diseñador gráfico y el cineasta de hoy, despliegan sus creaciones intentando modelar el espacio y tratando de gobernar las fuerzas que lo componen. «El hombre educado - dice Moholy-Nagy - no ha sido provisto de recursos para la captación del espacio ni para la valoración de las fuerzas en tensión que participan en la organización de las formas» [182]. No es casual que Moholy-Nagy vierta esta idea acerca de las dificultades del hombre moderno en percibir el espacio como una unidad bi y tridimensional. «Las múltiples facetas de su obra en la Fotografía, el Cine, la Tipografía y el Diseño Gráfico,

fueron sólo caminos en su trayectoria hacia la conquista del espacio en la Pintura», escribe Gropius en el prefacio de *La nueva visión*. Gropius y Moholy-Nagy, desde sus respectivas vivencias nos ratifican así que:
a. El espacio desconoce los límites entre las dos y las tres dimensiones porque es un universo sin delimitaciones.
b. Todo esfuerzo canalizado en su procesamiento creativo es un camino cierto para la plasmación de obras, objetos y mensajes visuales bellos, de belleza noble.

Cuando recibimos la encomienda de señalizar la planta industrial de la fábrica de aluminio *Aluar* en la ciudad patagónica de Puerto Madryn, viajamos al sur imaginando utilizar en el proyecto placas de aluminio, no sólo por su liviandad y resistencia. En este caso particular era obvio que el material nos aportaba también un valor semántico agregado. El espacio industrial de la planta está conformado por grandes pabellones de hornos, torres de producción y edificios de servicios que en conjunto están fundados sobre 17.000 pilotes de hormigón premoldeado. Toda la planta está cruzada por una red de calles anchas transitadas por pocos vehículos, en su mayoría grúas, camiones y camionetas. Durante tres días estuvimos recorriendo el lugar tratando de aprehender las

relaciones espaciales de un ámbito de cien hectáreas que se une con el mar, tan distinto al de la ciudad. Imponente, árido, abierto, extenso. Mientras tanto nos informábamos que las placas de aluminio para las señales se laminan en Buenos Aires dado que en la planta el material se produce sólo en lingotes. A pesar de que el aluminio nacía ahí, deberíamos caer en el absurdo de traer el producto manufacturado desde 1.305 kilómetros de distancia. Por otra parte, para cubrir las necesidades de información y para adecuar la escala de las señales al espacio exterior, éstas deberían ser de grandes dimensiones, y por lo tanto tener un costo considerable.

La conclusión fue terminante: las señales no serían de aluminio sino de hormigón. Como en la fábrica se había montado una planta elaboradora para producir el hormigón premoldeado de toda la obra, la decisión de utilizarlo nos permitía:
a. Obtener fácilmente el material.
b. Integrar la señalización con la arquitectura industrial.
c. Proyectar señales de grandes superficies para adecuarlas al espacio fabril.
d. Producir los elementos con costos bajos.
La solución al problema planteado nació como consecuencia de un proceso que se apoya en la investigación previa pero que tiene su eje en la lectura espacial del lugar.

Sistema de señalización de la planta de aluminio *Aluar*. Puerto Madryn, Chubut. 1975.

Arquitectura: Manteola, Sánchez Gómez, Santos, Solsona, Viñoly, Arquitectos.

335.
Marca corpórea en el sector de acceso a la planta.

336 y 337.
Señales de calles que orientan a los sectores.
338 y 339.
Señales indicadoras de sector.

Todas las restantes decisiones del proyecto estuvieron supeditadas a la que en éste caso se constituyó en la prioritaria: integrar las señales al espacio dentro del cual debían emplazarse y dimensionarlas a escala del lugar (Figuras 335 a 342).

335

336

337

338

339

340.
Indicador general.

341 y 342.
Señales indicadoras de
servicios generales.

340

341

342

4.20.
Fuerzas espaciales

Veamos ahora algunos aspectos sobre el
control del espacio, pero en la
bidimensionalidad del grafismo.

Cuando un niño intenta la representación
gráfica de una situación espacial, conecta
y combina los diversos perceptos visuales
hasta que logra explicar aquello que desea
representar. Al dibujar un automóvil da a
las ruedas y a las personas proyecciones
distintas. El resultado es una expresión
conjugada de su mundo tridimensional
y del plano bidimensional en el que
lo representa.

En cierta medida estas modalidades
perceptivas se ligan a la que Sigfrid
Giedion describe en relación a la
expresión cubista, y que según él,
es la representación bidimensional
de las distintas visiones parciales
de un objeto que se adquieren
al percibirlo en todo su derredor [183].

Las Figuras 340 a 344 ilustran diseños
gráficos basados en la síntesis de la
sumatoria de las percepciones sucesivas y
parciales, que son tan frecuentes en la
expresión infantil.

Sin embargo, la adquisición de cualidades
vitales en un diseño, en la mayoría de los

343.
Afiche del film
Los de la mesa 10.
1960.

Director:
Simon Feldman.
Productor:
Marcelo Simonetti.

344.
Tapa de la revista del
*Club de Directores de
Arte de Buenos Aires,*
1960.

343

casos no es provista por la ambigüedad,
ni por la superposición de las lecturas
parciales del espacio, sino por lo atracción
y la repulsión de las fuerzas actuantes en
los campos.

344

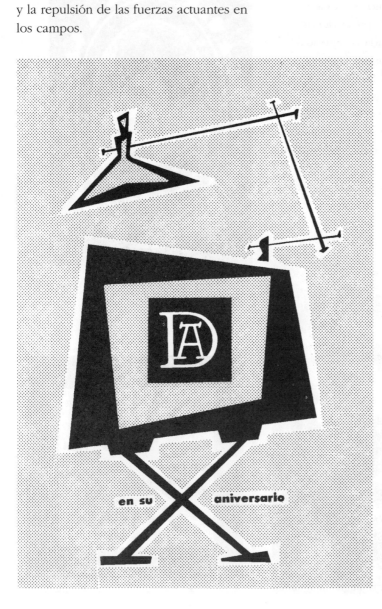

345.
Afiche del estudio
*González Ruiz y
Shakespear.*
1970.

346.
Afiche de la película
*Crónica de
un niño solo.*
1964.

Director:
Leonardo Favio.

347.
Revista del *Centro de
Estudiantes de
Arquitectura.* 1961.
Tapa del primer
número.

345

Las Figuras 345 a 347 ilustran tres diseños
- dos afiches y una tapa de revista -
en los cuales la experiencia del espacio
se basa en el movimiento tensional de
las diferentes unidades ópticas dentro
del plano gráfico. En cada composición
las unidades gráficas son autónomas,
no están interferidas por las demás, ninguna
se yuxtapone a la otra. Ahora bien,
si una forma obstruyera a la otra ante
nuestra vista, la memoria nos permitiría
construir la lectura total del objeto aunque
parte de él nos quedara oculto, según
viéramos en el capítulo 3. En estos casos,
la parte que está delante tiene
dos significados: el de ella misma
y el de la de atrás (Figura 348).

346

347

349.
Elemento de promoción
para una empresa de
amoblamientos.
Interieur Forma. 1973.

350.
El mismo objeto
desplegado.

351.
Afiche para una
empresa de
indumentaria.
Mc Gregor. 1968.

349

La expresión visual de la superposición
también puede manifestar profundidad
y transparencia. Las Figuras 349 a 351
ilustran tres piezas publicitarias. En las dos
primeras, correspondientes a una pieza
gráfica de promoción, la transparencia
del material - acetato - y su plegado,
producen la superposición de la tipografía
con la intención de estimular la intriga,
que se revela recién al abrirla y
desplegarla. En el afiche, la superposición
construye una imagen única como
resultado de la fusión de la silueta con el
rostro del personaje.

350

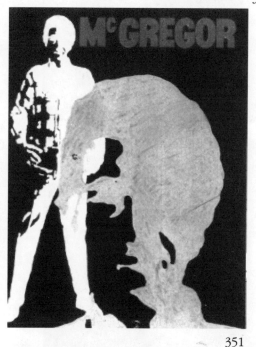

348

348.
Afiche para una
exposición de
cerámicas. 1963.

351

352 y 353.
Gráfica interior para un
estudio de arquitectura.
1978.

Las Figuras 352 a 357 muestran situaciones similares que se manifiestan en el espacio: dos proyectos de diseño de interiores con paneles vidriados para un estudio de arquitectura y una empresa inmobiliaria. En ambos casos el efecto de superposición y de fusión se produce en nuestra retina por dos factores: a. los grafismos han sido impresos sobre cristales transparentes. b. la distancia entre dos cristales sucesivos no debe ser reducida para que el observador lo perciba.

352

353

354 y 355.
Diseño interior de una
inmobiliaria. *O. Luchetti.*
1981.

356.
Composición gráfica
con una progresión
de elipses.
1989.

354   355

356

4.21.
Líneas curvas en el espacio

Las elipses, parábolas e hipérboles son
formas de líneas curvas que transmiten
connotaciones espaciales porque tienen
- tanto en su condición de líneas como en
la de figuras delimitadas por ellas - la
propiedad de ser percibidas ambiguamente
como formas sitas en el espacio o en el
plano, según se adecue nuestra postura
retineal (Figura 356). Dice Roberto
Doberti: «Son curvas obtenidas como
secciones planas de la superficie cónica,
a la vez diversas y vinculadas,
capaces de ser apreciadas por el intelecto
y por la sensibilidad. Son poderosos
instrumentos en la indagación de la
naturaleza y están presentes siempre en
los productos de la fabricación
humana» [184]. Entre las contribuciones
trasncendentes que Doberti ha efectuado
a la Morfología, se encuentra precisamente
el análisis de las curvas cónicas,
su extensión a la conóidicas,
y el reconocimiento del valor geométrico
y cultural de estas formas.
«La Morfología - dice - pretende
formular una síntesis orientada hacia la
comprensión del sentido del medio que
enmarca el quehacer humano» [185].

La gráfica japonesa contemporánea ha
producido piezas notables con diseños
que transitan un dualismo visual del tipo

357.
La elipse dinamiza la
tradicional cruz del
Banco de Galicia. 1991.

358 y 359.
Versiones de la marca
Ionics, en dos y tres
dimensiones. 1991.

360.
Anteproyecto para
isotipo de *ATC
Argentina Televisora
Color.* 1978.

361.
Marca para una radio.
FM 100. 1987.

del que hemos descripto. Las obras de
Ikko Tanaka, Kazumasa Nagai y Yasaburo
Kuwayama son prolíficas en figuras
elípticas, parabólicas e hiperbólicas
utilizadas en sus diseños para comunicar
contenidos vinculados al futuro, a la
tecnología y al universo, porque remiten a
imágenes orbitales y satelitales. Las
Figuras 357 a 363 ilustran cuatro isotipos
con curvas elípticas. Corresponden al
Banco de Galicia, a *Ionics,* empresa de
decontaminación por ionización, a *FM 100,*
radioemisora de frecuencia modulada,
y al centro de ciencia y tecnología
Puerto Curioso.

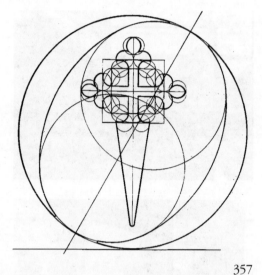

357

358

359

360

361

Capítulo 4

362.
Variante de la marca
FM 100 integrando el
isotipo y el logotipo.

Los mismos significados llevan también las
formas ahusadas, por ser el huso la figura
que nace de la intersección de dos elipses.
No es aleatorio que hayamos recurrido a
ellas para el nuevo diseño de las señales
de Buenos Aires que por una ordenanza
municipal deben incluir espacios disponibles
para publicidad (Figura 364). Además de
responder a requisitos funcionales y
estructurales - como lo veremos más
adelante - su génesis elíptica les suministra
aerodinamia y contemporaneidad.

362

363

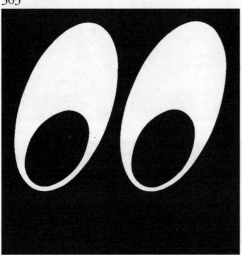

363.
Isotipo para el centro de
ciencia y tecnología
Puerto Curioso.

364

364.
Perspectiva de la nueva
señal de nomenclatura
de calles de Buenos
Aires. 1991.

365 y 366.
Papeleros para la calle
Florida de Buenos Aires.
1972.

367.
Encofrados metálicos
para las bases de placas
conmemorativas. 1972.

El cilindro truncado transversalmente en relación a su eje, también está dotado de similares propiedades porque resulta del corte con un plano oblicuo a su generatriz. Esa forma ofrece así un motivante juego visual entre la volumetría cilíndrica y la planimetría elíptica. En base a esta correlación morfológica diseñamos - con un inocultable propósito formalista - dos objetos del mobiliario urbano (Figuras 365 a 367): papeleros y bases para placas conmemorativas.

Los papeleros para la calle Florida padecieron de ciertas deficiencias funcionales porque su sistema de apertura y cierre no permitía agilizar las tareas cotidianas del retiro de residuos. No obstante, participaron en la vida de la agitada calle porteña durante más de una década, y actualmente han sido usados en un popular centro de compras del Gran Buenos Aires. La autocrítica, en este caso, conlleva el interés de ratificar que en el equipamiento urbano, la única prueba infalible para constatar si la forma responde a la función requerida es exponiéndola al uso público intensivo. Si de esa prueba irrefutable no sale indemne, sólo cabe la reformulación o la satírica alternativa que nos ofrece Frank Lloyd Wright: «El médico entierra sus errores. El arquitecto sólo tiene la posibilidad de plantar enredaderas» [186].

Las bases de hormigón para las placas conmemorativas en plazas y paseos, disfrutaron de una vida menos azarosa y más prolongada. Tal vez porque son volúmenes netos que están despojados de una exigencia operacional rigurosa; o porque se fabrican con simplicidad y economía; o porque tienen cualidades de orden simbólico, dado que su forma remite al óvalo del escudo nacional y le vierte a la placa connotaciones conmemorativas e institucionales.

365

366

367

Capítulo 5

La Interacción Serial

La Interacción Serial

5.1.
El principio serial

Las ideas de serie y de interconexión forman los ejes principales sobre los cuales gira el segundo estadio evolutivo del pensamiento del Diseño, y al que ingresamos ahora, luego de haber transitado el primero correspondiente a los elementos visuales básicos. A este nuevo escaño de conceptos lo hemos denominado interacción serial.

Serie es un conjunto de elementos relacionados entre sí y que se suceden unos a otros según un criterio o una ley determinada. Las formas básicas con las cuales construímos series son como partes individuales permutables y concatenadas. En la serie se conjugan ciertos principios matemáticos y geométricos con una metodología secuencial; por eso produce siempre efectos exaltadores de armonía y de orden en los procesos de composición y de organización formal [187].

En la idea de serie se conjugan la racionalidad y la fantasía, dos actividades características de la creación de nuestro tiempo. Para la invención y la transformación de unidades formales en series de elementos, se requiere disposición creativa y conocimiento de los principios que construyen el lenguaje visual.

Las formas idénticas o similares que se repiten en un diseño siempre generan composiciones armónicas y ordenadas. A la forma unitaria que se reproduce en serie la llamamos *módulo*.

Una manifestación superior de orden modular, natural y repetitivo, es la naturaleza. Los granos de arena, las olas, las nubes, las hojas, las flores, los frutos, las semillas, son formas modulares - no iguales sino similares - que se repiten en el espacio y en el tiempo. Y también lo son las luces de las calles de una ciudad, las columnas, vigas y ventanas de un edificio en altura, las páginas de un libro, los fotogramas de un film. En casi todas las cosas que nos rodean - naturales o artificiales - se presentan módulos.

Crear un diseño a partir de la seriación modular, es la ejercitación primera para proveerlo de estructura y de orden, porque el principio serial permite conferirle rigor y claridad a la imagen ecléctica y confusa de nuestro entorno. La estructura modular es aquella que permite obtener múltiples desarrollos compositivos. En las formas geométricas puras - cuadrado, triángulo, círculo - esos desarrollos múltiples forman en su interior figuras más pequeñas iguales a la que la contiene. En esos casos, el módulo es un submúltiplo de la forma de base. En otros, es el módulo repetido el constructor de formas mayores y no necesariamente puras. [188]

5.2.
La Topología

La posición y la disposición de las figuras geométricas en la superficie bidimensional y en el espacio tridimensional es estudiada por la Topología, (del griego *topos*: espacio), ciencia que constituye una nueva parte de la Geometría y que permite analizar la forma y la posición respectiva de las figuras geométricas en función de criterios mucho más generales que en la Geometría elemental y sus aplicaciones directas. El pasaje de un círculo a un cuadrado en el sentido topológico, se trata de una serie de figuras no distintas de las dos figuras de base [189]. El principal método de la Topología reside en componer formas geométricas a partir de elementos simples repetibles.

Para decirlo en los términos de R. Buckminster Fuller: «Es la ciencia de los motivos elementales y de las relaciones estructurales que generan constelaciones geométricas». La definición es extensible a cualquier tipo de figuras, bidimensionales o tridimensionales, orgánicas o inorgánicas, geométricas o gestuales, inmóviles o cinéticas. La serie, en todos los casos, debe responder a un criterio estructural de ordenamiento de los módulos. Cuanto más diferenciados sean éstos, mayores posibilidades existen de alejarse del orden y de la armonía visual. Retomaremos este tema en el capítulo 6.

368 y 369.
Stand para
Ceras Johnson. 1970.

5.3.
Ritmo y repetición modular

Caminar, correr, nadar, remar y bailar, son actividades corrientes en las cuales se repite una medida de acción y reposo. Esa repetición rítmica no sólo hace más fácil la tarea sino que, al mismo tiempo, genera una sensación placentera. Así también en cualquier organización plástica, la repetición ordenada o la sucesión irregular de similitudes o igualdades ópticas, determina el ritmo visual. Los módulos o partes idénticas o similares, cuando se repiten, actúan como medidas de acentos y pausas que forman una unidad dinámica. Arriba y abajo, a la izquierda y a la derecha, recto y curvo, claro y oscuro, pequeño y grande, son opuestos que en sucesiones repetidas pueden crear ritmos visuales en el espacio y en el plano.

Lo mismo, el modo en que se suceden y alternan los sonidos, las sílabas musicales o los golpes de percusión, según sean fuertes o débiles y breves o prolongados, determina el ritmo musical. Estos opuestos están ligados por un patrón común y constituyen una sucesión orgánica que conforma siempre una unidad gestáltica.

Si una superficie dada admite cualquier subdivisión que repite su propia forma o su propio tamaño, se alcanza un orden geométrico y modular simple. Las estructuras - metálicas, de madera u hormigón - por su condición repetitiva están dotadas de esa cualidad formal.

Las Figuras 368 a 371 ilustran un stand construido con una estructura metálica de módulos cuadrados de 1,10 metro de lado, adecuada para construcciones industriales y para exposiciones: el sistema *Elcora*.

368

369

370 y 371.
El interior del stand es
un microcine.

La cabina de proyección
es vidriada para que
la máquina se vea desde
la platea.

El stand era un espacio único de 600
metros cuadrados donde se proyectaba un
film de mediometraje, y tenía una capacidad
para 200 personas. La modularidad del
sistema constructivo, no solo permitió
levantarlo en 17 días por permitir su fácil
armado, sino que nos proveyó a la
vez de una retícula apta para revestirla
con placas metálicas, y para graficarla en
su cara visible compensando así
la monotonía de la cuadrícula.

Veamos otros ejemplos en dos
dimensiones. Las Figuras 372 y 373
ilustran un símbolo para un restaurante y
un afiche de Walter Gropius. En ambos
casos el orden compositivo se obtiene
mediante la repetición de módulos que
representan, respectivamente, tejas y
ventanas estilizadas.

Los números también suelen ser claros y
expresivos para transmitir las ideas de
serie y de ritmo. Podemos construir series
numéricas:
1, 2, 3, 4, 5...n /
1, 3, 5, 7, 9...n /
2, 4, 6, 8...n /
1, 3, 9, 27, 81...n /
1, 4, 16, 64...n.

Y también ritmos numéricos.
1, 2, 3; 1, 2; 1, 2, 3...n /
1, 2, 3; 1, 3, 9; 1, 2, 3...n /
2, 4, 6, 8; 1, 2; 2, 4, 6, 8...n.

370

371

372

372.
Isotipo para un
restaurante.
Las Tejas. 1984.

373.
Afiche sobre Walter
Gropius. 1983.

373

374 a 376.
Signos para la
identificación de las áreas
de una editorial. *Succes.*
1981

377.
Señalética de un centro
de compras.
Del Caminante.
1978.

378 a 385.
Signos simbólicos para
la gráfica interior en
base al tema de las
cuatro estaciones.

378 y 379: Primavera.
380 y 381: Verano.
382 y 383: Otoño.
384 y 385: Invierno.

Las Figuras 374 a 385 ilustran diversos
trabajos con series lineales en los cuales
los espesores de las líneas y los espacios
entre ellas - que son los que determinan
el ritmo - fueron dimensionados
numéricamente con un criterio serial
similar a los descriptos.

Y si a todas las variantes combinatorias
no incluídas aquí, les sumáramos las que
surgen del pensamiento inductivo
- como vimos en el capítulo 1 -
podríamos intuir la vasta extensión del
concepto serial. Se expande a formas de
puntos, de líneas, de planos y de
volúmenes; se extiende en el tiempo y en
el espacio; se proyecta a lo acústico,
a lo visual y a lo audiovisual; se abre
a todas las cosas.

374

375

376

377

378

379

380

381

382

383

384

385

Las Figuras 386 a 388 ilustran una serie de tres afiches con motivo del aniversario de una empresa de publicidad, inspirados en la onomatopeya de los ruidos de las explosiones, tal como son graficados en las historietas, en directa alusión a que el afiche de vía pública es percusión visual. La idea recrea una modalidad expresiva en el código del *comic,* que en este caso se acentúa por el efecto que produce la reiteración de un conjunto de tres temas afines en serie.

En cualquier serie modular - rítmica o no - las diferencias de forma de sus módulos pueden equilibrarse con similitudes de tamaños o de colores, o mediante la preservación de la posición de aquellas en dos o en tres dimensiones.

Veamos otro ejemplo en un afiche para la *Secretaría de Turismo de la Provincia de Chubut,* donde la organización serial se manifiesta en la similitud de las posiciones y los encuadres de seis figuras zoomórficas, y en la relación entre ellas, los fondos rectangulares y las seis letras del nombre de la provincia.

Cada figura es parte de una serie de seis módulos repetibles, porque el afiche fue pensado para ser pegado junto a otros y conformar así series temáticas que incluyan ejemplares característicos de cada especie faunística regional y de nombres de ciudades chubutenses (Figura 389).

386 a 388.
Serie de tres afiches para *Meca,* compañía de publicidad en la vía pública. 1969.

386

387

388

389.
Afiche para la *Secretaría
de Turismo la Provincia
de Chubut*. 1983.

La división en seis bandas verticales
la decidimos al observar carteles de
información vial de la zona y percibir que
el nombre de la provincia (Chubut), el de
su capital (Rawson), el de la ciudad más
populosa (Trelew), el de la ciudad de
deportes de invierno (Esquel), el de la
ciudad puerto sobre el Atlántico (Puerto
Madryn), el de la península con notables
especies faunísticas (Valdés), y el de la
ciudad fundada por colonos galeses
(Gaiman), todos ellos tenían, casualmente,
seis letras.

Puede observarse que en este caso la
captación de un rasgo lingüístico singular,
se capitalizó visualmente para tener una
solución gráfica serial. Es otra ratificación
de la interacción que caracteriza al
proceso del Diseño visual.
La serie es estimulante de la visión porque
la repetición de una forma igual o
parecida crea un todo mayor que logra
concitar la atención. El ojo encuentra
sosiego y gratificación sensorial ante
cualquier fenómeno fisiológico constituído
por secuencias periódicas.

389

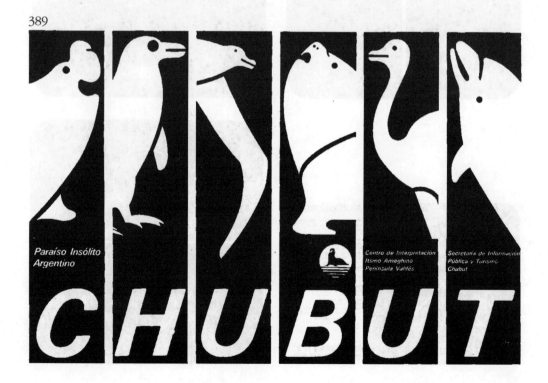

Paraíso Insólito
Argentino

Centro de Interpretación
Itsmo Ameghino
Península Valdés

Secretaría de Información
Pública y Turismo
Chubut

CHUBUT

390 a 393.
Campaña gráfica para el
*Banco de la Ciudad de
Buenos Aires*. 1972.

Las Figuras 390 a 393 ilustran una serie de avisos de una campaña publicitaria para el *Banco de la Ciudad de Buenos Aires,* sobre la base de los signos de las cuatro operaciones aritméticas básicas.

Y la Figura 394, un afiche de cine, cuyo diseño representa el fotograma de un film, con los textos en los bordes superior e inferior, tal como viene impresa la película virgen.

390

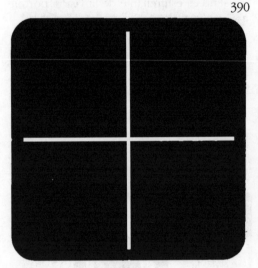

391

393

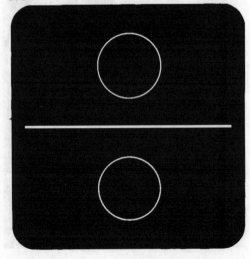

392

VIII Festival Cinematográfico Internacional

2 al 12 de Marzo / Mar del Plata, Argentina

394

394 y 395.
Afiche para el *Festival de Cine de Mar del Plata*. 1964.

396.
Afiches pegados en serie para el *Instituto Di Tella*. 1964.

Cuando los afiches eran pegados en la vía pública, uno junto al otro, se veían como una gran tira de celuloide (Figura 395).

Con la misma intención fueron ideados los afiches para un espectáculo audiovisual, para una exposición sobre Paraguay y para el trigésimo aniversario de la empresa *Knoll* en la Argentina (Figuras 396 a 399). En todos los casos, cada ejemplar actúa como un módulo repetible que construye una composición mayor.

395

396

Espectáculo Audiovisual Rodante — del Centro de Artes Visuales del Instituto Torcuato Di Tella. Presentación:

397.
Afiche para una
exposición sobre
Paraguay. 1967.

398 y 399.
Exposición *30 años de
Knoll en Argentina.
Interieur Forma.*
1992.

Afiche modular con una
X para que tres juntos
formen el 30 en
números romanos.

397

398

399

400.
Tapa de un libro sobre
señalamiento.

401 y 402.
Portadas de los
capítulos 1 y 5.

Merced a una percepción capitular de las
cosas que vemos en el espacio, podemos
sembrar nuestro campo mental con ideas
proyectuales. La Figura 400 ilustra
la tapa de un libro de señales
para conjuntos habitacionales. Una gama
progresiva de tonos enhebra a los
capítulos, que, por su propia condición,
están dispuestos uno tras otro en el
espacio gráfico. Cada portada que el lector
va encontrando en su trayecto desde el
comienzo hasta el fin de la obra,
se relaciona con el anterior y con el
posterior, como las señales en la ciudad.
El lector, de esa manera, detecta de
inmediato que la información es
secuencial, y que cada tramo lo va
llevando al siguiente (Figuras 401 y 402).

400

401

402

5.4.
Visión serial en el espacio

En los paseos a pie por una ciudad a paso uniforme, los escenarios ciudadanos se nos manifiestan por regla general en forma de series o revelaciones fragmentadas. Lo primero que aparece es la calle, y luego de atravesarla, la plaza, y más tarde una diagonal que se abre. Cada perspectiva que se presenta ante nosotros es registrada por nuestra percepción junto con la anterior, que también ha quedado en la mente. La ciudad se nos aparece visible en un sentido mucho más profundo. Adquiere vida a causa de la secuencia y de la superposición.

A esta cadena accidental de conocimientos progresivos, Gordon Cullen, en *Townscape* (El Paisaje Urbano) la denomina *visión serial* [190].
Si consideramos a esos eslabones de la cadena visual como un dato, podemos contar con él como herramienta valiosa con la que nuestra imaginación puede moldear a su gusto los objetos sitos en el espacio circundante.

Y lo mismo ocurre en la naturaleza. Quién conozca Misiones podrá revivir sus visiones seriales en el río Paraná al leer las imágenes que Horacio Quiroga describe con inusitada belleza en su cuento « El Simún » :

« ...Pero desde Posadas hasta el término del viaje, el río cambió singularmente. Al cauce pleno y manso sucedía una especie de lúgubre aqueronte encajonado entre tenebrosas murallas de cien metros, en el fondo del cual corre el Paraná, revuelto en torbellinos de un gris opaco, que más que agua parece otra cosa que lúcida sombra de los murallones. Ni aún sensación de río, pues las sinuosidades incesantes del curso, cortan la perspectiva a cada trecho. Se trata en realidad de una serie de lagos de montaña, hundidos entre tétricos cantiles de bosque, basalto y arenisca platinada en negro... » [191].

Esta actitud perceptiva lleva a la comprensión de que las cosas pueden ser vistas como formas asociables y agrupables. En cualquier lugar ciudadano en que nos encontremos, también hay siempre grupos modulares artificiales en nuestro derredor: los escalones en una escalera, las tablillas en una persiana, las butacas en un cine y hasta la disposición con la que se plantan los árboles en una calle.
En cada punto que depositemos la vista dentro de un espacio urbano o arquitectónico, hay series modulares de objetos idénticos o parecidos, que además de cumplir el compromiso primario de su función, nos proporcionan la armonía tan grata de lo diverso y lo unitario conjugados.

403 a 405.
Centro de ciencia y
tecnología *Puerto
Curioso*.

Perspectivas de la calle
luminosa y del hall de
acceso.

En el proyecto del centro de ciencia y tecnología *Puerto Curioso* el espacio interior es atravesado por una calle oblicua. Para que esta zona circulatoria sea más neta, su visión es reforzada con un cielorraso virtual configurado por vigas metálicas modulares y livianas que están revestidas exteriormente con lona plástica tensada, e iluminadas interiormente. Esta suerte de gran placa calada luminosa y suspendida fue ideada como calle conectora y como plano contenedor de toda la información orientadora (Figuras 403 a 405).

403

404

405

Cualquiera sea el sentido de circulación, los observadores reciben los mensajes luminosos sin interferencias, por encima de los dos metros y medio de altura y en forma paralela y perpendicular a su dirección. Los colores del espectro - del rojo al violeta en un sentido o del violeta al rojo en el otro - los conducen hacia cada punto de interés mediante estos módulos cromáticos que forman en el espacio una línea contínua de luz multicolor.

En la señalización del *Hospital Nacional de Pediatría,* proyectado por los arquitectos Aftalión, Bischof, Egozcue y Vidal, y los arquitectos Do Porto y Escudero, le adjudicamos colores a los tres sectores en que se divide el edificio. Desde el acceso hacia adentro, el ala izquierda - o norte - agrupa a los sectores verde, amarillo y naranja; y el ala derecha - o sur - a los sectores rojo, violeta y azul. El mismo código adoptamos para la decoración gráfica de las salas de espera pertenecientes a cada sector. El planteo permite que en cualquier punto del gran centro de salud infantil, se sitúen con facilidad los pequeños pacientes, sus familiares y el personal médico. Al verificar que el color favorecía la comprensión del espacio, decidimos adjudicarle a cada sector el nombre del color que le correspondió según el código. Y el comprobar que el

público llamaba a los sectores por su color, nos ratificó que la idea cromática y serial era simple, clara y ayudaba a leer el espacio.

Años antes, en oportunidad de la transformación de la calle Florida en paseo peatonal, también utilizamos el color con una concepción modular y eslabonada: desde la calle Rivadavia hasta la plaza San Martín, el cambio progresivo por cuadra del tono de los papeleros tenía como propósito acompañar a los caminantes con la mutación cromática de esos objetos del mobiliario urbano, para contribuir a que pudieran aprenhender las diez cuadras de la calle como una unidad espacial integrada.

Alejándonos del recurso cromático para aglutinar las formas en el espacio, otro proyecto muestra un planteo distinto del mismo concepto. En siete sucursales de un banco cuyo diseño interior ya había sido proyectado y construido, pudimos resolver la señalética sin necesidad de incluir ningún tipo de cartelería. Al analizar los locales, observamos que los artefactos de iluminación con tubos de luz fluorescente quedaban a la vista, y que su posición era transversal a la dirección de la circulación pública. Pensamos entonces que por ser series de objetos de forma prismática, por tener sus lados rectangulares, y por estar situados rítmicamente en el cielorraso, eran soportes ideales para incluir en ellos las indicaciones. Y así lo hicimos.

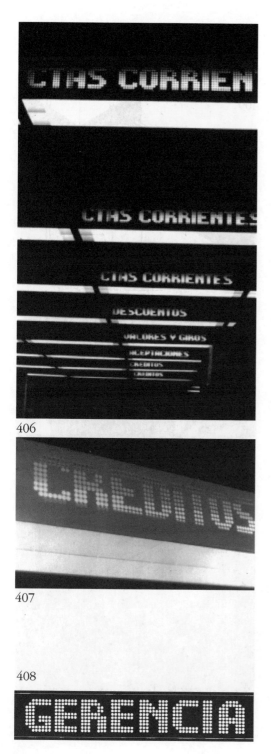

406

407

408

406 a 408.
Señalética interior
para un banco.
Banco de Italia. 1977.

Para utilizar como señales a los mismos
artefactos metálicos que contenían tubos
fluorescentes, buscamos un alfabeto cuyas
letras fueran adecuadas para ser perforadas
o caladas en la chapa. Adoptamos
uno que por estar compuesto por letras
de puntos, tenía esa cualidad. Con él se
inscribieron las leyendas perforando las
palabras en ambos lados de los artefactos,
que de esta manera se constituyeron en
mensajes de doble faz iluminados por los
mismos tubos. La luz pasaba a través de los
puntos creando por otra parte un efecto
lumínico atractivo (Figuras 406 a 408).
Sin necesidad de agregados extraños
que podrían haber desvirtuado el diseño
interior, logramos que el público tuviera
información orientadora adecuada.
La solución nos aportaba además,
máxima economía, tanto visual como de
costos de producción y de mantenimiento.
La idea había surgido de un análisis
modular y serial del espacio interior,
y de una visión estructural de sus partes
integrantes. Una similar modalidad
perceptiva de los espacios nos permitió
resolver un problema diferente, tanto por
su naturaleza como por el resultado al que
arribamos. Debíamos señalizar el hall
central de la compañía aérea *Austral* en el
Aeroparque, el aeropuerto metropolitano
de Buenos Aires. En todo su perímetro el
local tiene un cerramiento de paños
vidriados por donde el público accede,
lo que no lo hace apto para emplazar

ningún tipo de elementos de información.
Tampoco teníamos lugar para ubicarlos en
la parte posterior, donde están las oficinas
y mostradores de atención, ni en el
cielorraso, que es demasiado bajo en
relación al largo y al ancho del local.

409

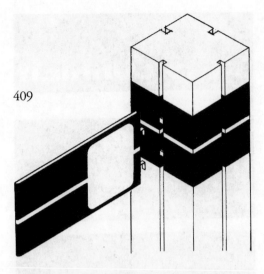

El ámbito no podía ser más renuente para
la inclusión de señales. Durante cinco
horas estudiamos y analizamos con
minuciosidad cada punto del espacio sin
encontrar una respuesta. Hasta que fijando
la vista con insistencia sobre las columnas,
observamos que:

410

1. Eran varias (doce), y estaban
distribuidas regularmente, lo que nos
permitía ubicar las señales en ellas donde
fuera necesario, y al mismo tiempo,
crear un ritmo visual con la información.
2. Eran de sección cuadrada, por lo cual
las señales se podían sujetar en cualquiera
de sus cuatro lados, en coincidencia con
el lugar exacto donde se necesitaran,
3. Por ser metálicas, y con una *buña*
(hendidura) vertical, en el medio de cada
lado, la sujeción podía hacerse de manera
simple y no visible, mediante grapas que
podían calzarse en las buñas. De esa
manera se evitaba que aparecieran
tornillos o elementos extraños que podían
afectar su apariencia (Figuras 409 y 410).
Una vez más, la interpretación proyectual
gestáltica y serial, nos había dado un
punto de apoyo mental para construir las
ideas y aplicarlas a la realidad.

5.5.
Visión serial y movimiento

Cuando las formas modulares seriadas no sólo están en el espacio sino que además se mueven, se incorpora, como vimos, una dimensión más al proceso perceptivo: el tiempo. No el tiempo empleado por un observador que se desplaza mientras ve un objeto fijo en todo su derredor, sino el que transcurre para que una forma móvil complete su movilidad o su desplazamiento. Tampoco el tiempo entendido como el resultado de agregar a las tres dimensiones, la cuarta, que nos ofrece la posibilidad de sumar las visiones simultáneas desde todo los ángulos [(192)]. Nos referimos a otro tiempo: el que emplean las formas mientras efectúan sus movimientos. Las naturales y atemporales, como el universo, la materia, el mar, las nubes o el fuego; las naturales y temporales, como los organismos vivos; y también el tiempo que emplean las formas artificiales, las creadas por el hombre. Desde los medios de transporte y las máquinas, hasta las velas de un barco o las banderas desplegadas al viento.

Un entretenimiento que atrapa a todas las edades en Estados Unidos, el *kating*, ejemplifica bien la idea serial de movimiento. Consiste en la reformulación de los antiguos barriletes, con nuevos materiales y un mayor aprovechamiento de las leyes de la dinámica. Los *kate* son cometas de figuras romboidales y largas colas plásticas, que se gobiernan con dos cordeles y se conducen con ambas manos. Pueden armarse series de tres y hasta de doce cometas conectados uno detrás del otro. Las figuras básicas que estos objetos describen en el aire son nueve, todas atractivas y sorprendentes. Las cintas plásticas que conforman las colas, son cilindros huecos por donde ingresa el aire que les permite describir movimientos rítmicos y acompasados de singular belleza, parecidos al efecto visual de las líneas curvas y helicoidales que podríamos dibujar sobre el papel, con varios lápices unidos en posición paralela y trazando con ellos movimientos curvos y lineales (Figura 411).

411

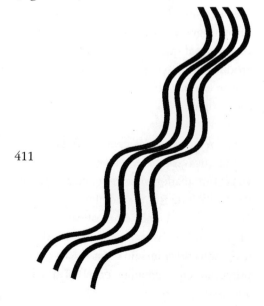

La vista se recrea con la gracia que esos planos y líneas móviles describen al ser sometidos a la fuerza del aire.

El efecto puede asociarse con las múltiples figuras sinuosas de las cintas con las cuales las deportistas de gimnasia artística femenina acompañan sus desplazamientos rítmicos.

Las series de banderas y gallardetes que se exhiben en los predios feriales y los coloridos barriletes y cometas que los vendedores agrupan y exponen al viento, persiguen en cierto modo la misma intención de atraer al observador mediante el seductor juego dinámico que producen los pliegues de varias formas mórbidas y dúctiles al viento. Cuando nuestra psiquis, gracias a la memoria visual, logra retener los movimientos anteriores al que en cada instante se va produciendo, experimenta una sensación placentera por el cambiante juego visual de las figuras.

Las generadas por las cámaras ópticas (fotográficas, de cine, televisión y video) y las computadoras, pertenencen también a ésta clase de formas móviles artificiales. Cuando las imágenes cinemáticas - figurativas o abstractas y extraídas de la realidad o de la imaginación - se proyectan en la pantalla, en el tubo del televisor o en el del monitor informático,

nos están transmitiendo sensaciones móviles por medios electrónicos, ópticos o mecánicos.

Estas ideas de concatenación cinética, relacionadas con las de transformación visual que expusiéramos en los incisos anteriores, son las que nos motivaron el diseño de un comercial institucional para el *Banco de la Nación Argentina* (Figura 412).

El trabajo fue realizado mediante el sistema *TDI* de computación gráfica cinética, y consiste en símbolos que se transforman sucesivamente, uno en el otro, para transmititr distintos mensajes institucionales. Cintas argentinas comienzan configurando un gráfico de crecimiento económico; enseguida se transforman en espigas de trigo; luego en un engranaje metalúrgico; y finalmente en dos brazos unidos. El tiempo que emplea cada símbolo para construirse y transformarse en el otro, está sincronizado con la música y la locución *en off,* para que todos juntos formen una integral rítmica. El comercial cierra con el sol nacional que gira y se transforma en la marca del banco. La idea serial y dinámica, unida a lo expuesto en el inciso 3.14. del capítulo 3, referente al principio gestáltico del movimiento en las formas inmóviles, nos permite inferir que el acto perceptual es el movilizador constante de la actitud proyectual.

412

412.
Imágenes de un
comercial para el *Banco
de la Nación Argentina*.
1990.

Agencia: *Telam*.
Efectos electrónicos:
Kappa Producciones.
Tucumán, Argentina.

413.
Anteproyecto de isotipo
para una inmobiliaria.
Luchetti. 1981.

414.
Isotipo para una
empresa constructora.
Vivienda Social. 1978.

5.6.
Módulos, submódulos y supermódulos

Las formas unitarias idénticas o similares
que se repiten en un diseño para
proveerlo de orden y armonía visual, y a
las que denominamos módulos, pueden
subdividirse a su vez en unidades menores
llamadas *submódulos*, y multiplicarse en
unidades mayores que reciben el nombre
de *supermódulos* [193]. Veamos ejemplos de
los tres casos.

Los signos de las Figuras 413 y 414, para
dos empresas - una inmobiliaria y otra
constructora - son el resultado del
agrupamiento de módulos iguales. En el
primer caso, son ventanas cuyas sombras
dibujan letras *L*, (inicial de la empresa);
en el segundo, el isotipo está constituído
por una serie de triángulos que remiten a
una estéreo estructura. Con cualquiera de
los dos es posible conformar tramas,
es decir, formas de repetición, dado que
todas las tramas nacen en realidad de la
repetición modular (Figuras 415 y 416).

Si cada isotipo se utiliza individualmente,
las partes que lo componen - ventanas o
triángulos según el caso - son los módulos
de la figura. Si en cambio el isotipo se
multiplica para formar tramas,
cada isotipo es un módulo de la trama
y las partes que lo componen constituyen
los submódulos de la composición.

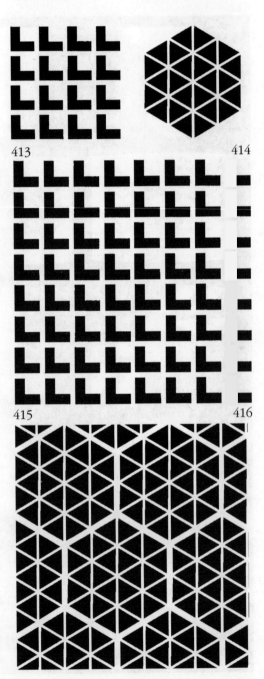

413   414

415   416

417 a 419.
Proyecto tipo de
arquigrafía para
conjuntos
habitacionales. 1975.

Serie de módulos
lineales.

Para un proyecto tipo de señalamiento [194] creamos dos sistemas de arquigrafía para que los proyectistas de los conjuntos habitacionales pudieran utilizarlos en sus obras como elementos de identificación en fachadas, y en solados, aceras, circulaciones peatonales y revestimientos.

Uno de los sistemas fue diseñado con módulos de líneas (Figuras 417 a 419) y el otro con módulos de planos (Figuras 420 a 422). Ambos sistemas permiten conformar las letras y los números del alfabeto, y series de figuras abstractas.

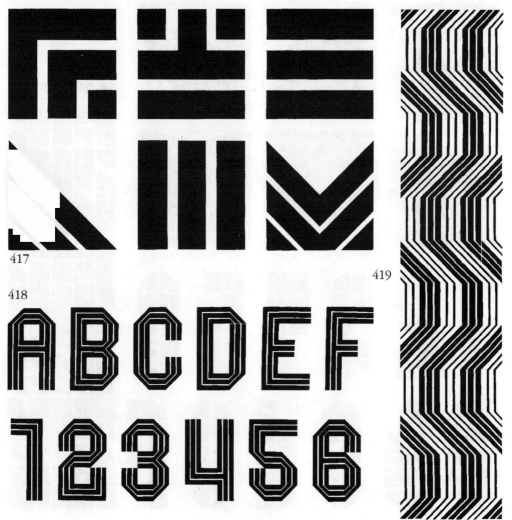

417

418

419

420 a 422.
Proyecto tipo de
arquigrafía para
conjuntos
habitacionales.

Serie de módulos con
planos.

Las letras del alfabeto y los números que
se forman con el sistema de líneas se
construyen sobre una estructura de base
de tres módulos de ancho por cinco de
alto, y el alfabeto y los números del
sistema con módulos planos, sobre una

de dos de ancho por cinco de alto.
En este caso, las letras, los números
y las figuras que se forman con cualquiera
de los dos sistemas, son supermódulos
porque cada unidad es el resultado
del acople de varios módulos.

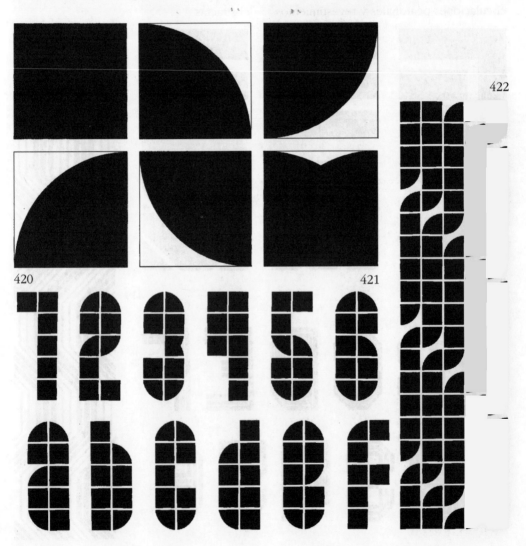

420

421

422

5.7.
La estructura compositiva

Los módulos pueden repetirse y disponerse según determinadas leyes organizativas de las partes, al servicio de la construcción de un todo formal. Llamaremos estructura compositiva entonces, a la disciplina ordenadora que subyace en la serie modular.

En el capítulo 3, inciso 3.6. y en el capítulo 4, inciso 4.13. nos habíamos referido a la estructura adjudicándole significaciones de forma, de correspondencia gestáltica de los objetos, de organización de las partes. Ahora nos referimos a la estructura en el sentido de esquema constructivo y ordenador.

La estructura de toda forma es como la osatura de un organismo, subyace debajo de la apariencia externa. Aunque en la mayoría de los casos no sea visible, está siempre presente cuando hay una organización; y como Diseño es organización, la función principal de una estructura (del latín *estruere:* construir) es la de especificar - como lo indica su etimología - las normas constructivas de una organización formal. Ella determina la disposición definitiva y las relaciones internas de los elementos que la componen. Lo mismo si se trata de la estructura para un plan director de Diseño

Urbano, de la estructura metálica o de hormigón para una obra de Arquitectura, de la estructura modular para un sistema de mobiliario, de la estructura gráfica para el diseño de una marca o para la diagramación de un libro, o de la estructura narrativa para el guión de una película cinematográfica.

5.8.
La retícula de construción

La estructura más simple es una retícula común de líneas verticales y horizontales. La retícula es una malla o red invisible que subdivide una superficie en campos más reducidos para organizar las partes de un diseño.

Utilizar una retícula de base para cualquier forma diseñada, significa asumir una conducta ordenadora y clara en la actividad proyectual. Para Josef Müller Brockmann se entiende como una "voluntad de racionalización de los procesos creativos y técnico-productivos" [195].

La manera más simple de utilizar la retícula es por ejemplo cuando se quiere pasar de escala un dibujo o un diseño; es el recurso técnico habitual al que acuden los pintores para aumentar el tamaño de los motivos publicitarios sobre las medianeras de los edificios. La cuadrícula que por ejemplo

423 y 424.
Diseño interior para las
sucursales del *Banco de
Galicia*. 1992/93.

Trama y retícula para el
diseño de la planta tipo.

en el tema original está formada por
cuadrados de un centímetro de lado, al ser
pasada de escala se amplía hasta formar
cuadrados de un metro.

La habilidad y destreza del pintor reside
en medir sobre el andamio y trazar en lo
alto la parte del diseño que corresponde
a cada cuadrado hasta completar el total
del tema.

La utilidad de la retícula, en cambio,
es más significativa cuando de su trazado
depende el diseño mismo.

La red no existe por sí sola, dice José
Korn Bruzzone, «en el sentido de que no
existe una red para cualquier forma, sino
que cada forma requiere de su propia
red» [196]. Y aún más, la red debe nacer de
la propia forma. La retícula como auxiliar
para el trazado de los signos icónicos o
simbólicos, facilita el control del sistema
porque standariza los formatos, los
espesores de las líneas y las direcciones.

Las Figuras 423 y 424 ilustran la retícula
de base para la planta tipo de un proyecto

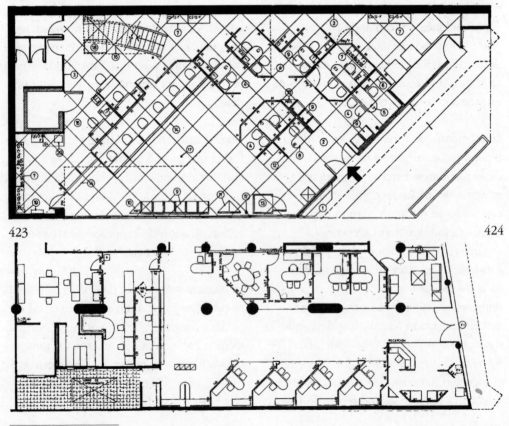

423

424

425.
Diseño interior para las
sucursales del *Banco de
Galicia*. 1992/93.

Retícula para la
disposición de los
artefactos de
iluminación.

de interiorismo para 180 sucursales del *Banco de Galicia*.

El módulo tiene 1,30 metro de lado, que es el largo de las cajas de atención al público. En base a dicha medida se dimensionaron luego los elementos del equipamiento y los espacios públicos y de trabajo. La particularidad de la retícula cuadrangular reside en que puede utilizarse en forma ortogonal, es decir con horizontales y verticales, o bien girarse a 45 grados. Esta ductilidad de la trama permite organizar la distribución de los locales comerciales de la red bancaria, tanto en coincidencia con los muros perimetrales, como en forma oblicua a ellos.

La Figura 425 ilustra otra retícula cuyo módulo es de 1,72 metro de lado y fue utilizada para la distribución de los artefactos de iluminación en estos mismos locales comerciales. La medida adoptada para el módulo corresponde a la distancia existente entre ejes de dos nudos sucesivos para la distribución del cableado, situados siempre entre dos artefactos.

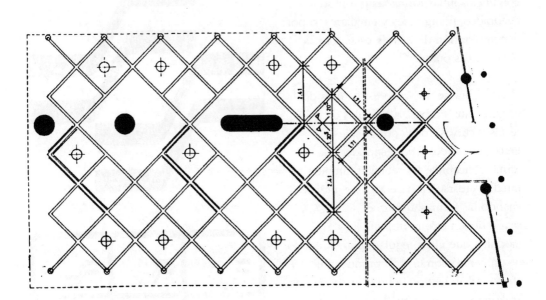

425

426 y 427.
Retícula de construcción
e isotipo para el
*Plan Nacional de
Vivienda*. 1984.

428.
Secuencia para la
animación del isotipo.

426

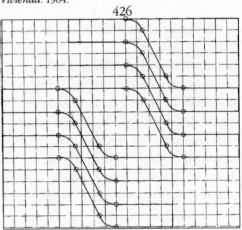

Las Figuras 426, 429 y 432 ilustran retículas para construir isotipos. El de un plan de viviendas y el de otro de salud, ponen fácilmente en evidencia la grilla que les da origen por la simplicidad formal de sus trazados. En cambio, el de *TVA, Televisión Argentina,* a pesar de que tiene una traza simple, no permite detectar tan fácilmente cuál es el tipo de modulación que organiza la forma, debido a que hay una participación conjunta de líneas rectas y curvas en la construcción de la retícula.

Como en los ejemplos, las redes más comunes son las formadas por módulos cuadrados, triangulares y circulares, o por la combinación de dos de estas formas geométricas puras [197].

427

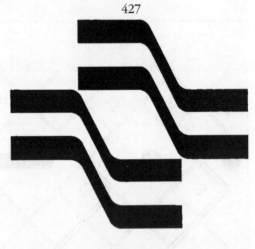

Hasta ahora hemos visto estructuras de construcción en base a retículas de líneas rectas y curvas, todas ortogonales. Pero si toda red debe responder a la forma concebida, las retículas también pueden crearse en base a partes radiales cuando las formas a las que sirven tienen esa morfología. Los módulos que giran regularmente alrededor de un centro común [198], producen un efecto radial del tipo del que encontramos en la naturaleza: en las flores, en los frutos cítricos, en algunas especies de la fauna marina y en el sol, según vimos en el capítulo 4, inciso 4.14.

428

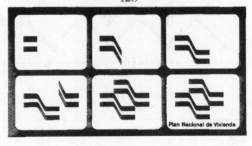

429 y 430.
Retícula de construcción
e isotipo para el *Plan
Nacional de Salud*.
1984.

431.
Secuencia para la
animación del isotipo.

432 y 433.
Retícula de construcción
e isotipo para *TVA
Televisión Argentina*.
1984.

434.
Secuencia para la
animación del isotipo.

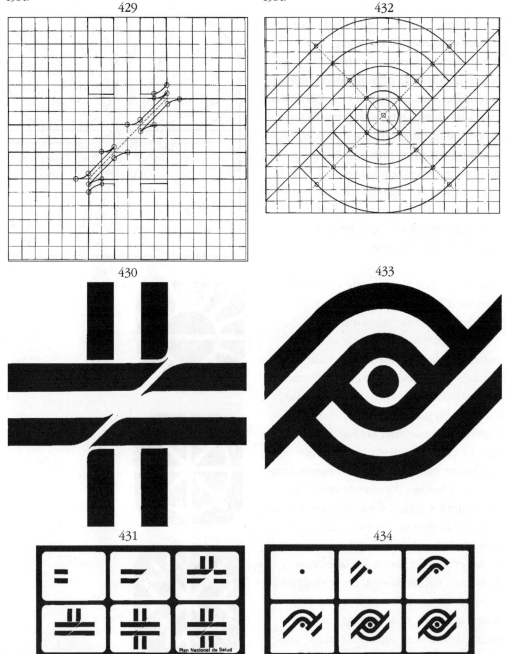

429

432

430

433

431

434

435.
Red de construcción
para tres marcas de un
grupo empresario. 1978.

436.
Isotipo para
Hoteles del Sol.

437.
Isotipo para una
compañía naviera
lacustre. *Turisur.*

438.
Isotipo para la empresa
administradora de los
centros de esquí
Chapelco y Catedral.

Las formas con estructura radial - por
poseer un centro con energía propia -
transmiten sensaciones de irradiación o
convergencia y de movimiento centrífugo
o centrípeto. Las Figuras 435 a 438 ilustran
una serie de tres símbolos para un grupo
de empresas turísticas, diseñados en base
a una misma estructura radial, a pesar de
que las imágenes resultantes son
diferentes: el sol simboliza a una empresa
hotelera, el timón a una naviera lacustre,
y el cristal de nieve a una tercera,
de deportes de invierno.

Otro modo posible de darle cohesión
y orden a las formas, es mediante el
establecimiento de relaciones
dimensionales y geométricas entre las
partes del diseño. Este método fue
seguido para proveer de unidad formal
y consistencia a la cruz de Santiago de
Compostela que identifica al *Banco de
Galicia* y que ilustran las Figuras 439 y
440. La cruz rediseñada, nace de dos
cuadrados menores y de uno mayor, que
son los que respectivamente estructuran
los campos superior e inferior. Las volutas
de los extremos tienen su origen en la
terminación que le imprimían a los brazos
de las cruces de hierro, los artesanos
forjadores del medioevo. En el símbolo
rediseñado, esos extremos de los brazos
nacen ahora de una serie de círculos
interrelacionados, que como puede verse,
son todos del mismo diámetro.

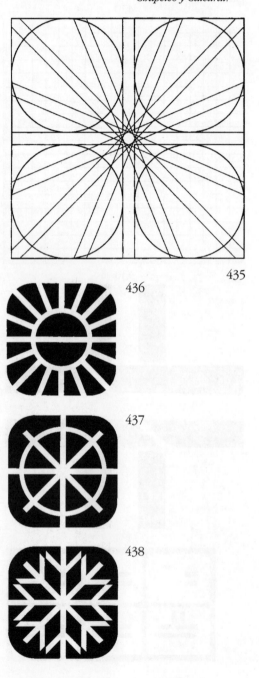

435

436

437

438

439.
La forma se organiza en base a la figura del cuadrado.

440.
Trazado geométrico de la cruz de Santiago de Compostela. *Banco de Galicia*. 1990.

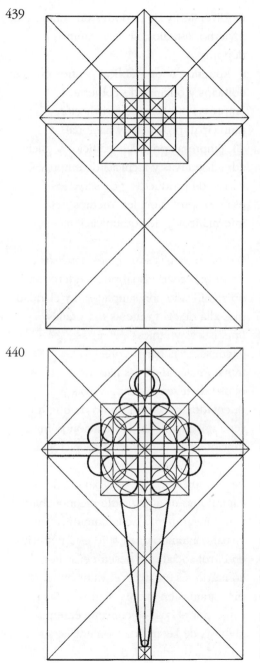

439

440

5.9.
Los pictogramas como serie sígnica

El proceso evolutivo del conocimiento humano y los avances tecnológicos, han potenciado respectivamente la intercomunicación entre naciones de ideas, cultos y razas diferentes. «El nuestro es un mundo flamante de repentineidad. El tiempo ha cesado, el espacio se ha esfumado. Ahora vivimos en una aldea global... un suceder simultáneo», dice Mc. Luhan [199]. Este fenómemo del siglo veinte estimuló la necesidad creciente de que todos los países contaran con signos que permitieran superar las barreras del idioma y que respondieran convencionalmente a significados comunes para poblaciones de diversas culturas y regiones.

Así, a partir de los trabajos pioneros de Otto Neurath, investigador austríaco que en 1922 produjo las primeras figuras estilizadas y abstractizadas [200], comenzaron a desarrollarse y a divulgarse los llamados *pictogramas,* signos que expresan gráficamente distintos significados de naturaleza vial, cultural, comercial o de esparcimiento. La aparición de estos grafismos concisos que explican visualmente los mensajes por sobre los lenguajes naturales de los pueblos, pertenecen a las más diversas fases de la vida humana.

Sin ánimo de intentar una clasificación, podemos convenir que la comunicación pictogramática se desarrolla en los siguientes campos:

1. Espacios urbanos: lugares históricos, culturales, residenciales y comerciales; áreas verdes.
2. Vías de circulación: calles, rutas y autopistas municipales, provinciales, nacionales e internacionales.
3. Transporte: estaciones intermedias o terminales, para medios de transporte aéreo (aeropuertos), terrestre (estaciones de ómnibus, trenes y subterráneos) y acuático (puertos de transporte marítimo, fluvial y lacustre).
4. Eventos: culturales, políticos, económicos y deportivos de proyección nacional e internacional (congresos, olimpíadas, ferias, exposiciones, museos, convenciones, conciertos, festivales).
5. Servicios sociales: conjuntos habitacionales; centros de salud y hospitales; escuelas, colegios y universidades; museos y centros culturales.
6. Industria: plantas industriales y agropecuarias; centros de abastecimiento regional y nacional.
7. Comercio: grandes centros de compras y provisión; supermercados; locales comerciales; bares y restaurantes.
8. Esparcimiento: teatros y cines; estudios de televisión y de radio; centros de diversión y de deportes de verano y de invierno; estadios, clubes, campos deportivos.
9. Administración pública: centros cívicos; edificios y oficinas de gobierno y empresas públicas de jurisdicción municipal, provincial y nacional.
10. Empresas privadas: edificios y oficinas administrativas y técnicas de empresas varias, de productos y de servicios; estudios profesionales, medios informáticos y de comunicación.

Los pictogramas son signos concisos que en su brevedad visual pueden transmitir un significado con simplicidad y claridad más allá de las fronteras nacionales, lingüísticas y étnicas [201]. Estas circunstancias han favorecido la transformación·de los hábitos públicos en el uso de leyendas explicativas y orientadoras hasta el punto de que hoy no sería imaginable la información pública funcional sin la presencia de pictogramas.

Pero la intención de esta parte del capítulo no es adjudicarle reconocimiento como instrumento de la comunicación visual contemporánea; ello está implícito en el rol social que desempeña. Por el contrario, es enfatizar el valor de los pictogramas en cuanto signos seriales, rasgo por el cual se constituyen en la antítesis de las marcas comerciales, signos unívocos de identidad de productos y empresas, que siempre iguales o con sutiles variaciones se repiten por millones en los elementos que los llevan: avisos, carteles, envases, vehículos.

5.10.
El pictograma como módulo

Los pictogramas son familias de signos que constituyen series temáticas y conceptuales para comunicar mensajes en contextos urbanos y arquitectónicos; por lo tanto, se insertan en el espacio circundante del hombre, desplegándose siempre en grupos, sea en un edificio, en un ámbito, en un área, en una calle, en una autopista. Por ello su emplazamiento secuencial y su naturaleza serial son inherentes a su condición de signos públicos. Joan Costa es el primer investigador que analiza el pictograma como signo serial, como módulo de un conjunto: « La pauta modular es el cañamazo o el armazón común a la serie de pictogramas » [202]. Nos place poder compartir hoy con él una convicción proyectual arraigada en nosotros desde hace más de veinte años.

No es casual entonces, que esa misma intepretación pictogramática, lo conduzca por otra parte, a la valoración de la formidable obra de Otl Aicher para la serie de pictogramas de las *Olimpíadas de Munich*. Costa ve confluir con belleza plena en ese célebre proyecto, el significado preciso de cada deporte en las posturas exactas de los cuerpos.

El grafismo llevado a lo esencial es obtenido mediante una retícula invisible construída con las ocho direcciones de la estrella de ocho puntas: verticales, horizontales y oblícuas a 45 grados. Dicha grilla le permite crear siluetas sintéticas de todos los deportistas con una expresión de diseño tal, que le otorga una razón más a Yves Zimmerman para escribir un emotivo retrato sobre la personalidad del gran diseñador de Rotis - ciudad alemana donde nació -, del cual hemos extraído un pasaje: « Los objetos y los signos de Aicher se caracterizan por un modo esencialista de pensar, y tienen en este sentido un parentesco con los objetos de tradición japonesa: depuración formal, materia transformada en servicio » [203]. La pauta aicheriana que deseamos valorar en este punto es la visión serial y gestáltica que pone de manifiesto para coordinar y enlazar las partes de cada pictograma - a las que Costa denomina *infrasignos* - y para relacionarlas con las partes de los demás pictogramas de la serie. Cada signo es al mismo tiempo todo y parte de una conjunto de figuras no idénticas pero sí integradas.

441 a 452.
Señalética para *Austral
Líneas Aéreas*. 1978.

Pictogramas para
aeropuertos de cabotaje.

A la producción pictogramática Frutiger sugiere ordenarla según tres clases [204]: 1. Los pictogramas naturalistas (siluetas humanas y objetos simples universalmente conocidos, como escalera, taza de café, teléfono, automóvil) son los que informan de manera inmediata porque para comprenderlos no es necesario ningún proceso de aprendizaje previo (Figuras 441 a 452).

441

442

443

441. Venta de pasajes
las 24 horas.
442. Caja.
443. Maleteros.

444

445

446

444. Despacho de
equipajes.
445. Recepción de
equipajes.
446. Depósito de
equipajes.

447

448

449

447. Partidas inmediatas.
448. Entrada y salida.
449. Puertas de
embarque.

450

451

452

450. Pista de
operaciones.
451. Embarques.
452. Arribos.

453 a 464.
Nueva ciudad de
Federación y Santa Ana.
Provincia de Entre Ríos.
1975.

Pictogramas para la
señalética urbana.

Los signos lineales,
nacen del isotipo del
proyecto. (Ver Figura
248, página 198).

2. Los que a primera vista no son
comprensibles sin algún esfuerzo de
reflexión y que conllevan cierta dosis de
hermetismo y de ambigüedad conceptual
(Figuras 453 a 464).

3. Los que no derivan de imágenes
figurativas ni de esquemas, sino de signos
abstractos, y que para su comprensión
requieren de un proceso de aprendizaje
(Figuras 465 a 488).

453. Clubes náuticos.
454. Prefectura.
455. Estadio de
atletismo.

456. Parque forestal.
457. Camping.
458. Zona de pesca.

459. Correo.
460. Equipajes.
461. Anfiteatro.

462. Banco.
463. Hospital.
464. Bomberos.

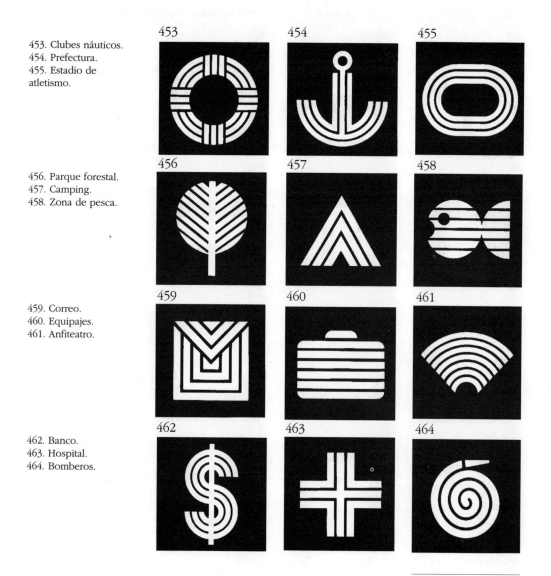

453
454
455
456
457
458
459
460
461
462
463
464

465 a 476.
Planta industrial de
aluminio. *Aluar*. Puerto
Madryn. Provincia de
Chubut. 1975.

Pictogramas de la
señalética del área de
producción.

Integran esta clase, los signos que estan destinados a receptores técnicos especializados y cuya comprensión es privativa de ellos e inaccesible para los demás. Dentro de este último grupo también están las flechas direccionales o vectores, que, aunque universalmente aceptadas y comprendidas, son de naturaleza abstracta; y las señales viales de reglamentación y de prevención aprendidas por convención y no por razonamiento (Figuras 489 a 495).

465

466

467

465. Silos de aluminio.
466. Depósitos de
antracita y coque.
467. Silos de coque.

468

469

470

468. Molienda.
469. Muelle mineralero.
470. Fundición.

471

472

473

471. Depósito de brea.
472. Tanque de
combustible.
473. Salas de hornos.

474

475

476

474. Depósito de
lubricantes.
475. Varillado de
ánodos.
476. Depósito de
ánodos cocidos.

477 a 488.
Planta industrial de
aluminio. *Aluar*. Puerto
Madryn. Provincia de
Chubut. 1975.

Pictogramas de la
señalética del área
de instalaciones
especiales.

Estos dos códigos son
herméticos. Están
destinados solo al
personal de planta
porque el público
ingresa acompañado
por guías
especializados.

477. Torre de
enfriamiento.
478. Sala de
compresores.
479. Estación
transformadora
33.000 KW.

480. Cámara reductora
de gas.
481. Planta de líquidos
cloacales.
482. Sala de máquinas.

483. Piletas de
desarenado.
484. Agua y energía.
485. Central Térmica.

486. Sala de
conversores.
487. Cables de alta
tensión.
488. Tanque de
expansión.

489.
Vector con punta acorazonada a 60 grados, apto para flechas con cuerpo curvo.

490.
Vector con punta a 90 grados y terminación a 45 grados.

491.
Vector con terminación a 90 grados.

492.
Vector cuya cabeza es un triángulo y su cuerpo un cuadrado.

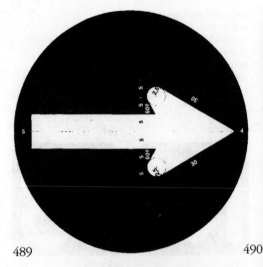

489

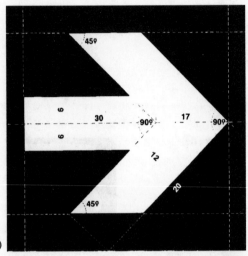

490

491

492

493

494

495

493 y 494.
Vectores con sus terminaciones curvas.
495.
Vector con línea de borde.

5.11.
Abstracción en el pictograma

En resumen, el proceso proyectual del pictograma es semiótico, gestáltico y serial. El diseñador debe discernir, extraer datos paso a paso y resumirlos de manera significativa e inequívoca mediante la abstracción, que tan claramente, ha descripto Joan Costa: «La abstracción es un proceso mental que pretende ignorar lo individual de lo que se observa, para apoyarse más en la categoría a la que lo observado pertenece» [205].

La actitud de Diseño se concentra en los caracteres genéricos y no en los particulares. Este proceso, descripto por Hoffmeister y Giedion [206], se denomina con el término griego *aphairesis,* que significa el proceso y el resultado de retirar el ojo de lo particular y de lo accidental. Abstracción es la facultad de resumir los caracteres esenciales en un concepto de especie. Por ello se constituye en el medio más importante para organizar la excesiva diversidad de objetos que se presentan a nuestra percepción y a nuestro pensamiento. Es la forma básica de abstraer lo que es inesencial de un campo visual o del pensamiento, y de dejar solo lo esencial.

Esta lúcida interpretación de Joan Costa nos ha permitido rever nuestro propio discurso didáctico en este tema y reformularlo, porque tememos que las veces que hemos hablado del proceso de abstracción - tan importante en el acto de diseñar - el mensaje haya sido recibido no en el sentido expresado sino más bien en el de hacer algo más abstracto, menos figurativo, más subjetivo y por lo tanto más hermético, cuando la intención es otra. Entender la abstracción en su acepción de abstraer, de extraer, de conocer una cosa prescindiendo de las demás que están con ella; de retirar algo para analizarlo y llevarlo a su esencia, a su estructura, a su gestalt conceptual y formal.

Ese pensamiento ha pretendido ser constante en las series de pictogramas que hemos diseñado. Las figuras que las ilustran permiten comprobar de qué forma nuestras aspiraciones de aunar la significación, la expresión y la comunicación con la abstracción, se materializan con suerte dispar. Su inserción en este inciso tiene el propósito de ejemplificar que:
1. Los conjuntos pictogramáticos son familias de signos concebidas en las tres dimensiones semióticas.

2. Todos nacen de un pensamiento estructural, modular y serial.

3. Su base sintáctica es reticular, constructivista, ordenadora y unitaria.

496 a 519.
Sistema tipo de
señalamiento urbano y
edilicio. 1975.

Pictogramas para
servicios generales en
nuevos conjuntos
habitacionales.

Tal vez sea oportuno aclarar aquí que a pesar del preocupante estado del sistema educativo nacional - como ya lo hemos señalado - el índice de alfabetidad de nuestro pueblo nos permite todavía considerar al mensaje visual como un par informativo integrado por el pictograma y por la leyenda que corresponde a la aclaración escrita de su significado. Por lo tanto, en nuestros proyectos, el signo es una parte sustancial pero no constituye todo el mensaje. Este resulta siempre de la

496. Nursery.
497. Guardería.
498. Jardín de infantes.

499. Escuela primaria.
500. Escuela secundaria nacional.
501. Escuela secundaria comercial.

502. Escuela de capacitación.
503. Escuela fábrica.
504. Sociedad de Fomento.

505. Cine.
506. Correo.
507. Centro deportivo.

Se ha considerado a la familia como tema básico del diseño, porque es el sentido de la unidad habitacional.

combinación entre lo verbal y lo icónico. De acuerdo con la clasificación de Frutiger, los hemos ordenado en tres grupos. El primero corresponde a los signos más fácilmente reconocibles. Las Figuras 496 a 605 ilustran series para

conjuntos habitacionales, el *Hospital Nacional de Pediatría*, el *Hospital Municipal de San Isidro*, el *Centro de Esquí Chapelco* y la planta *Aluar* de aluminio. La mayoría de estos pictogramas son figuras antropomórficas.

508. Estacionamiento.
509. Parada de taxis.
510. Parada de ómnibus.

511. Centro comercial.
512. Almacén.
513. Supermercado.

514. Cancha de fútbol.
515. Cancha de bochas.
516. Gimnasio.

517. Hospital.
518. Administración.
519. Puerto.

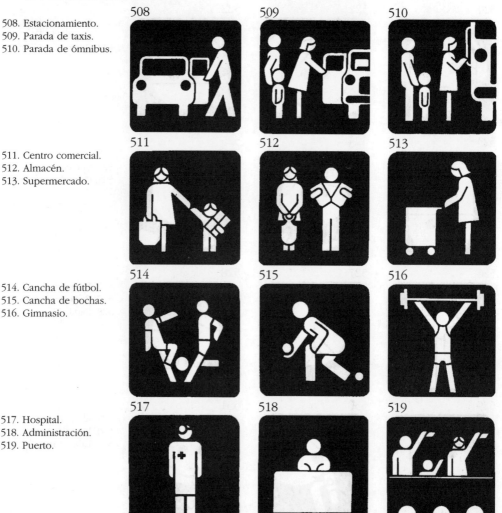

508 509 510 511 512 513 514 515 516 517 518 519

520 a 546.
Señalética del *Hospital Nacional de Pediatría.*
1974 y 1983.

Serie de pictogramas.
1974.

En los pictogramas, el niño es el protagonista, en sus roles de paciente, médico o personal técnico.

Esta serie corresponde a los que tienen predominancia del rostro infantil.

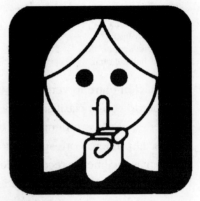

520

521

522

520. Central telefónica.
521. Central de TV.
522. Centro quirúrgico.

523

524

525

523. Cocina.
524. Comedor.
525. Comedor personal.

526

527

528

526. Biblioteca.
527. Boca de incendios.
528. Capilla.

529

530

531

529. Internación.
530. Investigaciones.
531. Laboratorio.

Arquitectura:
Aftalión, Bischof,
Egozcue, Vidal,
Arquitectos.

Do Porto y Escudero.
Arquitectos.

532. Mantenimiento.
533. Odontología.
534. Oftalmología.

535
532

533

534

535. Garganta, naríz y
oídos.
536. Salud mental.
537. Quemados.

535

536

537

538. Comunidad
religiosa.
539. Consultorios
externos.
540. Cuidado intensivo.

538

539

540

541. Dermatología.
542. Enfermedades
infecciosas.
543. Farmacia.

541

542

543

544. Anatomía
patológica.
545. Baño hombres.
546. Baño mujeres.

544

545

546

547 a 576.
Señalética del *Hospital
Nacional de Pediatría*.
1974 y 1983.

Serie de pictogramas
con predominancia del
cuerpo entero del niño.

547

548

549

547. Gastroenterología.
548. Hemoterapia.
549. Guardería.

550

551

552

550. Radiología.
551. Rampa.
552. Rehabilitación.

553

554

555

553. Servicio social.
554. Terapia
ocupacional.
555. Urología.

556

557

558

556. Vestuario hombres.
557. Vestuario mujeres.
558. Vivienda.

559

560

561

559. Dirección y
administración.
560. Docencia.
561. Emergencia.

562. Informes.
563. Inscripción.
564. Lavadero.

562

563

564

565. Neonatología.
566. Neumoterapia.
567. Neurología.

565

566

567

568. Clínica pediátrica.
569. Cardiología.
570. Comercios.

568

569

570

571. Escalera.
572. Espera.
573. Estacionamiento.

571

572

573

574. Abastecimiento.
575. Ascensor.
576. Cirugía
experimental.

574

575

576

577 a 579.
*Hospital Municipal de
San Isidro.* 1979.

Serie de pictogramas
para el hall de acceso.

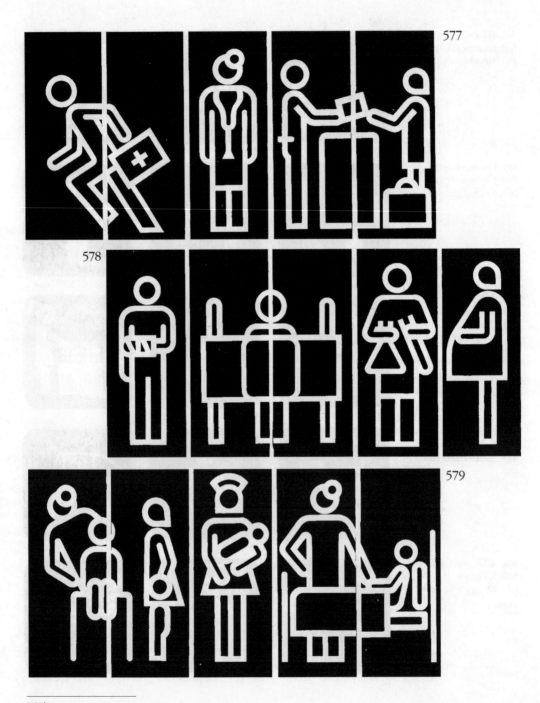

577

578

579

580 a 594.
Sistema de señalización
para los centros de
esquí *Chapelco y
Catedral*. 1978.

Serie de pictogramas.

580. Acceso no
esquiadores.
581. Acceso
esquiadores.
582. Acceso instructores.

580
581
582

583. Pases de 1 a 7 días.
584. Pases no libres.
585. Pases libres.

583
584
585

586. Refugio.
587. Guardería.
588. Restaurante.

586
587
588

589. Aerosilla.
590. Al bajar ir hacia su
lado.
591. Autoenganche.

589
590
591

592. No hacer slalom.
593. No hamacarse.
594. No funciona.

592
593
594

595 a 605.
Sistema de señalética
Aluar. 1975.

Serie de pictogramas del
área de administración.

595. Control de cargas.
596. Vigilancia.
597. Cocina.

598. Guardería de
bicicletas.
599. Comedor.
600. Bomberos.

601. Administración.
602. Laboratorio.
603. Mantenimiento.

595

596

597

598

599

600

601

602

603

604. Cabina de control.
605. Vestuario.

604

605

En casi todos los pictogramas expuestos
puede apreciarse un tratamiento sintético y
estilizado de la silueta humana, actitud que
también hemos adoptado en otros trabajos
no pictogramáticos para diseños de isotipos
(Figuras 606 a 610).
El segundo grupo pertenece a los que
requieren de un cierto aprendizaje para su
comprensión. Incluye series para
una nueva ciudad, para un hospital,
para señalización de plazas y zonas verdes
en conjuntos habitacionales y para calles
y sectores del *Mercado Central
de Buenos Aires*.

606.
Isotipo del *Patronato de la Infancia.*
1988.

607.
Afiche para el *Primer Congreso de Barreras Arquitectónicas.*
1984.

608.
Isotipo del *Plan Nacional de Alfabetización.*
1984.

609.
Isotipo para el programa *Deporte con Todos.*
1984.

606

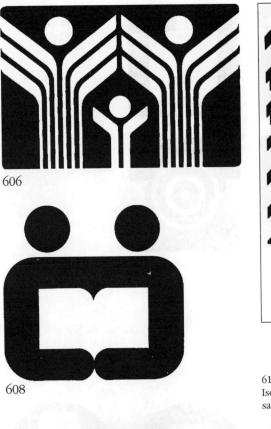

608

I Congreso
Interdisciplinario
de Barreras
Arquitectónicas y
Urbanísticas

"La Ciudad para Todos"
Abril 1984
Organiza AMSCA
Asociación Mutual de la
Sociedad Central
de Arquitectos.
Montevideo 938
(1019) Buenos Aires Argentina
Tel.: 42-2375 / 44-3986 / 44-5856

607

610.
Isotipo para un sanatorio.

La Sagrada Familia.
1984.

609

610

611 a 616.
Conjunto Habitacional Río Turbio, ciudad de un polo carbonífero. Provincia de Santa Cruz.

Serie de pictogramas para la nomenclatura de calles. 1977.

611. Calle del Casco.
612. de la Linterna.
613. de la Pala.

614. Calle de la Zorra.
615. del Taladro.
616. de la Lámpara.

611

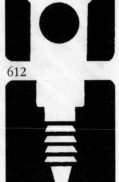

612

613

614

615

616

617 a 623.
Serie de pictogramas para la señalética del *Hospital Nacional de Odontología.* 1980.

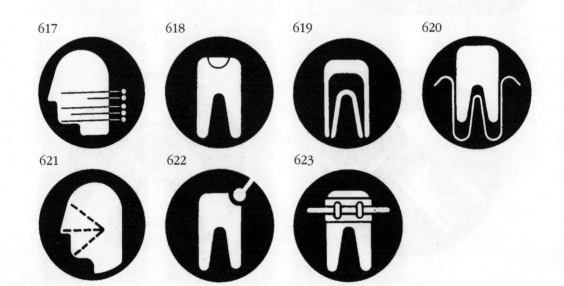

617

618

619

620

621

622

623

624 a 635.
Sistema tipo de señalamiento urbano y edilicio.
1975.

Pictogramas para identificar plazas, parques y paseos públicos.

Serie referida a objetos del acervo criollo argentino.

624. Plaza de la Espuela.
625. de las Boleadoras.
626. del Cencerro.

627. Plaza del Estribo.
628. de la Guitarra.
629. de la Rastra.

630. Plaza del Molino.
631. del Mate.
632. del Mortero.

633. Plaza del Facón.
634. de la Herradura.
635. del Lazo.

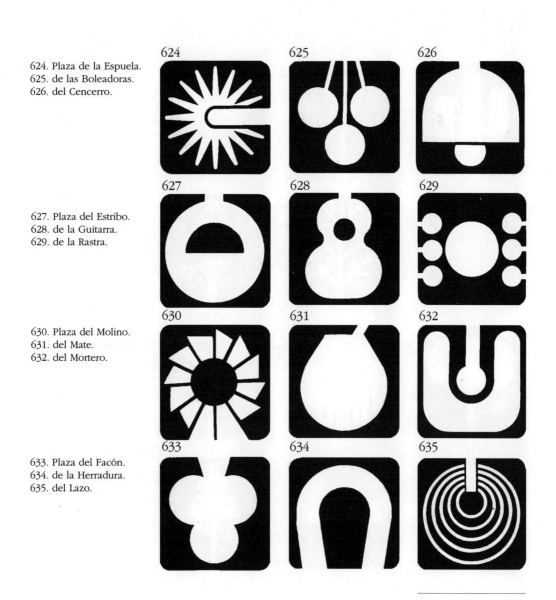

624
625
626
627
628
629
630
631
632
633
634
635

636 a 647.
Sistema tipo de señalamiento urbano y edilicio.
1975.

Pictogramas para identificar plazas, parques y paseos públicos.

Serie referida a nombres de la flora argentina.

636. Plaza de la Tuna
637. del Urunday.
638. del Palo Borracho.

639. Plaza del Ombú.
640. del Tala.
641. del Alamo.

642. Plaza del Pehuén.
643. del Sauce.
644. del Alerce.

645. Plaza del Guayacán.
646. del Coihue.
647. del Pino Paraná.

648 a 659.
Sistema tipo de señalamiento urbano y edilicio.
1975.

Pictogramas para identificar plazas, parques y paseos públicos.

Serie referida a nombres de la fauna argentina.

648. Plaza de la Perdiz.
649. de la Yarará.
650. del Flamenco.

651. Plaza del Puma.
652. de las Palomas.
653. del Zorro.

654. Plaza del Avestruz.
655. de la Mulita.
656. de la Llama.

657. Plaza del Ciervo.
658. de la Lechuza.
659. de la Liebre.

660 a 674.
Señalética del *Mercado Central de Buenos Aires*. 1980/81.

Serie de pictogramas para nomenclatura de calles y sectores.

Los nombres están relacionados con la naturaleza y la producción frutihortícola.

660

661

662

660. Calle de la Llanura.
661. del Valle.
662. de la Montaña.

663

664

665

663. Calle del Río.
664. del Mar.
665. de la Loma.

666

667

668

666. Calle del Timón.
667. del Arco Iris.
668. del Sol.

669

670

671

669. Calle de la Raíz.
670. del Tallo.
671. de la Flor.

672

673

674

672. Calle de la Semilla.
673. de la Siembra.
674. del Fruto.

675 a 689.
Señalética del *Mercado Central de Buenos Aires*.

Serie de pictogramas para nomenclatura de calles y sectores.

675. Calle de la Hoja.
676. del Arbol.
677. del Monte.

678. Calle de la Pala.
679. de la Azada.
680. del Arado.

681. Calle del Cultivo.
682. de la Lluvia.
683. de la Recolección.

684. Avenida de circunvalación.
685. Lugar histórico.
686. Pabellón de pescados y mariscos.

687. Estación de Servicio.
688. Taller mecánico.
689. Restaurante.

675   676   677

678   679   680

681   682   683

684   685   686

687   688   689

5.12.
Retícula de gradaciones de valor

Cualquiera fuera el sistema de impresión que utilizáramos en la industria para reproducir una imagen editorial, no podríamos imprimir los valores de gris intermedios entre el negro y el blanco porque la tinta que se emplea forma una película de densidad uniforme. Si la esparciéramos sobre una plancha lisa y plana para imprimir, por ejemplo una foto con distintos tonos de gris, ésta se vería como una mancha uniforme. En consecuencia, las imágenes que tienen gradaciones de valor como las fotografías, deben descomponerse en una serie de puntos tan pequeños que el ojo humano no los distingue a una distancia normal, de forma tal que se funden creando una ilusión óptica de los distintos valores de gris. Al estar los puntos en alto relieve y la separación entre ellos en bajo relieve, la máquina puede reproducir con fidelidad la imagen impresa. Como ya dijéramos, esta retícula se denomina en la industria gráfica de tono continuo o de medio tono o semi tono.

La descomposición con puntos se logra fotográficamente colocando una retícula de vidrio cuadriculado o de contacto, delante de la película. Esta retícula consta de dos láminas de vidrio con líneas paralelas grabadas que se llenan de pigmento negro [207]. Luego se juntan ambas láminas de modo que las líneas se crucen perpendicularmente formando una cuadrícula con líneas negras y ventanas transparentes.

En general las líneas negras y los huecos transparentes tienen el mismo ancho. La distancia entre la retícula y la película es de unos milímetros. Al fotografiar, la imagen proyectada por la lente pasa a través de las pequeñas aberturas de la retícula, produciendo en la película una serie de puntos que varían de tamaño según el grado de luz reflejada por el original. Como la zonas claras reflejan mucha luz, el negativo resultante tendrá predominancia opaca en dichas zonas, asomando algunos puntos transparentes pequeños. Por el contrario, el reflejo en las zonas de sombras será muy débil, y éstas aparecerán transparentes en el negativo, con algunas partes opacas pequeñas.

El resultado final es una apariencia grisada que no llega ni al blanco ni al negro pleno, debido al ordenamiento de puntos negros de diferentes tamaños, exactamente a la misma distancia unos de otros [208].

El mismo efecto se logra con retículas lineales que traman la foto original solamente con líneas, sin necesidad de cruzarlas para formar puntos.

690 a 693.
Afiches para la *Sociedad Central de Arquitectos*. 1981/82. Serie: Arquitectos Argentinos.

Los puntos tienen un ordenamiento ortogonal no frecuente.

Como cada retícula del fotocromo tiene un ángulo distinto,

aquel efecto se obtiene con la retícula del color amarillo.

El efecto se produce por el afinamiento y el engrosamiento de las líneas, cuyas formas pueden ser rectas (horizontales, verticales y quebradas), curvas (onduladas o concéntricas), y radiales. Retículas de otros tipos se utilizan para proveer a las fotografías impresas de texturaciones diversas o efectos de tramas textiles. Las Figuras 690 a 697 ilustran diseños para afiches de la *Sociedad Central de Arquitectos* concebidos con retículas de puntos.

690

691

692

693

694 a 697.
Afiches para la *Sociedad
Central de Arquitectos*.
1981/82.

Serie:
El patrimonio
arquitectónico de los
argentinos.

A la retícula radial - llamada *mezzotint* -
la experimentamos en el taller
de fotograbados de *Miguel Pilato,* quien la
había traído de Japón ni bien apareció
en el mercado de la industrial editorial.
La Figura 698 muestra la retícula
aplicada en uno de los bocetos previos

que hicimos para el afiche del concurso
del *Campeonato Mundial de Fútbol
Argentina '78.*
Con ella diseñamos muchas piezas
gráficas, desde que la empleamos por
primera vez en un aviso conmemorativo
del Día de la Independencia de Argentina.

694

695

696

697

698.
Trama radial *mezzotint*.

Los rayos de la trama acompañaban los pliegues de una escarapela nacional, que, del tamaño de una página, apareció en todos los matutinos del país el 8 de julio de 1972, día anterior al de la conmemoración.

A esa altura, ya habíamos trabajado en muchas campañas que habían sido publicadas, pero por el efecto óptico que producía la trama, ningún aviso como éste nos había despertado tantas espectativas y ganas de verlo impreso.

698

699 a 701.
Logotipo para una
empresa de
comercialización de
neumáticos. 1979.

699.
Segmento
700.
Logotipo.

701.
Una de las aplicaciones.

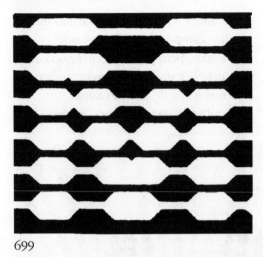

699

700

701

El sencillo principio de la retícula de semitono es la piedra fundamental de todos los sistemas de impresión para la reproducción de gradaciones de valor. Los sistemas varían entre sí en sus procedimientos tecnológicos - *litografía, litografía offset, huecograbado, serigrafía* - pero todos contienen cuatro de las nociones rectoras del pensamiento visual: la de punto, la de línea, la de estructura y la de serie, conjugadas aquí al servicio de la reproducción gráfica mediante procesos fotoquímicos.

El principio de la red es de raíz científica; su aplicación práctica es de naturaleza tecnológica. Cuando el diseñador utiliza tramas fotográficas como cuando crea retículas dibujadas a mano, está ejercitando en plenitud una de las herramientas básicas del Diseño Gráfico.
Las Figuras 699 a 703 ilustran ejemplos de retículas manuales que acentúan y exacerban los efectos ópticos que producen las fotográficas. El logotipo de la empresa de neumáticos, tiene sólo dos valores: el más alto, casi blanco, determinado por las líneas finas, y el más bajo, casi negro por las líneas gruesas (Figuras 700 y 701). La trama para la empresa de indumentaria, en cambio, tiene cuatro valores de gris. Cada punto es una cruz que cambia de valor según el espesor de los brazos (Figuras 702 y 703).

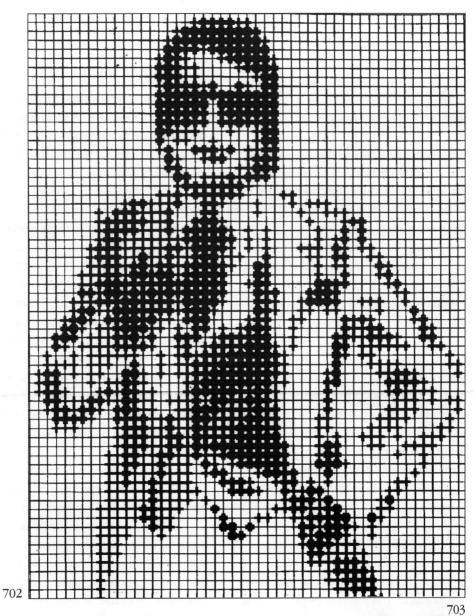

702

702.
Trama lineal
conformada por la
continuidad de puntos
cruciformes. *Ñaró*,
indumentaria.
1979.

703.
Los puntos tienen cuatro
gradaciones de valor.

703

5.13.
Retícula cinética y electrónica

Las imágenes cinéticas que se transmiten por medios electrónicos también se obtienen mediante el mismo principio reticular, molecular y serial. En el tubo del televisor y en el monitor de la computadora, las imágenes se construyen en las pantallas por impulsos eléctricos, que a través de mecanismos de conmutación, se convierten en móviles y luminosas.

Las pantallas están conformadas internamente por una red o retícula metálica compuesta por líneas horizontales y verticales separadas entre sí por décimas y hasta centésimas de milímetro. La distancia entre las líneas, varía según el sistema de televisión o computación que se utilice. A medida que decrece la distancia entre líneas se reduce la dimensión del punto y por lo tanto aumenta la definición de la imagen. Al acercarse a la pantalla se perciben a simple vista los puntos y su dimensión aproximada. Los televisores que emiten la imagen en blanco y negro tienen una malla de 400 líneas en el alto de la pantalla; los que emiten imágenes en color por el sistema *PAL N* tienen 625 líneas; las pantallas para los sistemas japoneses de alta definición alcanzan a 1150 líneas, y los sistemas europeos son producidos con pantallas que tienen una trama de 1250 líneas; es decir, una definición de la imagen más de tres veces mayor que la de los sistemas tradicionales en blanco y negro. [209]

Cada una de las líneas metálicas horizontales y verticales de la malla que está dentro de la pantalla color, configura como dijimos, pequeñísimos puntos. Esos puntos albergan alternativamente los tres colores básicos - rojo, verde y azul - con los cuales se obtienen todos los demás tonos que forman las imágenes. Esta máscara reticular y modular se denomina *RGB (red, green, blue)* porque ese es el orden en que aparecen repetidos los tres puntos cromáticos siguiendo un esquema serial constante [210].

Esta retícula infinitesimal, en su cara interna tiene una capa luminiscente de un material fosforado. El sistema electrónico del aparato - televisor o computador - desde el fondo del tubo emite un bombardeo de electrones hacia el frente, que chocan contra la retícula metálica y fosforada. Mediante el principio físico de convertibilidad de la energía, la electricidad emitida se convierte en luz sobre la pantalla. Del valor de la carga electrónica emitida desde el tubo, dependerá la intensidad lumínica sobre cada punto ínfimo, rojo, verde o azul.

El proceso, denominado *barrido secuencial de líneas,* es el siguiente: una cámara capta la imagen de una escena cualquiera como si un pincel electrónico la reprodujera leyéndola línea por línea y de izquierda a derecha en un lapso ínfimo. Mediante el sistema electrónico y el principio físico expuestos, el equipo la reproduce en la pantalla del televisor de la misma forma como la cámara las ha captado, es decir, por medio del barrido secuencial de las líneas.

Para Eduardo Feller, profesor de medios cinéticos, una de las diferencias básicas entre la fotografía y el cine por un lado, y la televisión y la computación por el otro, reside en el proceso de captación de la luz. Mientras en el cine y la fotografía, la luz toma todo el campo de la imagen en el mismo instante, en la televisión y la computación, la imagen se construye por un barrido secuencial [211].

Los distintos tonos que recibe el observador, se obtienen - como viéramos en el capítulo 4 -, por la mezcla aditiva de colores, con la diferencia que en la pantalla del televisor o en el monitor del computador, la unión de las luces coloreadas que emerge de los pequeñísimos puntos, se produce en nuestra retina y no en el espacio, como ocurre cuando superponemos reflectores de luces coloreadas en un escenario.

En nuestro caso, como hemos visto, los minúsculos puntos - aunque con distintas intensidades lumínicas - siempre son rojos, verdes o azules, y se van alternando rítmicamente en cada línea.

La retícula de medio tono se basa en el principio cromático de la mezcla sustractiva para construir las imágenes impresas en color ya que la superposición de las tintas va restando luz conduciéndonos hacia el negro.

La reticula luminosa que construye las imágenes cinéticas, lo hace por el contrario, mediante el principio cromático de la mezcla aditiva que da como resultado el blanco por adición de luz.

Partiendo de esta concepción serial y reticular, que como hemos visto, permite construir tanto las imágenes impresas por medios fotomecánicos, como las cinéticas por medios electrónicos, es inexcusable destacar los trabajos pioneros y vanguardistas que se realizaron en la animación gráfica. Citaremos como ejemplo los de Norman Mc Laren, Saul Bass, Charles Eames, William Golden, Carlo Vivarelli, Richard Bailey y Keneth Brown, en Canadá, Estados Unidos y Europa, que con sus experiencias, abrieron el camino del Diseño Gráfico audiovisual [212].

5.14.
Retícula de diagramación

Las redes o retículas para la organización de elementos que intervienen en la diagramación de las páginas de un libro, una revista, un diario, un folleto o cualquier pieza editorial, integran una clase dentro de las estructuras de repetición. Este grupo de grillas tiene características que las particularizan porque están dimensionadas según medidas tipográficas y no con las del sistema métrico decimal. Así como la unidad métrica es el centímetro, la unidad tipográfica tiene dos sistemas de medidas. Por medidas tipográficas entendemos las que se aplican para la medición de los caracteres tipográficos y todos los otros elementos de composición [213]. Hay dos sistemas de medidas tipográficas:

a. El sistema *Didot,* llamado así en homenaje a Firmin Didot, tipógrafo francés que en el siglo XIII desarrolló los sistemas de medición.
b. El sistema *Angloamericano* utilizado en los países sajones.
En Argentina predomina el sistema Didot. La unidad más pequeña de estos sistemas es el *Punto.*

Las relaciones básicas entre los sistemas de medidas tipográficas y el métrico decimal son la siguientes:

1. Sistema *Didot:*
1 Punto = 0,3759 mm;
12 Puntos = 4,51 mm (Un *Cícero*).
2. Sistema *Angloamericano:*
1 Punto = 0,351 mm;
12 Puntos = 4,21 mm (Una *Pica*).

El *Punto Didot,* como puede apreciarse, es ligeramente más grande que el *Punto Angloamericano.*
Pero la intención de este segmento del capítulo no es ingresar al campo de la tipografía, que otros autores como Goudy [212], Solomon [215], Ruder [216], Schmid [217], Spenser [218], o Carter, Day y Meggs [219] han estudiado con autoridad y exhaustividad, sino tan solo la de dar pruebas fehacientes que nos permitan demostrar:
1º Que las retículas o redes de construcción y de diagramación son estructuras simples de repetición.
2º Que lo único que diferencia a las retículas o grillas de diagramación de las demás estructuras modulares, es que responden a sistemas de medidas diferentes, lo que en nada varía el planteo creativo del diseñador con respecto a ellas.
3º Que las estructuras de construcción o diagramación, son una expresión más de la visión serial y gestáltica aplicada aquí al código del Diseño Gráfico.
4º Que la interacción entre las partes y el todo, se verifica en este caso entre los módulos como partes y la retícula como totalidad organizada.

704.
La retícula del libro se
manifiesta en la tapa.

Así como para el Diseño Arquitectónico y para el Diseño Industrial la grilla es un manantial de combinaciones modulares que permiten el ordenamiento constructivo tridimensional de los espacios, para el Diseño Gráfico es una herramienta de uso ilimitado. Se dibuja para diagramar las páginas pero actúa como una red invisible que luego no se imprime. Es una suma de campos reticulares dentro de los cuales se articulan y combinan títulos, textos, ilustraciones, fotografías y espacios en blanco. El número de retículas de diagramación, es decir, de divisiones posibles del plano gráfico y de variables que pueden hacerse dentro de cada retícula, es tal, que las posibilidades creativas no tienen limitaciones.

La superficie que se imprime es llamada caja o área tipográfica. «La retícula constituye un sistema de orden dentro del área impresa y determina los márgenes exteriores» [220].

La grilla de diagramación, como ya vimos, se mide en puntos en el alto y en el ancho. La división horizontal más pequeña corresponde a la distancia entre una línea tipográfica y la otra. La vertical queda determinada por el ancho de la página, por el de las columnas, por la cantidad de columnas y por los espacios entre columnas.

La superficie que se imprime es llamada *caja* o área tipográfica. Los márgenes son la parte no impresa, el espacio perimetral que existe entre la retícula y los bordes del papel. Pueden ser regulares e irregulares. Müller Brockmann [221] considera que la decisión de romper la igualdad de los cuatro márgenes suele motivar composiciones más dinámicas y diversas que la de buscar la equidad en las medidas de los bordes. Pero aquí interviene ya la intención que cada diseñador quiera imprimirle a su obra.

704

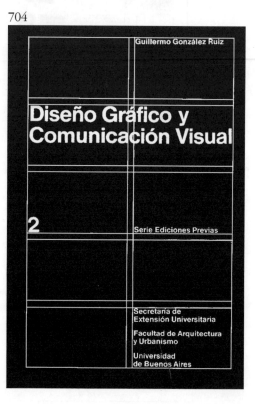

705 7 708.
Retícula de
diagramación de doce
módulos por página.

707 y 708.
Tapas de la revista de la
*Sociedad Central de
Arquitectos*.
1980/84.

707.
Dibujo de la tapa
del Nº 119:
Arq. Clorindo Testa.

708.
Dibujo de la tapa
del Nº 122.
Arq. Mederico Faivre.

Las Figuras 705 y 706 ilustran ejemplos
de las páginas de una publicación
diagramada con una grilla de tres
módulos en el ancho por cuatro módulos
en el alto, con sus respectivas calles
intermedias.

Las Figuras 707 a 716 ilustran
ejemplos para la revista de la *Sociedad
Central de Arquitectos, SCA,* la retícula de
este libro y la de una colección
de libros sobre el patrimonio
arquitectónico argentino.

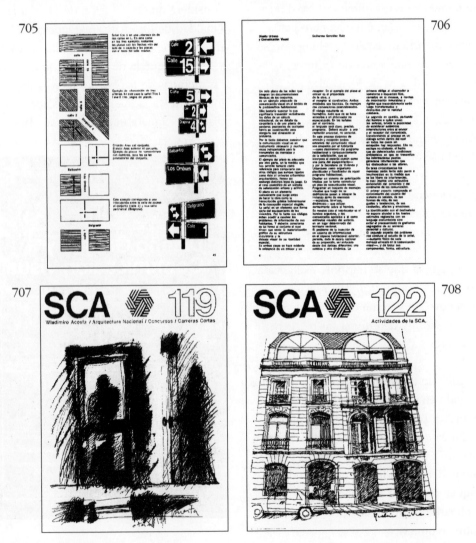

705

706

707

708

709 a 711.
Revista de la *Sociedad
Central de Arquitectos*.
1980/84.

712.
Retícula de
diagramación
de este libro.
1993.

Si la tarea principal de un diseñador es comunicar de la manera más simple, directa y efectiva como sea posible, debe evitar toda actitud preconcebida de alcanzar una idea ingeniosa o creativa por sí, como fin en sí mismo, a ultranza.

« La creatividad comienza - dice Munari - cuando uno abandona la idea de tener una idea » [222]. En ese sentido la grilla es un reaseguro para el ordenamiento objetivo de la comunicación, nunca una limitación de las ideas.

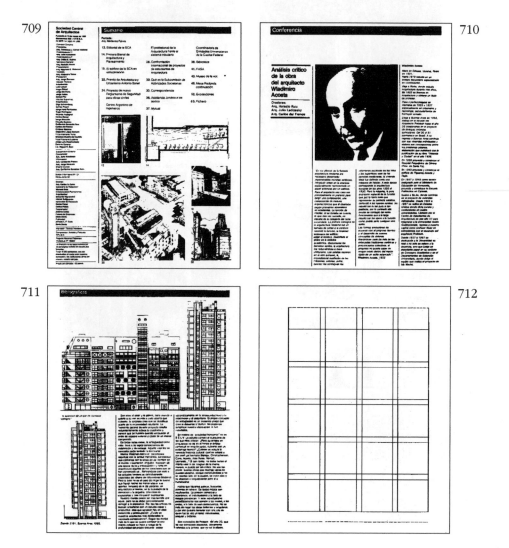

709

710

711

712

713 a 716.
Tapa, retícula y páginas
interiores de la
colección de un libro.
1982.

El Patrimonio
Arquitectónico de los
Argentinos, editado por
la *Sociedad Central de*
Arquitectos.

713

714

715

716

717.
Estudio de
reformulación del diario
La Razón.

Ejemplo sobre las
noticias del 12 de abril
de 1984.

718.
Logotipo definitivo y
estudio tipográfico
previo.

También en el terreno del Diseño
Periodístico, la grilla es el instrumento
básico para el encolumnado de un diario
o de una revista. Para Harold Evans,
- autor inglés de una copiosa obra sobre
el tema - « ningún periódico moderno
podría comunicar con coherencia y
economía si no construyera sus páginas a
partir de una retícula básica. Incluso con
estilo actual, la página que carezca de
una retícula sobre la cual se organicen las
columnas, debe ser entendida como una
excentricidad que demuestra la regla » [223].

Cuál debiera ser el ancho de la columna
básica sería un tema de debate, pero
cualquier planteo legible eficaz nos lleva a
comenzar un diseño previendo que ésta
sea dividida verticalmente ».

En oportunidad de trabajar en la
reformulación gráfica del diario *La Razón,*
decidimos construir una grilla elástica y
dúctil partiendo de la original, con la que
se diagramaba cotidianamente el
tradicional vespertino porteño
(Figuras 717 y 718).

717

718

El modelo fue desarrollado en base a las noticias periodísticas reales pertenecientes a la crónica diaria, durante el período en que se desenvolvió el trabajo.

La mayor inquietud la depositamos en la organización de la secuencia, es decir, de la compaginación, del modo en que las páginas, al desplegarse el diario, se suceden en el tiempo y en el espacio para que el lector lo viva como una obra rítmica e integrada. En la organización de los elementos gráficos de una página, y en la de todas juntas, se manifiesta otra modalidad: la simultaneidad de la visión serial en el plano, en el espacio y en el tiempo.

El diseño editorial moviliza una de las más potentes poleas de transmisión cultural de la población, y no sólo por ser expresión de la libertad de prensa a través de diferentes corrientes de opinión. También por sus estilos gráficos singulares, vigorosos y creativos, por sus formas de redacción, por sus composiciones de página y por sus titulados.

Los diarios las revistas y los libros preservan y consolidan día a día con la palabra impresa, los valores culturales, literarios e idiomáticos de nuestro ser nacional, a través del compromiso de responder a la necesidad social de la información.

« Las libertades de expresión y de prensa - dice una declaración suscripta por todas las entidades periodísticas argentinas - son patrimonio del conjunto de la sociedad, que únicamente puede ser libre si goza de aquellas sin restricción alguna. Así, bien se ha sostenido que no hay democracia ni sistema republicano de gobierno sin la vigencia plena de la libertad de expresión ».

Dentro de ese marco de auténtico respeto a la libertad expresiva, percibimos afinidades entre la necesidad social de la Prensa y la del Diseño; entre la función social de la palabra escrita y la de la forma visual; entre la actitud del periodista y la del diseñador.

El primero, procesando la información con una de las más vitales manifestaciones de la cultura contemporánea: el Periodismo. El segundo, concibiendo formas útiles con uno de los más fértiles códigos del lenguaje visual: el Diseño.

Y ambos, respondiendo a las necesidades que nacen del hábitat y de las condiciones de intercambio social del hombre contemporáneo, mediante la apelación a sus recursos creativos para construir mensajes visuales o audiovisuales que conjuguen el contenido comunicacional con la forma lingüística o visual.

5.15.
Tipografía como serie de signos

En la medida que consideremos a cada letra como una forma, como una gestalt, y a los conjuntos de letras y números - sílabas, palabras, frases, oraciones, textos, versos, cifras, signos de puntuación - como grupos organizados de formas, podemos considerar a la tipografía como una serie de signos tipográficos conmutables y combinables. El alfabeto se erige así en una totalidad gestáltica constituida por una serie de módulos de estructura similar, no idéntica. Cada letra o número, es un módulo de la serie. Cada signo es igual o distinto al otro, pero todos están unidos por afinidades estructurales que los asocian.

La forma de cada signo depende de factores históricos, morfológicos, lingüísticos, comunicativos y estilísticos. El alfabeto occidental romano tiene 27 mayúsculas, 27 minúsculas y 10 números; y su estudio puede encararse desde dos puntos de vista: el histórico y el estructural. Por el carácter proyectual de esta obra y por nuestra interpretación orgánica del acto de Diseño, auspiciamos una óptica sintetizadora de ambos. El conocimiento de la estructura formal de la tipografía en los contextos histórico y socio-cultural, proporciona al diseñador la osatura imprescindible para abordar el procesamiento creativo de los signos alfabéticos y una comprensión de la influencia de la tipografía en el proceso evolutivo de la comunicación escrita e impresa.

Hablar de tipografía significa hablar de tres aspectos que la determinan:
a. El diseño de los caracteres.
b. La disposición de ellos en el espacio gráfico bidimensional.
c. Las técnicas manuales, mecánicas y electrónicas que intervienen [224].

Estos tres niveles están interrelacionados. La estructura del signo tipográfico es, como para cualquier forma, la ley organizativa de sus partes constitutivas, y esta, en lo esencial, no ha variado a través del tiempo: las mayúsculas desde el Imperio Romano, las minúsculas desde el Imperio Carolingio y los números desde el Renacimiento, preservan sus rasgos básicos originales.

Desde el punto de vista formal, los signos del alfabeto pueden clasificarse en conjuntos que se agrupan según los rasgos de la estructura lineal de las letras y los números:

1. Las mayúsculas y los números constituidos por líneas rectas verticales y horizontales: *E, F, H, I, L, T* y *1* (Figuras 719 y 720).

719.
Isotipo para una
empresa constructora.
Elcora.
1970.

720.
Marca para *Horacio
Luchetti*. Inmobiliaria.
1982.

721.
Marca para la estancia
Las 4 Hermanas.
1977.

722.
Isotipo para un
laboratorio. *Vintex.*
1974.

2. Las mayúsculas y los números en los cuales predominan las líneas rectas verticales, horizontales y oblicuas: *A, K, M, N, V, W, X, Y, Z;* y *4* y *7.*

Las Figuras 721 a 723 ilustran ejemplos. Todos fueron diseñados según la estructura formal de sus iniciales respectivas y enfatizando las líneas verticales, horizontales e inclinadas.

719

720

721

722

723

723.
Isotipo para la hostería
Villa Arelauquen,
Bariloche.
1978.

724.
Isotipo para una
empresa textil. *Balux*.
Anteproyecto.
1987.

725.
Isotipo para *el ente
binacional Salto Grande*.
Anteproyecto.
1963.

727.
Isotipo para
Siat, empresa de caños
y tubos del grupo *Siam*.
1962.

728.
Isotipo para la *Cámara
Argentina de Turismo*.
1978.

3. Las mayúsculas y los números
constituidos por rectas y curvas:
B D G J P Q R U y *2* y *5*
(Figuras 724 a 726).
4. Las mayúsculas y los números
conformados por líneas curvas:

C, O, S y *3, 6, 8, 9,* y *0*. (Figuras 727 a 729).
El lector puede completar esta
clasificación alfabética según la
estructura de los signos, siguiendo un
criterio similar para agrupar las
minúsculas.

727

724

725

728

726

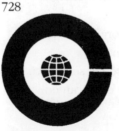

729

726.
Isotipo para *Duperial*.
Concurso.
1974.

729.
Isotipo para el *Consejo
de las Comunicaciones
Sociales*. Anteproyecto.
1985.

5.16.
Retórica tipográfica

Como cualquier tipo de signos, los tipográficos se estudian según su forma y su significado. Ambos entablan relaciones dialécticas entre sí y con las imágenes icónicas. En el Diseño visual, el diseñador procesa la retórica de las formas icónicas y la de las tipográficas, puesto que según vimos, las figuras retóricas se extienden no solo a las palabras escritas sino también a las formas visuales.

El término *figura* debe interpretarse aquí en su significado de figura de construcción gramatical o figura de dicción, es decir, ciertos modos de comunicar, que apartándose de la construcción lógica y sencilla, dan a la expresión de las ideas singular elevación, gracia o energía.

Dado que el análisis formal se realiza desde la dimensión sintáctica, y el del contenido desde la semántica, las figuras retóricas se clasifican en:
a. Figuras sintáticas.
b. Figuras semánticas.

Las figuras sintácticas se basan en la simple mostración. El nivel significativo se acaba en lo que se presenta [225]. La sintaxis tipográfica es el resultado de la suma de la sintaxis lingüística, para el ordenamiento de las palabras en las oraciones, más la sintaxis formal, que establece la organización de los signos tipográficos como resultado del conocimiento y del procesamiento de la estructura de las letras y los números. Ambas sintaxis, la lingüística y la estructural, están directamente influenciadas por la condición serial y rítmica de los signos tipográficos.

Veamos un ejemplo. El logotipo *Vinilia* que ilustra la Figura 730 es una expresión retórica sintáctica. Por ser el logotipo una totalidad formal en la que todas las letras de la palabra constituyen una serie, la idea de diseño surgió de percibir que las tres letras I estaban insertas entre las cuatro restantes *V, N, L* y *A*.

La conciencia serial aplicada a la tipografía es estimulante para la creación de figuras retóricas sintácticas, que por otra parte, son motivadoras de cargas retóricas semánticas. En nuestro caso, las tres verticales que se prolongan hacia arriba y hacia abajo de las letras *I*, conforman cuatro campos de fondo. En la marca que se diseñó para una empresa de vinílicos decorados, dichos campos fueron utilizados como espacios aptos para incluir ejemplos de los diseños en calendarios, carpetas de muestras y exhibidores en puntos de venta (Figura 731 a 733).

730.
Logotipo para una
marca de papeles
decorados. *Vinilia*.
1979.

731 a 733.
Aplicaciones de la
marca.

730

731

733

732

734.
Logotipo para una marca
de ropa masculina.
Roland Cotton.
1983.

735.
Anteproyecto de
logotipo *Ñaró*. 1975.

736.
Logotipo para una marca
de jabón de lavar.
Durados. 1980.

Ello nos pone de manifiesto que las figuras retóricas en las formas tipográficas pueden tener distintos gradientes de intensidad, según su carga semiótica:

1. Figuras retóricas que sólo manifiestan la estructura tipográfica (sintaxis).
2. Figuras retóricas que tienen mayor carga sintáctica que semántica.
3. Figuras retóricas con equilibrio sintáctico-semántico.

Los ejemplos que se ilustran, reflejan estos gradientes de distinta intensidad retórica. El logotipo *Roland Cotton* es una expresión sintáctica pura porque la identidad visual empresaria se obtiene por la acentuación y la repetición de las diagonales que nacen de las letras *R, A* y *N,* y se extienden a la *C* y a la *O.*

El logotipo para *Ñaró* establece un contrapunto entre las estructuras de las letras y las de sus respectivos fondos, a pesar de que permanecen constantes las líneas blancas y negras que dibujan ambas series. El de *Durados* - marca de un jabón de lavar - utiliza la línea para acentuar el significado del nombre (Figuras 734 a 736).

734

735

736

737.
Anteproyecto de
logotipo para el *Banco
Francés*. 1978.

738.
Logotipo para la agencia
Telam de noticias.
1989.

Los logotipos para el *Banco Francés,*
la empresa *Telam* de noticias, la *Ferretería
Industrial Ferragen,* la empresa de
perforaciones marinas *Perfomar* y *Top
Tours,* manifiestan dosis mayores de
refuerzo semántico que las anteriores.
Las diagonales que emergen de la *A* y
la *N* son bicolores como la bandera de
Francia; la *A* de *Telam* simboliza una
brújula que marca el sur; las letras

atornilladas son de alusión directa en
Ferragen tanto como las que en
Performar trasuntan la ondulación del mar
y la vibración de los pilotes cuando
penetran en el suelo marino, como las
dos *O* de *Top Tours* transformada en el sol
reflejado en el agua, y como las palabras
2º Festival de Cine Publicitario, que
refuerzan semánticamente cada significado
que transmiten (Figuras 737 a 742).

737

BANCO FRANCES

738

739.
Logotipo para una
ferretería industrial.
Ferragen. 1981.

740.
Logotipo para una
empresa de
perforaciones marinas.
Performar. 1980.

741.
Logotipo para una
agencia de turismo.
Top Tours. 1978.

742.
Afiche del *2º Festival del
Filme Publicitario*.
1972.

739

740

741

742

743.
Logotipo e isotipo para
una villa invernal.
Val. Chapelco.
1979.

744.
Isotipo para una
empresa pesquera.
Anchomar.
1978.

745.
Anteproyecto de isotipo
para *Cristalerías
Rigolleau.*
1980.

746.
Logotipo para una
empresa de publicidad
en la vía pública.
Meca. 1967.

El tercer grupo de ejemplos que ilustran
las Figuras 743 a 746 está constituído por
un isotipo, por dos isotipos-logotipos
y por un logotipo, que en forma
deliberada equilibran dos figuras
retóricas que actúan siempre unas como
formas y otras como contraformas.
El isotipo *Anchomar* entre la inicial y

el producto, el de *Val Chapelco*
entre la inicial y un símbolo andino,
el cóndor, el de *Rigolleau,*
entre la inicial y el típico símbolo
de la industria del vidrio, la gota de sílice
fundido, y el de la compañía *Meca* de vía
pública, entre las cuatro letras de la
palabra y los cuatro puntos cardinales.

743

744

745

746

747.
Aviso conmemorativo
del Día de la Bandera.
1971.

Municipalidad de la
Ciudad de Buenos Aires.

748.
Aviso con motivo de la
inauguración de una
sucursal.
1972.

Banco de la Ciudad
de Buenos Aires.

De los tres grupos de ejemplos pueden extraerse estas conclusiones:

1. Que siempre el diseñador procesa las dos figuras retóricas, la sintáctica y la semántica.

2. Que la dosificación de ambas cargas retóricas determina diversas soluciones.

3. Que la propuesta más adecuada será aquella que considere a las dos figuras retóricas con la misma jerarquización, intensidad y singularidad.

4. Que las figuras retóricas en el diseño tipográfico pueden ser estimuladas por la propiedad serial de la tipografía.

Las Figuras 747 y 748 ilustran ejemplos de retórica tipográfica cuya semantización fue obtenida no por procedimientos fotográficos ni manuales, sino con la intervención de la cámara.

Los mismos efectos pueden lograrse hoy mediante programas informáticos para asistir a la Ilustración, al Dibujo o al Diseño. Premeditadamente, no decimos que son « programas de Diseño » porque, como es obvio, por sí solos los programas no generan diseños, sino que solo ayudan a diseñar.

Aludiremos a la relación entre el pensamiento del Diseño y el de la Informática en el capítulo 6, inciso 6.9., debido a que juzgamos de importancia crucial para el diseñador, la energía que se entabla entre la mente y la máquina.

747

748

5.17.
Adición de la imagen fotográfica

La imagen, entendida ahora como representación visual de la realidad, o de la imaginación - y no como concepto que nos creamos sobre las personas o las cosas, según lo viéramos en el capítulo 2 - condensa ilimitadas regiones de la experiencia humana. Esto es válido tanto para las imágenes fijas como para las móviles, que, como también vimos, se obtienen mediante la sucesión de las fijas que se fusionan en la mente merced a nuestro mecanismo perceptivo. En tanto que fracción infinitésima captada en el tiempo y en el espacio, fluye, y al fluir, se adiciona. Es decir que una imagen se continúa en otra, y así, cada imagen que nace de otra anula la precedente [226].

El fotógrafo inglés Richard Avedon dice que la fotografía es determinante en este proceso de popularización visual, porque el ojo es más rápido captando que la mano dibujando. Lo fotográfico es múltiple, consecutivo, repetitivo y serial, en oposición a lo plástico, que es manual, único y exclusivo. La imagen cinética se hace así contingente, aleatoria, perecedera y accesible a todos.

La fotografía fija, lo mismo que la cinematografía, es varias veces múltiple. Lo es en primer lugar porque la cámara nos permite disparar la cantidad de veces que querramos mientras dispongamos de material sensible; en segundo lugar es múltiple porque de ese negativo o diapositivo se pueden obtener la cantidad de copias que deseemos o necesitemos; y en tercer término es múltiple porque por métodos de fotocopiado, de lectura electrónica, de reproducción o de impresión, podemos copiar el original una cantidad tal de veces, que el límite lo establecen sólo los objetivos comunicacionales o los recursos disponibles.

La cámara y las nuevas tecnologías han permitido el acceso masivo a las imágenes. En el nuevo universo visual, todo lo captado por nuestro ojo puede ser reproducido y copiado infinidad de veces. Y en ese mundo gobernado por la cámara que reproduce imágenes fijas o móviles, las fronteras entre unas y otras desaparecen.

Como expresa Susan Sontag, la fotografía contribuye a una visión atomista de la realidad porque la segmenta en infinitas partes. Pero también es cierto, que inversamente, nos permite construir una visión multiplicadora y pluralista. [227]

Los ejemplos de las Figuras 749 a 764, nos muestran modalidades diversas para incorporar esa energía propia de la adición fotográfica.

749 a 752.
Avisos de una campaña
institucional para la
empresa *Siam*.
1963.

753 y 754.
Fotografismos en dos
avisos institucionales
para *Siam*.
1963.

755 y 756.
Efectos de solarización
color en un folleto
institucional.
1970.

Ferrocarriles Argentinos.

753

754

755

756

757 a 759.
Fotografías en alto
contraste para
arquigrafías.
1980.

Anteproyecto
*Subterráneos
de Buenos Aires*.

760 y 761.
Programas del
Teatro San Martín.
1972.

757

758

759

760

761

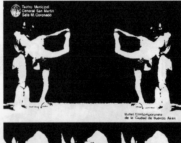

762 a 764.
Utilización de
fotografismos con
recursos de positivo y
negativo.

762.
Afiche de *La terraza*.
Director:
Leopoldo Torre Nilsson.
1964.

763.
Catálogo de Argentina
para el *Festival de Cine
de Berlín*.
1964.

764.
Afiche para Berlín del
film *Pajarito Gómez*.
Director: Rodolfo Kuhn.
1965.

762

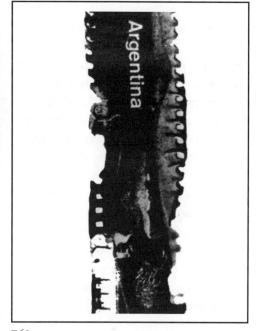

763

764

5.18.
Serie, interacción serial y conjunto

No ha sido espontáneo o aleatorio haber incluido consideraciones sobre la noción de estructura en el capítulo 3, haber agregado otras sobre la de organización formal en el capítulo 4, y haber expuesto en éste las que sustentan las de interacción serial. Es que estos enunciados coadyuvan a construir nuevas ideas de ideas. El pensamiento del Diseño no sólo es organizativo, sino también asociativo e interactivo. Se articula sobre conceptos, datos y principios que están en relación intrínseca de interdependencia.

Ahora bien, ¿cómo podemos consolidar las ideas asociativas, para disponer de ellas en el acto proyectual? ¿Cómo podemos afianzar la noción de interacción serial? Una manera de aproximarnos a las respuestas es incorporando los siguientes conceptos:
1º. Que una serie no siempre es ni debe ser un conjunto.
2º. Que la idea de conjunto es una evolución de la de serie.
3º. Que un conjunto es una serie de partes idénticas, similares, parecidas o afines, que han sido organizadas y combinadas entre sí, de tal manera que constituyen un todo estructurado.
4º. Que un conjunto no es una suma de elementos sino una integración de partes dinámicamente conectadas.
5º. Que es una gestalt en el sentido de configuración.
6º. Que es una entidad organizada de modo tal que está autorregulada.
7º. Que la noción de serie y la de interacción serial, concluyen naturalmente en la noción de conjunto.
8º. Que esta última nos conecta con las de sistema y de programa visual.

Capítulo 6

La Programación Integral

La Programación Integral

6.1.
De la interacción a la programación

En el capítulo 5 vimos que la interacción serial se manifiesta tanto para diseñar objetos unitarios como para hacerlo con series de objetos; es decir, no sólo cuando deben relacionarse las partes de un objeto sino todos los objetos entre sí para constituír conjuntos formales.
De aquí inferimos que a medida que crezca la complejidad de conjuntos a diseñar, el proceso irá ingresando progresivamente en un grado de complejidad cada vez mayor, para lo cual será necesario incorporar otros recursos mentales que favorezcan la planificación de conjuntos. Hacia allí se orienta la noción de programa, ya que programar implica no sólo diseñar formas, sino básicamente formulaciones para el desarrollo de conjuntos formales.

Los programas visuales pueden clasificarse en tres grandes grupos, según la escala de las formas a diseñar:
el primero - de escala mayor - comprende los programas del campo de acción arquitectónico y urbanístico;
el segundo - de escala intermedia - incluye los programas del campo de acción objetual, elementos y productos;
y el tercero - de escala menor - abarca los programas del campo de acción comunicacional, mensajes visuales.

Pero este agrupamiento previo no es fijo ni inmutable, pues con ese criterio la programación de un film de largo metraje pertenece al último grupo a pesar de que su complejidad es alta, porque abarca un sinnúmero de operaciones de dirección y producción que deben coordinarse para responder al guión de una obra única.

Y lo mismo acontece con la planificación de las comunicaciones visuales de interés público para una gran ciudad, o con la proyectación visual de los mensajes para todas las ediciones de una empresa editorial, periodística o literaria.

Esto nos lleva a convenir que la naturaleza arquitectónica, objetual o comunicacional del Diseño, no determina necesariamente el grado de complejidad del proceso de programación proyectual.

En el intercambio comunicacional de hoy, motivado por el acelerado desarrollo tecnológico de los medios de difusión, la complejidad de la planificación visual o audiovisual de gran cantidad de mensajes es comparable a la del Diseño Urbano, a la del Diseño Arquitectónico y a la del Diseño Industrial.

El programa puede ser de menor o mayor complejidad según los casos, pero el grado está determinado por la escala de los problemas a resolver y no por el campo al que pertenecen.

Diseñar es planificar operaciones, coordinar procedimientos, y ese proceso, requiere cuando la temática de abordaje es de alta complejidad, las mismas estrategias y metodologías, cualquiera sea la esfera visual en la que se actúe.

En este último capítulo abordaremos de manera gradual, el último de los estadios básicos del pensamiento movilizador del acto de Diseño al que hemos llamado programación integral.

6.2.
La noción de tipología

De las nociones de conjunto y de interacción serial vistas en el capítulo anterior, deriva la de tipología, que nos será de valiosa ayuda para acceder luego a la de programación.

« Si toda configuración es un conjunto organizado y formado por conjuntos más pequeños, es evidente - dice Marcolli - que la operación de organizar los conjuntos ha tenido el sentido de elaborar los tipos, porque por muy amplia que sea la gama de los conjuntos que podemos organizar, siempre son reducibles a algunos tipos fundamentales » [228].

Cada forma diseñada es una configuración de partes; las formas, por afinidades, son agrupables en conjuntos; y estos a su vez integran siempre otros conjuntos mayores.

Por ejemplo, los distintos tipos de puertas de una vivienda forman una tipología; esta a su vez es un tipo dentro de las partes que integran la carpintería de madera; y la carpintería participa como un tipo más, dentro de la tipología de rubros que componen una obra.

Tipología es entonces un conjunto definido por determinados caracteres afines. La acción de establecer tipologías engloba las de decodificar, clasificar, seleccionar y agrupar en tipos.
Esta facultad es propia de todo diseñador. Su ausencia inhibe el ejercicio de la actividad en plenitud porque las propuestas serán siempre disociadas, incompletas y carentes de unidad.
Diseñar es crear tipos de soluciones para tipos de problemas de Diseño.

Para diseñar la señalización de la ciudad de Buenos Aires, debimos establecer previamente los tipos de mensajes viales urbanos necesarios para el tránsito vehicular público, logrando definir la siguiente tipología. [229]
1. Señales viales horizontales:
Demarcación en la calzada de los carriles del tránsito y de las flechas y las bandas para los cruces peatonales.

2. Señales viales verticales
2a. Reglamentación:
Prohiben, restringen o permiten sobre el desplazamiento o el estacionamiento de vehículos. Su forma es circular.
2b. Prevención:
Alertan sobre el peligro de algún obstáculo o característica del camino. Su forma puede ser cuadrada apoyada en el vértice, o triangular.
2c. Información:
Orientan o informan sobre los posibles derroteros de una ruta o sobre lugares de interes público: hospitales, escuelas, embajadas, edificios de gobierno.
Su forma puede ser cuadrada o rectangular.

3. Señales de información urbana
3a. Señales de nomenclatura de calles:
Informan la denominación de la arteria, la numeración de la misma y el sentido de circulación. Tienen forma rectangular o cuadrada.
3b. Señales de paradas de ómnibus y paradas de taxis:
Informan sobre el lugar para el ascenso y descenso de pasajeros al medio de transporte indicado. Sus fomas pueden ser rectangulares o cuadradas.

4. Señalización luminosa
4a. Semáforos para intersecciones simples.
4b. Para intersecciones compuestas.

Como puede apreciarse, esta es una tipología de cuatro tipos, en la que cada uno de ellos se agrupa en subtipos.

Cuando el diseñador aplica después la tipología establecida a las particulares circunstancias de la realidad, cada tipo es generador de diversas variantes.

Por ejemplo, para las características de la estructura circulatoria de Buenos Aires, los tipos y subtipos descriptos originaron casi un centenar de mensajes diferentes, los que al reproducirse en serie para cubrir todos los lugares similares donde se necesitaba emplazar cada uno, resultaron cien mil señales distribuidas en la ciudad, es decir mil ejemplares de cada tipo.

Para proyectar conjuntos urbanos, obras arquitectónicas, productos industriales o mensajes visuales y audiovisuales, se requieren los mismos mecanismos mentales de ordenamiento por tipos de los datos y de las partes que aquí hemos descripto para este caso particular.

Veamos ahora las clasificaciones tipológicas que nos autoestablecimos al diseñar otro sistema de señalamiento urbano y edilicio, para ser aplicado en los conjuntos habitacionales de Argentina a comienzos del '70. [230] El análisis y la clasificación por tipos pudo ser realizada recién después de estudiar 35 proyectos de características disímiles, con un espectro que incluía desde los más pequeños con 20 viviendas, hasta los de mayor complejidad con 3.100 unidades habitables [231].

Primera tipología:
Concebir al sistema de señales como una totalidad de comunicación integrada por tres subsistemas:
El informativo, compuesto por todos los mensajes a transmitir.
El tecnológico, formado por los componentes constructivos de los elementos de señalización.
El gráfico, constituido por las normas de composición gráfica y tipográfica.

Segunda tipología:
Clasificar los conjuntos habitacionales según sus tramas circulatorias vehiculares y peatonales en:
2.1. Conjuntos con redes vehiculares externas, internas, abiertas y cerradas.
2.2. Conjuntos con superposición de redes, es decir con tramas circulatorias.
2.3. Conjuntos con redes vehiculares y peatonales a un mismo nivel, de recorridos comunes y de recorridos separados.
2.4. Conjuntos con redes peatonales y vehiculares a distintos niveles y de recorridos superpuestos.

Tercera tipología:
Clasificar los diferentes tipos de accesos a las viviendas:
3.1. Por una peatonal de recorrido central.
3.2. Por un patio interior a varias unidades de vivienda.
3.3. Por un núcleo de circulación vertical.

765.
Tipología de las vías
de circulación vehicular
en un conjunto
de viviendas.

3.4. Por un núcleo vertical ramificado horizontalmente en varias direcciones.

Cuarta tipología:
Clasificar las vías de circulación vehicular (de menor a mayor) desde una calle de acceso a las viviendas hasta una autopista (Figura 765). Se establecieron · siete tipos:
4.1. Calle de acceso a las viviendas.
4.2. Calle interna a un sector del conjunto.
4.3. Calles que delimitan un sector del conjunto y son colectoras de circulación. Su principal función es enlazar las calles internas con las arterias exteriores.
4.4. Arterias perimetrales al conjunto.

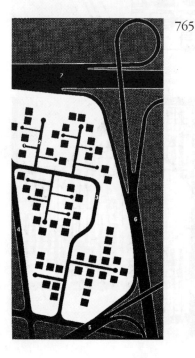

765

4.5. Arterias principales.
4.6. Arterias de circulación rápida.
4.7. Autopistas o vías férreas.

Quinta tipología:
Definir los mensajes visuales a transmitir dentro de cada conjunto habitacional, de forma que el agrupamiento intuya los necesarios; y establecer la definición de cada nombre según nuestra propia interpretación de las categorías:
5.1. Conjunto.
5.2. Zona.
5.3. Calle.
5.4. Sector.
5.5. Vereda.
5.6. Patio.
5.7. Grupo.
5.8. Nudo.
5.9. Edificio (o tira o torre o bloque).
5.10. Escalera (o entrada).
5.11. Piso (o nivel).
5.12. Unidad (o vivienda).

·

5.1. Conjunto: agrupamiento de viviendas que corresponden a un mismo hecho urbanístico arquitectónico.
5.2. Zona: parte de un conjunto delimitada por las siguientes vías circulatorias enunciadas antes en la cuarta tipología: tipo 4.4 (arterias perimentrales de circulación; tipo 4.5 (arterias principales de circulación; tipo 4.6 (arterias de circulación rápida); tipo 4.7 (autopistas o vías del ferrocarril) (Figura 766).

766.
Ejemplo de Zona:
Conjunto Adrogué.

Manteola, Petchersky,
Sánchez Gómez, Santos
Solsona, Viñoly,
Arquitectos.

767.
Ejemplo de Sector:
Conjunto Paraná.

Manteola, Petchersky,
Sánchez Gómez, Santos,
Solsona, Viñoly,
Arquitectos.

5.3. Calle: calzada. Camino para tránsito vehicular. Las calzadas a su vez, pueden diferenciarse según las características de cada proyecto y de su trazado urbano, y de la estructura vial en:
a. calle, b. avenida y c. diagonal.

5.4. Sector: parte de un conjunto o de una zona delimitado por calles del tipo 3 (colectoras de circulación), o parte de un conjunto configurado administrativa o legalmente como un hecho independiente (Figura 767).

766

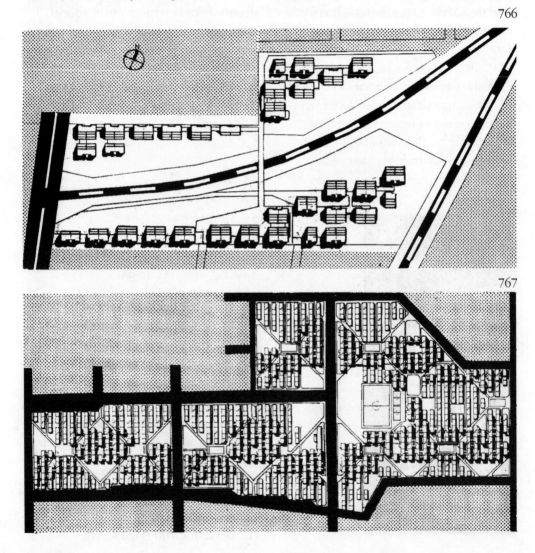

767

768.
Ejemplo de Patio:
Conjunto Soldati.

Bielus, Goldenberg,
Wainstein Krasuk,
Arquitectos.

769.
Ejemplo de Patio:
Conjunto Córdoba.

Guerrero, Morini,
Rampulla, Urtubey,
Arquitectos.

5.5. Vereda: senda o sendero para circulación peatonal. Todas las circulaciones peatonales reciben este nombre independientemente de su ancho o de su longitud.

5.6. Patio: espacio exterior delimitado por la trama edilicia. Puede utilizarse en la señalización de un conjunto como elemento de identificación cuando contenga el acceso a uno o varios edificios o unidades de vivienda (Figuras 768 y 769).

5.7. Grupo: parte de un conjunto, zona o sector, configurada por varias viviendas o edificios contiguos que conformen una unidad espacial (Figura 770).

5.8. Nudo: grupo de volúmenes constituído por un núcleo de circulación vertical que abastece a más de un edificio, torre o bloque, y por dichos edificios (Figura 771).

5.9. Edificio: agrupamiento de unidades de vivienda pertenecientes a un mismo volumen arquitectónico (Figura 772).

Se denomina edificio a todo aquel volumen que no se identifique claramente con las siguientes definiciones:

768

769

770.
Ejemplo de Grupo:
Ciudad Evita.
Comisión Municipal de
la Vivienda.

771.
Ejemplo de Nudo:
Conjunto La Cava.
Secretaría de Estado de
Vivienda y Urbanismo.

772.
Ejemplo de Edificio:
Conjunto Penn.
Girón, Volonté, Nizzo,
Arquitectos.

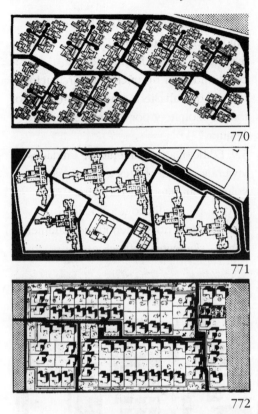

770

771

772

5.10. Escalera (o entrada): a los fines tipológicos se equiparan los dos lugares dado que el acceso a la escalera y a la entrada del edificio llevan la misma señalización.

5.11. Piso (o nivel). Así mismo ambos términos se igualan porque un nivel intermedio al piso se indica igual que éste.

5.12. Unidad: núcleo habitacional que forma parte de un edificio. Vivienda: Núcleo habitacional unifamiliar individual.

Para visualizar las relaciones entre los tipos de mensajes (zona, sector, edificio, vivienda) y las circulaciones perimetrales de cada uno, se realizó un esquema gráfico de acceso a un conjunto, en un recorrido hipotético que podría hacer un habitante o un visitante desde afuera hacia adentro (Figura 773).

773

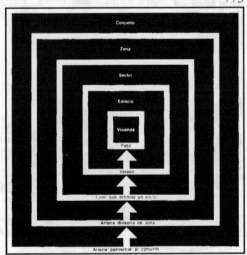

Tira: agrupamiento de unidades de vivienda asimiladas visualmente a un mismo edificio en el que predomina la dimensión horizontal.

Torre: agrupamiento de unidades de vivienda asimiladas visualmente a un mismo edificio en el que predomina la dimensión vertical.

Bloque: agrupamiento de unidades de vivienda asimiladas visualmente a un mismo edificio y en el cual la altura y la longitud son iguales, similares o aproximados.

774.
Código cromático para
señales peatonales,
partiendo de los colores
de las señales viales.

774

Sexta tipología:
Clasificar las circulaciones vehiculares y peatonales adjudicando los términos *calle* a las vehiculares y *vereda* a las peatonales, en reemplazo de los correspondientes a nuestro idioma - respectivamente calzada y acera - por ser los primeros de uso popular y generalizado en todo el país. El par calle /vereda es concordante, por su oposición conceptual, con la neta división que existe en los conjuntos de viviendas entre las tramas circulatorias vehiculares y peatonales.

Séptima tipología:
Clasificar las señales según sus funciones:
a. Señales viales: su función es regular el tránsito preservando la seguridad de automovilistas y peatones.
b. Señales urbano edilicias: su función es orientar hacia las viviendas y servicios, identificando cada lugar.

Octava tipología:
Crear un código cromático de colores diferentes para las áreas peatonales y vehiculares, partiendo del existente para las señales viales, de modo que se acentúe visualmente la progresión y la sucesión que deben expresar las señales para orientar hacia las viviendas.
Los tres colores viales son rojo (reglamentación), amarillo (prevención), y verde (información). A partir de este último se establecieron los siguientes: verde claro, ocre, naranja, rojo,

violeta y azul (Figura 774).
El código cromático fue creado en función de las áreas vehicular y peatonal dentro de las cuales se emplazan las señales, y responde no solo al propósito de acentuar visualmente la progresión de los mensajes para orientar hacia las viviendas sino también al de no producir contradicciones cromáticas entre los mensajes viales y los urbano edilicios.

8.1 Area vehicular.
Rojo: Señales de reglamentación.
Amarillo: Señales de prevención.
Verde: Señales de información.

8.2. Area peatonal.
Verde claro: Señales de sectores.
Ocre: Señales de veredas.
Naranja: Señales de mensajes edilicios.
Rojo: Señales de entradas, escaleras o
ascensores.
Violeta: Señales de pisos o niveles.
Azul: Señales de viviendas o unidades y
servicios.

Novena tipología:
Diferenciar formal y cromáticamente
las señales urbano edilicias, según sus
funciones de localización y orientación
a los servicios auxiliares.

Décima tipología:
Diferenciar por forma los mensajes urbano
edilicios fundamentales: los de orientación,
que conducen al observador hacia un
determinado lugar; y los de localización,
que indican qué función se cumple en
cada punto (Figuras 775 a 778).

En este proyecto de señales las diez
clasificaciones por tipos descriptas, tenían
como fin responder a los requerimientos
comunicacionales determinados por el
desplazamiento de nuevos grupos
familiares dentro de los conjuntos de

viviendas en el territorio argentino [232].
El caso ejemplificado, puede,
no obstante, ser tomado como referente
para cualquier planteo de Diseño.

A esta altura podemos convenir que las
nociones de estructura, de serie,
de conjunto y de tipología, son
indispensables porque nos permiten
aproximarnos paulatinamente al
pensamiento sistemático del Diseño.

775 Entrada
776 Piso
777 Escalera
778 Vivienda

6.3.

De la noción de tipología a la de sistema

Los conceptos y las cosas afines conforman en definitiva, tipologías de configuraciones. Los tipos de ideas u objetos son entidades organizadas de tal modo que un cambio en una parte comporta el de toda la tipología.
Para restablecer el equilibrio de los tipos no basta con agregar, cambiar o extraer unos, sino que es necesario articular una disposición diferente del conjunto tipológico [(233)].

Según vimos en el capítulo 5, inciso 5.18, un conjunto no es una simple suma o adición de partes, sino una configuración, un sistema. Por lo tanto se establece una correspondencia entre la noción de tipología y la noción de sistema.
En el capítulo 1 ya habíamos analizado de qué manera el método proyectual nos permitía establecer relaciones entre las diferentes partes para configurar organizaciones de modo tal, que esos conjuntos seriales, esas partes, puedan combinarse e interrelacionarse para que constituyan una gestalt.

El tránsito por una búsqueda tipológica previa para luego diseñar un sistema como respuesta a esos tipos de necesidades, surge - naturalmente - de una actividad proyectual metódica.

Y un diseño es un sistema, porque al tener que dar respuesta a conjuntos de necesidades que antes hemos clasificado por tipos, la solución que nace del proceso proyectual es obviamente un conjunto formal tipológicamente organizado.

Por ejemplo, una casa está organizada por partes: los espacios, la estructura, los muros, las instalaciones, las aberturas, los materiales, los revestimientos, los colores. Esas partes no pueden relacionarse de cualquier forma, sino que deben agruparse en conjuntos y subconjuntos, es decir, en tipos. Si la casa ha sido diseñada, dichos conjuntos se interrelacionan y entablan entre sí interacciones seriales, configurando un sistema, un todo proyectual. Y lo mismo ocurre con un reloj, con una lámpara, con la imagen de una empresa, con un programa de televisión, con un diario, o con un film. Todos han surgido de un modo de pensamiento decodificador, ordenador, clasificador, tipológico y programador.

Las Figuras 779 a 781 ilustran dos elementos de señalización vial urbana que utilizaremos para ejemplificar la idea de sistema, en este caso, de sistema constructivo. Se diseñaron para Buenos Aires y se adoptaron luego en la casi totalidad de las ciudades argentinas, y en otras de países vecinos.

779.
Sistema de señales de la
ciudad de Buenos Aires.
1971.

Plantas y vistas de las
señales de parada de
taxis, de nomenclatura
de calles y de parada
de ómnibus.

Cada uno de dichos elementos está
constituído por tres partes básicas:
a. columnas de soporte.
b. grapas de sujeción.
c. placas de información.
Estas tres partes se combinan y articulan
entre sí de tal forma que constituyen un
sistema, porque con un mismo planteo

conceptual y formal es posible responder a
los requerimientos de todos los tipos de
información que surgieron en la
clasificación tipológica previa, según vimos
en el primer ejemplo del inciso 6.2.
A ese conjunto de partes, a esa configuración
que responde a tipos distintos de
necesidades, la denominamos sistema.

779

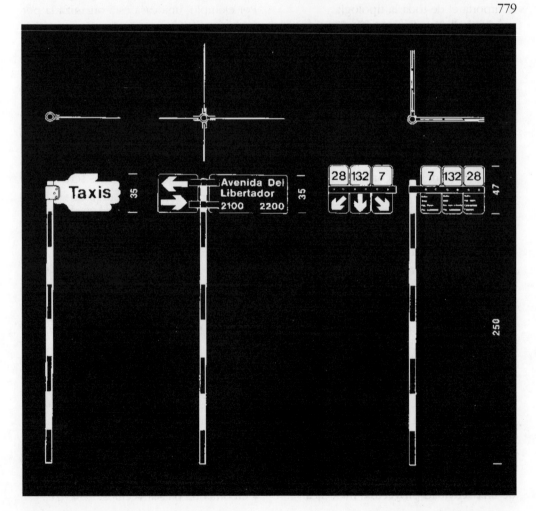

780.
Señal de nomenclatura
de calles.
1971.

781.
Señal de parada de
ómnibus.
1971.

780

781

782 a 791.
*Sistema tipo de
señalamiento urbano y
edilicio.*
1975.

Sistema constructivo para
todas las señales.

Las Figuras 782 a 791 ilustran otro sistema: el de señalización urbana y edilicia cuya clasificación por tipos también fue ejemplificada en el inciso anterior.
Las señales que lo integran, tienen sólo dos partes básicas:
a. columnas de sustentación.
b. placas informáticas.
La solución la obtuvimos transformando a la placa informativa en una placa-grapa, mediante un simple plegado de la chapa por el método de estampado. Las placas abrazan a la columna y se sujetan entre sí, eliminando de esa forma las piezas de sujeción, con el fin de llevar el sistema al máximo de economía en la cantidad de partes que lo integran. Cuanto menor es la cantidad de piezas, mayor la simplicidad para la resolución de los demás tipos de señales que integran la tipología.

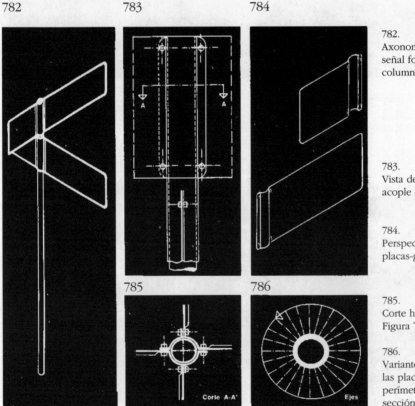

782

783

784

782.
Axonométrica de una
señal formada por una
columna y cuatro placas.

783.
Vista de la forma de
acople entre las placas.

784.
Perspectiva de dos
placas-grapa.

785

786

785.
Corte horizontal de la
Figura 783.

786.
Variantes de posición de
las placas en el
perímetro del caño de
sección circular.

Corte A-A'

Ejes

787.
Sistema tipo de
señalamiento urbano y
edilicio. 1975

Vistas y plantas de todas
las señales que integran
el sistema.

787

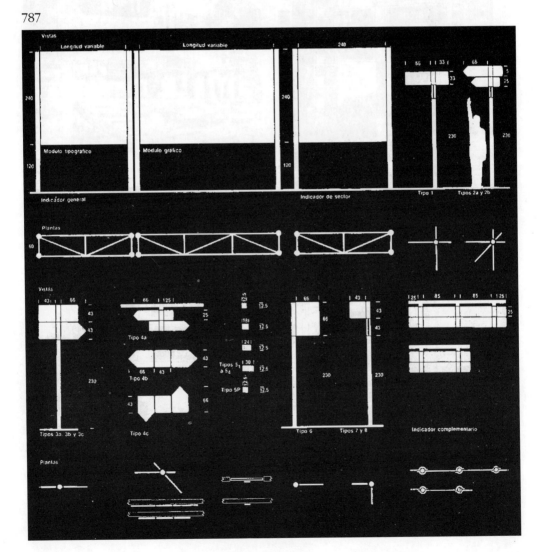

Señales del sistema tipo de señamiento urbano y edilicio.
1975.

788.
Señal de orientación edilicia.

789.
Señal de identificación de patios y plazas.

790 y 791.
Señales de orientación a sectores y servicios.

788 789

790 791

792.
Sistema de señalización
del *Hospital Nacional de
Pediatría.*

Corresponde aclarar aquí que no compartimos la nueva diferenciación entre el término señalización y el neologismo señalética (del italiano *signaletica*) que significa lo mismo. En textos españoles recientes el primero refiere a los programas de información vial urbana o rural, y el segundo remite exclusivamente a los de información y orientación funcional empresaria.

Para nosotros tal dicotomía es innecesaria porque aún en los proyectos viales que se presume están internacionalmente normalizados, siempre se manifiesta un carácter y un estilo propios de la entidad emisora. Por lo tanto consideramos a los dos vocablos, señalización y señalética, indistintamente, como abarcadores del mismo significado.

En los casos ejemplificados los sistemas son de señales viales urbanas, pero pudieron haber sido de cualquier tipo de cosas: sistemas de construcción de viviendas, sistemas de formas de productos, sistemas de tejido de telas, sistemas de narraciones fílmicas.

Veamos otro ejemplo. Las Figuras 792 a 797 ilustran un sistema de señalización para el *Hospital Nacional de Pediatría.* Las señales constan de cuatro partes básicas:

1. Placas informativas (i).
2. Rieles guía (g).
3. Cremalleras (c).
4. Perfiles (p).

Las placas informativas se insertan a presión sobre los rieles guía, los que a su vez se sujetan a cremalleras ranuradas; éstas quedan enmarcadas por los perfiles. Las placas son de solo cinco anchos diferentes. Cuatro de estas placas llevan impresas una letra o un número del alfabeto *Helvética Medium* en mayúsculas y minúsculas, y la quinta, el símbolo.

El ancho 1 es para la *I* mayúscula y para la *i* y la *l* minúsculas; el ancho 2 para las letras minúsculas *f, j, r* y *t;* el ancho 3 para todas las demás minúsculas y para el número *1;* el ancho 4 para la *m* y la *w* minúsculas, para todas las mayúsculas y para los demás números; y el ancho 5 es para los pictogramas.

793.
Corte de señal amurada
de simple faz.

794.
Corte de señal colgante
de doble faz.

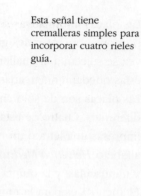

Esta señal tiene
cremalleras simples para
incorporar cuatro rieles
guía.

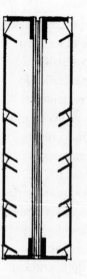

Señal con cremalleras
dobles para 8 rieles guía.

793

794

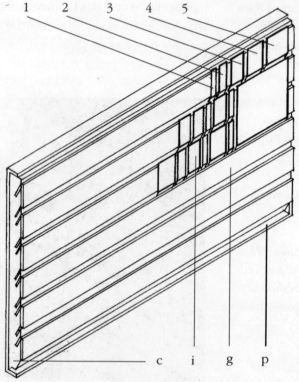

795.
i (1, 2, 3, 4 y 5):
Placas informativas para
leyendas y pictogramas.
g:
Rieles guía para calzar
las placas y deslizarlas
sobre ellos.
c:
Cremalleras.
p:
Perfiles estructurales.

1   2   3   4   5

c   i   g   p

795

796 y 797.
Sistema de señalización
del *Hospital Nacional
de Pediatría*. 1983.

Indicadores de sector.

796

797

El anteproyecto del sistema descripto data de 1974, y el proyecto y la construcción se realizaron en 1983. La propuesta respondió a los requerimientos de alta flexibilidad e indeterminación que exigía el proyecto arquitectónico del hospital. Sin embargo, en uno de los viajes que realizó a Buenos Aires el arquitecto y diseñador paulista João Carlos Cauduro, lo invitamos a ver el trabajo. « El proyecto es inédito y de escala impresionante - dijo - pero en mi opinión es demasiado abierto: han diseñado el sistema como si tuviera que ser comercializado para satisfacer usos imprevisibles. El grado de indeterminación es muy amplio porque en un hospital, por alta que sea su complejidad, no se utilizan más de 500 palabras especializadas. Por lo tanto es innecesario crear un sistema con tal grado de libertad y elasticidad ».

Con honestidad intelectual, Cauduro nos puso de manifiesto que todavía no habíamos logrado erradicar una tendencia proclive al diseño de sistemas abiertos e indeterminados, que ocho años antes habíamos llevado a su exacerbación, cuando en 1975 diseñamos la señalización del *Hospital Central de Segba,* la compañía estatal de electricidad.

En aquella oportunidad, fue nuestra intención asociar la imagen de las señales fijas al carácter visual del sistema de señalización electrónica adoptado por los proyectistas de la obra. Este sistema se denomina *Ferrant & Packard-Autotrol,* y es de origen canadiense. Consiste en una grilla con letras y números formados por puntos, en la que cada letra está basada en un módulo de cinco puntos de ancho por siete de alto (Figura 798). Mediante un código binario, los pequeños discos giran sobre su eje. En su frente son blancos y reflectivos; en su reverso son negros y opacos. Al rotar según un programa computarizado, los puntos permiten intercambiar la información.

Sobre la base del carácter gráfico que emerge de este excelente sistema electrónico, ideamos uno para que las señales fijas del hospital se asociaran visualmente con las intercambiables. Consistía en puntos formados por botones de plástico que se encastraban en una chapa perforada (Figuras 799 y 800).

Pero aquí, con mayor énfasis aún que en el ejemplo anterior, dramatizamos la libertad del sistema, ya que para conformar cada letra, cada número, cada flecha o cada símbolo, se necesitaban numerosos puntos, lo cual transformaba la tarea del armado de los textos y las leyendas en una labor lenta, dificultosa y extremadamente onerosa.

798.
Letras del *Sistema
Autotrol*.

799 y 800.
Sistema de señalización
*Hospital Central de
Segba*.
1975.

Perspectiva y corte
transversal.

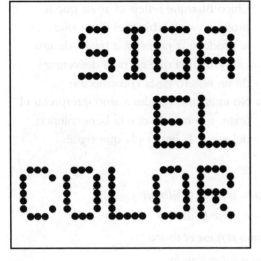

798

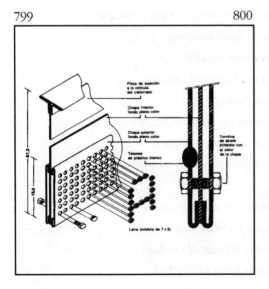

799   800

6.4.
La noción de programa

Hemos comprobado que un diseño
sistemático responde con un conjunto de
partes simples a los requerimientos para
los cuales fue creado; y que esas partes se
combinan entre sí adecuadamente para
responder a funciones distintas.
El interrogante que ahora podemos
plantearnos es: ¿En qué difiere un
sistema de un programa?

Todo sistema es en verdad el resultado de
un proceso de programación, y éste nace,
a su vez, de un pensamiento que en
términos filosóficos es sistemático, como
veremos en las páginas finales.
Pero programar es una actividad más
totalizadora y que engloba a la de
sistematizar porque comprende tres
procesos entre los cuales se encuentra
dicha acción:
1. Planificar y organizar.
2. Modular y sistematizar.
3. Interpretar, descubrir y visualizar la
identidad de una persona física o
jurídica [234].

Si bien el último punto refiere en forma
específica a los programas llamados de
identidad visual empresaria (o de
identidad corporativa), problemática que
afrontaremos más adelante, tiene sin
embargo validez para cualquier

Letra del tema
Construçao.

Autor y compositor:
Chico Buarque.

programación porque implica necesariamente alcanzar una comprensión totalizadora del problema de Diseño cualquiera sea la naturaleza de éste. Comenzaremos por incluir un ejemplo lingüístico ajeno a la actividad proyectual del diseñador. En uno de sus más bellos temas - *Construção* - el poeta brasileño Chico Buarque refleja el amor que le profesa a su pueblo y el dolor que le produce la pobreza, a través de una canción en la que narra la desventura de un obrero de la construcción. No intentando traducir sino interpretar el texto, y contando con la benevolencia del autor, la letra es la que sigue:

« *Amó aquella vez como si fuese la última*
Besó a su mujer como si fuese la última
Y a cada hijo suyo como si fuese el único
Atravesó la calle como si fuese tímido
Subió la construcción como si fuese máquina
Se perdió en la obra entre cuatro paredes sólidas
Ladrillo con ladrillo con diseño mágico
Sus ojos embotados de cemento y lágrimas
Se sentó a descansar como si fuese sábado
Comió feijoão [235] *con arroz como si fuese príncipe*
Bebió y se atoró como si fuese náufrago
Bailó y cantó como si oyese música
Tropezó en el piso como si fuese alcohólico
Flotó en el aire como si fuese pájaro
Terminó en el suelo como un paquete flácido
Agonizó en el medio de un paseo público
Murió a contramano interrumpiendo el tránsito.

Amó aquella vez como si fuese lo último
Besó a su mujer como si fuese la única
Y a cada hijo suyo como si fuese el pródigo
Atravesó la calle como si fuese alcohólico

Continuación de la letra
del tema *Construçao*.
Autor y compositor:
Chico Buarque

Subió la construcción como si fuese sólido
Se perdió en la obra entre cuatro paredes mágicas
Ladrillo con ladrillo con diseño lógico
Sus ojos embotados de cemento y tráfico
Se sentó a descansar como si fuese un príncipe
Comió feijoão *con arroz como si fuese lo máximo*
Bebió y se atoró como si fuese máquina
Bailó y cantó como si fuese un prójimo
Tropezó en el piso como si oyese música
Flotó en el aire como si fuese sábado
Terminó en el suelo como un paquete tímido
Agonizó en el medio de un paseo náufrago
Murió a contramano interrumpiendo el público.

Amó aquella vez como si fuese mágica
Besó a su mujer como si fuese lógico
Se perdió en la obra entre cuatro paredes flácidas
Se sentó a descansar como si fuese pájaro.
Flotó en el aire como si fuese príncipe
Terminó en el suelo como un paquete alcohólico
Murió a contramano interrumpiendo el sábado. »

En la primera estrofa Chico Buarque finaliza cada verso con sustantivos y adjetivos que son palabras esdrújulas terminadas en vocales. En la segunda y en la tercera estrofas vuelve a utilizar los mismos adjetivos y sustantivos, pero altera su orden y los permuta en los mismos versos, lo cual le otorga a las frases un nuevo sentido y una nueva dimensión poética. Podemos intuir las variables que puede generar esta matriz. Así como articuló palabras esdrújulas que finalizan en vocales, pudo haber acudido a otras esdrújulas que concluyeran en consonantes, e incluso extender su idea a palabras agudas, graves o sobreesdrújulas; o construir el relato poético con adverbios, o con verbos; o más aún, abrirlo desde su gesto creativo a las más insospechadas variables de la sintaxis regular de la poesía, mientras pudiera explayarse en la combinatoria rítmica de las palabras.

Quien lee, estará percibiendo ya que en términos lingüísticos, la *construção* de Chico Buarque es un manantial de ideas porque perdura a pesar de los cambios de la forma. Y es inalterable porque en realidad es una idea generadora de ideas. Su imaginación construyó en realidad una fórmula motivadora de combinaciones múltiples. « He aquí la regla del juego: permutación » [(236)].

Veamos otro ejemplo: el calidoscopio (o caleidoscopio) que todos conocemos, es un tubo cerrado de aproximadamente 30 centímetros de largo dentro del cual hay tres espejos enfrentados entre sí que forman un prisma triangular. En un extremo está el visor por el que mira el observador, y en el otro un conjunto de pequeños corpúsculos de vidrio de colores. Al mirar por el pequeño visor y girar el calidoscopio con la mano, la luz que ingresa por el otro extremo ilumina a los pequeños cuerpos vidriados, que al moverse y desplazarse, configuran una multitud de figuras triangulares agrupadas en hexágonos, porque los tres espejos enfrentados forman un triángulo especular, que, por reflexión y simetría, reproduce las imágenes coloreadas (Figura 801).

El diseñador inglés Richard Bradley, diseñó para el *London Design Center* una notable variante de este ingenioso y divulgado juego. Su aporte consistió en reemplazar las pequeñas partículas de vidrio por una lente. Esta simple idea permite ver a través del visor, imágenes de la realidad en lugar de figuras abstractas y geométricas coloreadas. Cada punto en el que el observador deposita la vista, es una imagen diferente que se esparce multiplicada en triángulos y hexágonos, geometrizando nuestro campo visual y recreando de manera sorprendente e inusitada nuestra percepción de la realidad (Figura 802).

801.
Esquema del
calidoscopio común.

802.
Esquema del
calidoscopio de Richard
Bradley.

801

Luz incidente

Visor   Tres espejos

Particulas de vidrio de
colores.

Visor   Tres espejos

Una lente

802

Luz incidente

El calidoscopio es paradigma de programa porque una sola formulación - tres espejos y una lente - posibilitan configurar innumerables imágenes. La ejemplificación de este juego como programa pertenece a Karl Gerstner, quien la incluye en su obra *Diseñar Programas* entre muchos otros ejemplos: las recetas de cocina, los juegos de naipes, la música electrónica y los tejidos. En estos desde el entrelazamiento de una hebra de lana con dos agujas para tejer una prenda, hasta las más complejas urdimbres de los telares mecánicos y electrónicos, nacen de una misma fórmula: el punto de la trama textil. Con el se accede a una variedad inagotable de texturas, colores y composiciones.

Para Gerstner, programar « significa

encontrar un principio configurador de validez universal... Siguiendo el ejemplo de una reacción química, el diseñador ha de basarse en una especie de fórmula para encontrar un grupo de nuevas combinaciones. El programa es una idea formuladora de formas, no una forma » [237]. Según el diseñador de Basilea, la concepción programática vale sin restricciones para la idea de lo visual porque todos los elementos se dan en serie, en grupos.

Las Figuras 803 a 816 ilustran un programa tipográfico para el centro de ciencia y tecnología *Puerto Curioso* [238]. Partiendo de un proceso de selección y de síntesis de los módulos componentes de los signos del alfabeto *Glaser,* se obtuvo un sistema modular de tipografía.

803.
Alfabeto Glaser.

804.
Selección de partes
afines.

805.
Ordenamiento de las
partes afines en ocho
conjuntos.

806 a 808.
Síntesis de tres tipos de
figuras: curvas,
ortogonales y oblicuas.

803

804

806

805

807

808

809 y 810.
Formas tipográficas
curvas.

811 y 812.
Formas tipográficas
ortogonales y oblicuas.

La diversidad y apertura del programa
reside en el grado de variabilidad que
posee. Está inspirado en la idea de
configurar alfabetos sobre la base de solo
tres series de formas relacionadas,
respectivamente, con el círculo,
el cuadrado y el triángulo:
a. Curvas.
b. Ortogonales (verticales y horizontales).
c. Oblícuas.
Cada una de esas series permite crear una
familia tipográfica, y a su vez combinar
entre sí trazos de dos o tres series para
componer caracteres combinados.
El programa diseñado tiene los siguientes
componentes tipográficos básicos:
a. Módulos lineales finos
(versión *light*).
b. Módulos lineales medios
(versión *medium*).
c. Módulos planos (versión *bold*).

Con este programa es posible componer
alfabetos con las siguientes variables:
A. Módulos lineales finos.
B. Módulos lineales medios.
C. Módulos planos.
D. Módulos lineales finos y medios.
E. Módulos finos y planos.
F. Módulos medios y planos.
G. Combinación de las tres familias de
formas.

Las Figuras 813 a 816 ilustran ejemplos de
los tipos A, B, F y G.

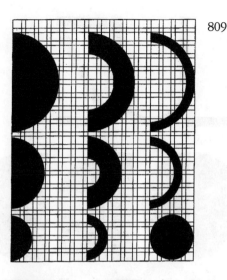

809

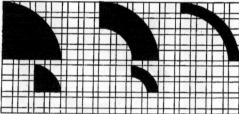

810

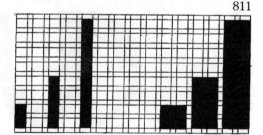

811

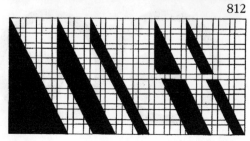

812

813.
Versión *Light*.

814.
Versión *Medium*.

815.
Versión *Bold*.

816.
Versión *Light-Bold*.

LUZ FUE
813   814
ONDA
815
PUERTO
816
CURIO
OO SO

Lo expuesto afianza nuestra certeza de que antes de incorporar la noción de programa debíamos acceder primero a las de serie y de interacción serial, y luego a las de tipología y de sistema, dado que la noción de programa pertenece a un estadio evolutivo del pensar que enmarca todas ellas.
Como veremos ahora, el programa es un plan general que comprende desde la coordinación visual menor, hasta la mayor, de conjuntos de sistemas y subsistemas.

6.5.
Factores determinantes

En el inciso precedente, el ejemplo de la poesía nos permitió corroborar que en la creación literaria, los factores condicionantes son establecidos exclusivamente por el autor. En Diseño, en cambio, por ser una actividad que da respuesta a necesidades sociales mediante formas, deben considerarse otro tipo de factores que condicionan a los objetos e influyen en todo el proceso de la proyectación.

Pareciera que la idea de lo condicionado tiene un sentido negativo, porque en Filosofía, condición define aquello sin lo cual algo no sería o sucedería.
En la actividad proyectual sin embargo, adquiere otro significado.

Las condiciones *sine qua non,* es decir aquellas sin las cuales no se puede responder adecuadamente al problema, y las condiciones necesarias, las que es preciso que se consideren para la validación de las propuestas, nunca son inhibitorias de la creación proyectiva. Y eso ocurre porque siempre se parte del concepto de que dentro del problema está la solución.
Por eso es necesario considerar los factores determinantes de los diseños, para que lo condicionado sea un movilizador imaginativo tan fértil como lo no condicionado.

De aquí en adelante veremos cómo los factores externos - los que vienen con el propio problema de Diseño - y los internos, - aquellos que son creados y establecidos por el diseñador - constituyen un conjunto que se amalgama e interactúa en la mente durante el acto de diseñar.
Lo que es una condición propia y exclusiva de ese problema y no de otro, se conjuga con lo que es una condición para un diseñador y no para otro.
Es un proceso transaccional, lo que equivale a decir que los factores determinantes son de dos tipos:
a. Factores determinantes condicionados: Son objetivos e inherentes a cada problema de Diseño, por lo tanto inciden directamente en la propuesta porque le atañen al problema mismo.

817 y 818.
Alfabeto para la empresa
Hierromat.
1987.

b. Factores determinantes no condicionados o creados:
Son subjetivos y surgen de la estructura racional y sensible de cada diseñador al enfrentarse con el tema y el problema. A ambos factores determinantes, condicionados y no condicionados, los llamamos pautas. Estas conforman un conjunto de datos que nos sirven de patrón para la creación proyectual.

6.6.
Pautas de un programa

Las pautas surgen del análisis y actúan como un molde invisible, como una horma mental que nos ayuda a dar forma. Son premisas que el diseñador individualiza o se establece al analizar el problema, y con las cuales construye un plano de apoyo interno para su ideación. Nacen, como vimos, de dos tipos de factores, merced al estudio objetivo del problema y al proceso de análisis y síntesis previo, junto con condiciones subjetivas autoestablecidas por cada diseñador. Veamos un ejemplo de las pautas que rigen un programa de baja complejidad. Las Figuras 817 y 818 ilustran el alfabeto creado para la señalización de los locales de la empresa *Hierromat*. Las pautas surgieron como emergentes del análisis del proyecto arquitectónico y del espacio del local comercial.

817

818

A. Pautas surgidas de factores determinantes condicionados:
A1. Diseño interior de los stands de exhibición, a 45 grados con respecto a los muros medianeros del local comercial.
A2. Expresión exterior de esa idea mediante volúmenes que forman diedros a 45 grados de la línea de la fachada.
A3. Carácter contemporáneo de la arquitectura comercial.
4. Predominancia del blanco en el interior y del gris oscuro en el exterior.

B. Pautas surgidas de factores determinantes no condicionados:
B1. Establecer armonía y correspondencia entre la tipografía y la arquitectura.
B2. Construir las letras en base a una grilla de 45 grados, para asociar la tipografía con el interior de los locales que se diseñaron, según vimos en A, mediante una trama oblícua de 45 grados.
B3. Diseñar letras *sin serifa* o *palo seco* para infundirles carácter contempóraneo.
B4. Curvar todos los encuentros entre líneas horizontales verticales y oblícuas para restar angulosidad a las letras.
B5. Utilizar el alfabeto en los colores de la obra: gris oscuro sobre fondo blanco y blanco sobre fondo gris oscuro.

De como las pautas rigen un programa lo extraemos de otro ejemplo de mayor complejidad, el museo de ciencia y tecnología *Puerto Curioso*.

Aquí aparecieron pautas de dos tipos: arquitectónicas y pedagógicas, a su vez subdivididas en condicionadas y no condicionadas [239], las que se constituyeron en nuestros anclajes mentales, en nuestros puntos de amarre para la idea básica ulterior.

A. Pautas arquitectónicas que provienen de factores determinantes condicionados:
A1. El edificio nació antes que el museo. Es un dato previo.
A2. Es de hormigón premoldeado: largo 110 m; ancho 40 m; alto 3,90 m.
A3. Tiene 84 columnas de sección cuadrada de 45 cm. de lado.
A4. Las columnas están separadas entre sí a una distancia de 8,40 m. una de la otra.
A5. Las alturas de la cubierta interior son: 3,90 m. en toda la planta, 5,5 m. en el hall público y 2,50 m. en el entrepiso.
A6. La estructura del edificio establece una fuerte ortogonalidad: tiene 84 columnas de sección cuadrada, vigas longitudinales mayores, vigas transversales menores y placas de cerramiento perimetral.
A7. Las columnas son los únicos puntos de distribución de los flujos de electricidad, iluminación, agua, aire comprimido, telefonía, televisión y computación.
A8. El exterior del edificio es blanco y el interior de un tono neutro, gris azulado.
A9. El edificio tiene volúmenes y planos opacos y lisos, de hormigón armado.

819 y 820.
Croquis preliminares del
proyecto *Puerto Curioso*.
1989.

819.
Planta.
820.
Vista.

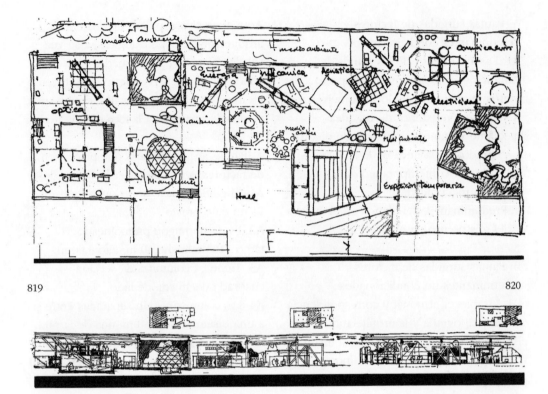

819

820

B. Pautas arquitectónicas que provienen de factores determinantes no condicionados:

B1. El diseño del museo no debe alterar el espacio arquitectónico ideado.

B2. En lo posible debe contribuir a enriquecer el edificio, nunca a desvirtuarlo, desnaturalizarlo o modificarlo.

B3. La exposición debe articularse con la arquitectura y no adherirse a ésta en forma parasitaria ni amorfa.

B4. El pensamiento que regirá el diseño del museo será un pensamiento síntesis de carácter ambiental, producto de la cohexistencia de percepciones visuales de espíritu arquitectónico, industrial y gráfico.

B5. La exposición del museo debe asimilar el clima constructivista y austero que emana del edificio.

B6. Los flujos de electricidad, agua o aire deben alcanzar la máxima seguridad posible para los visitantes.

B7. Se deben evitar cielorrasos reales o virtuales que desnaturalicen el espacio.

C. Pautas de contenido pedagógico que provienen de factores determinantes condicionados:

C1.Un objetivo básico del proyecto es destinarlo a los niños y jóvenes argentinos aunque no es excluyente que también sea un lugar de interés para grupos turísticos del exterior.

C2. El proyecto integra tres grandes ramas del saber: energía, medio ambiente y comunicación.

C3. Desde el punto de vista epistemológico, las tres abarcan el mundo del conocimiento científico y tecnológico.

C4. Todo es energía. Sin energía no existe el medio ambiente ni la comunicación.

C5. Todo es medio ambiente. El medio ambiente es la expresión suprema de la interacción entre los seres vivos y el mundo inorgánico del planeta.

C6. Todo es comunicación.
La comunicación enmarca a todas las ciencias humanas.

C7. El área de energía no es indispensable que deba situarse en un lugar determinado.

C8. El área temática de medio ambiente está compuesta por dos grupos de mensajes:
a. Sobre ecosistemas.
b. Sobre salud.

C9. El público receptor de los mensajes está constituído por niñas y niños de 10 años hasta jóvenes de ambos sexos de 17 años.

D. Pautas de contenido pedagógico provenientes de factores determinantes no condicionados:

D1. Cada mensaje de contenido se considera inmodificable, tanto en su esencia fenomenológica como en su objetivo didáctico.

D2. El museo debe ser un ámbito estimulante para el aprendizaje lúdrico de la ciencia y de la tecnología.

D3. El proyecto debe reflejar la interrelación científica y tecnológica.

D4. Las tres áreas deben estimular por igual el interés del público.

D5. El área de medio ambiente no debe imitar ni a lo natural ni a la naturaleza. Debe evocar, remitir, sugerir, asociar.

D6. El diseño debe integrar los talleres de televisión, video y juegos teatrales, que están separados funcionalmente.

Las pautas son datos estimuladores de la programación visual porque permiten:
a. Analizar los requerimientos.
b. Enunciar el listado de exigencias determinadas por el propio diseñador.
c. Dar respuesta orgánica en base a un manejo articulado de las ideas.
d. Conducir metodológicamente nuestra acción a la idea rectora de Diseño.

El proceso creativo « queda reducido a sí a un acto de selección... No sigue el impulso de los sentidos, sino de los criterios intelectuales » [240].

6.7.
La idea básica

Es la generatriz, la decisión rectora, la cervical sobre la cual se sustenta el desarrollo proyectivo. Y nace en la etapa del proceso de Diseño que llamamos iluminación (capítulo 1). Es el núcleo, la parte sustancial sobre la cual luego se construye todo lo demás. Los arquitectos la denominan *partido,* vocablo que proviene de la acepción *tomar partido,* que quiere decir asumir una decisión, un compromiso, desde el arranque del Diseño, por una idea que va a influir en todo. Para el arquitecto Horacio Pando llegar a un partido significa « salir de un tembladeral; estar en un pantano y salir a flote ». La idea rectora es igual que el proceso de gestación con el que se reproducen las plantas y los animales. « La vida se continúa por la semilla, esa cosa muy chiquita en la que está contenida toda la estructura y la esencia de un árbol. Un ser vivo es también un óvulo fecundado. Para verlo hay que hacerlo a través de un microscopio y sin embargo en el óvulo está la célula *ADN* con todo el código perfecto de lo que va a salir de allí en adelante; lo que va a surgir de esa estructura informática » [241].

Ya que hemos aludido recién a la diferencia terminológica que se da en lo atinente a la idea básica, también es conveniente destacar que el vocablo programa tiene en Arquitectura una significación totalmente disímil a la que le otorgamos en este libro. Para la mayoría de los arquitectos programa identifica el enunciado del problema, el conjunto de requerimientos, y comprende lo que nosotros denominamos las pautas determinadas por los factores condicionados y no condicionados del problema a resolver. Ese conjunto de datos y exigencias previos se denomina comúnmente *programa de necesidades* en el proyecto de arquitectura.

El significado que en este estudio le otorgamos al término es tan diferente que no es bueno avanzar sin aclararlo antes. Para nosotros entonces, programa tiene la más amplia dimensión dentro de la noción de Diseño. Es la metodología que posibilita aprehender la actividad proyectual de mayor complejidad.

Aquello que en Arquitectura se identifica como programa, corresponde en nuestro caso al conjunto de datos previos, al listado de necesidades, de factores condicionantes y de pautas, según ha quedado expresado en los incisos anteriores.

Llegamos así a la fase de la idea básica, la culminante del proceso proyectivo y la que condiciona a todo lo demás.

821.
Centro de ciencia
y tecnología
Puerto Curioso.
1989.

Diseño Interior del
museo.
Planta y vista.

Arquitectura:
Horacio Baliero,
Emilio Rivoira,
Jorge Barroso.
Arquitectos.

Veamos como ejemplos, las ideas básicas
de los programas para el centro de ciencia
y tecnología *Puerto Curioso,* para el
*Sistema tipo de señalamiento urbano y
edilicio* y para la arquigrafía del *Hospital
Nacional de Pediatría.*

821

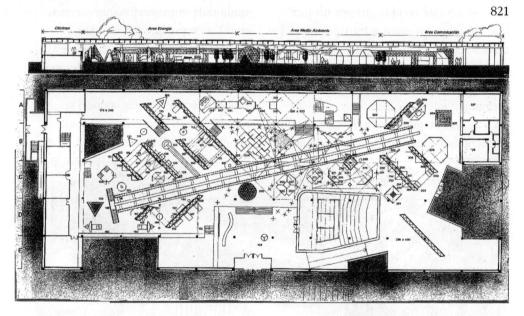

A. Idea básica para el centro de ciencia y
tecnología *Puerto Curioso* [242].

A1. La planta general del museo fue
diseñada en base a una trama o retícula a
45 grados con respecto a las columnas y
vigas. La exhibición posee así una trama
propia en armonía y contrapunto con la
del edificio (Figura 821).

A2. Se crea un conector, un canal
comunicante entre las tres áreas temáticas.
Dicho conector aparece en la planta como
una línea sesgada que deliberadamente no
acompaña la ortogonalidad del edificio
ni la trama básica a 45 grados. Esta cinta
comunicante tiene 3 metros de ancho y
100 metros de largo, y se materializa en
forma de un largo plano sobre el visitante
(Figura 822). Es una especie de haz de luz
e información visual que une los tres
sectores con los colores del espectro solar.
Este, como vimos, es el símbolo de la luz
solar y el de la energía.

Por otra parte, el sol es el símbolo del
medio ambiente.

822.
Conector luminoso de
señalización.

823 y 824.
Nudo y barras metálicas
para el armado de los
stands.

Como los colores espectrales se unen para formar la luz solar, son, por lo tanto, el símbolo de la conjunción, de la participación y de la comunicación.
El conector, entonces, no solo une sino que simboliza la tres áreas.
El espectro está compuesto por un haz que va desde los rayos infrarrojos hasta los ultravioletas, pero para poder construirlo con cualquier material industrial se lo representa en la realidad del rojo carmín al violeta.
A3. Las áreas temáticas de energía, medio ambiente y comunicación se emplazan respectivamente en los sectores 1, 2 y 3 (Figuras 822 y 403 a 405, capítulo 5).
A4. Los módulos o stands que muestran los fenómenos de la ciencia y las aplicaciones tecnológicas se distribuyen en la planta procurando una ocupación equilibrada entre vacíos que pierden interés y llenos que incomodan.
A5. Para la construcción de paneles y módulos se creó un sistema de nudos y barras que permite la más amplia combinación de formas, siendo su armado rápido y su costo reducido (Figuras 823 - 824).

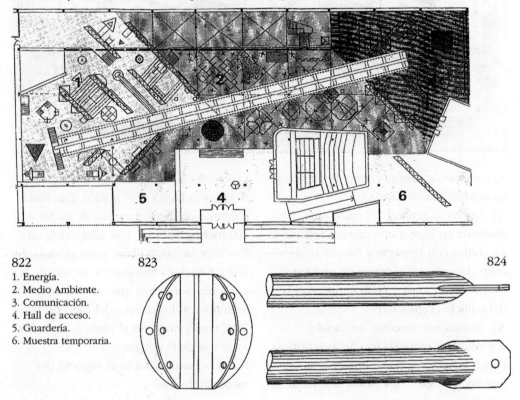

822
1. Energía.
2. Medio Ambiente.
3. Comunicación.
4. Hall de acceso.
5. Guardería.
6. Muestra temporaria.

823

824

825.
*Sistema tipo de
señalamiento urbano y
edilicio.*
1975.

Cuatro letras del
alfabeto *Hass Grotesk.*

826.
Cuatro letras del nuevo
alfabeto ocupan menor
longitud y son más
grandes.

827.
Un mensaje compuesto
con el alfabeto
diseñado.

B. Idea básica del programa para el
*Sistema tipo de señalamiento urbano
edilicio* [(243)].

Para la mayor comprensión del ejemplo se
recuerda que la tipología de este
programa fue descripta en el inciso 6.2.,
y el sistema constructivo, en el inciso 6.3.

B1. Se diseñaron tres tipos de señales:
a. Urbano edilicias: orientan al observador
hacia su destino.
b. Viales: notifican reglamentaciones,
prevenciones e informaciones viales.
c. Arquigrafía: números letras, franjas y
grafismos de uso optativo por parte de los
proyectistas, para aplicar gráfica sobre la
arquitectura de sus obras.
B2. Se diseñaron indicadores generales e
indicadores de sector.
B3. Se crearon señales urbano edilicias de
ocho tipos para informar sobre:
a. Nomenclatura de calles.
b. Orientación a sectores o servicios,
c. Orientación y localización de edificios.
d. Localización de pisos o niveles.
e. Localización de unidades de vivienda.
f. Localización de servicios auxiliares.
g. Parada de ómnibus.
h. Parada de taxis.
B4. Se conformaron variantes de las
señales compuestas por una, dos o varias
placas que contienen los mensajes.
Las combinaciones posibles de
las placas para formar cada señal,
fueron normalizadas para cada caso.

B5. Se diseñó un alfabeto especial sobre
la base de la familia *Hass Grotesk* cuyos
aspectos más destacados son:
disminución de la altura entre mayúsculas
y minúsculas, condensación de todas
las letras y rediseño de las formas
internas de éstas para preservar su
legibilidad (Figuras 825 a 827).
B6. Se creó un sistema de pictogramas
para identificar a los servicios sociales de
cada conjunto, y otro para identificar a las
plazas y patios públicos, y a las áreas de
recreación (capítulo 5, incisos 5.10.
y 5.11.).

825

826

827

C. Idea básica del programa para la arquigrafía del *Hospital Nacional de Pediatría.*

Está basada en: *El niño y su mundo* [244]. El programa está compuesto por dos unidades temáticas que abarcan todo el espectro de la vida infantil: las esferas de la realidad y de la fantasía. Las imágenes que resultan del programa ocupan 424 paneles de 2 metros de alto por 83 centímetros de ancho que revisten la panelería de las salas de espera.

C1. La esfera de la realidad se divide en cuatro subtemas que comprenden:
C1.a. La vida en el hogar:
El transcurso de un día de vida en casa. El despertar, el aseo, las comidas.
La convivencia con los padres y las actividades en las que el niño participa, en pequeñas tareas domésticas.
C1.b. La vida en el colegio:
El transcurso de un día de clase.
El camino hacia la escuela, la clase y sus actividades. Los maestros, el recreo.
C1.c. La vida en vacaciones:
Un viaje a través de diversos paisajes nacionales. Los transportes, los caminos, el mar, las sierras, los ríos, las montañas.
C1.d. La vida lúdica:
Los juegos y el esparcimiento. Los juegos en la plaza. Los deportes.

C2. La esfera de la fantasía también se divide en cuatro subtemas y ocupa el espacio de los mitos en la psicología infantil, y lo que pertenece al mundo de la fantasía.
C2.a. El mundo de los cuentos y fábulas:
La literatura fantástica infantil y sus personajes. Hadas, brujas, castillos, ciudades espaciales y robots. Portes y vestiduras humanas, metálicas, o electrónicas. Otros seres terrestres y extraterrestres.
C2.b. El mundo de la aventura:
La identificación con sus personajes.
El *cowboy,* el indio, el pirata, el héroe y las historias que el niño protagoniza a través de esos personajes.
C2.c. El mundo de las tradiciones festivas.
Los cumpleaños. La Navidad. Los Reyes Magos. Las Pascuas.
El clima festivo y la participación del niño en contacto con esos acontecimientos.
C2.d. El mundo del *yo seré:*
La proyección hacia la adultez.
Las profesiones con las que fantasean niñas y niños: bombero, piloto, futbolista, tenista, enfermera, maquinista, modelo, actor, actriz (Figuras 828 a 830).

Los tres ejemplos de ideas básicas han sido incluidos, deliberadamente, por corresponder a programas disímiles. Ello nos permite concluir, que las ideas rectoras, tienen la misma génesis y son el resultado de un pensar común, pues el proceso proyectivo ha sido similar.

828 a 830.
Arquigrafía del
Hospital Nacional de
Pediatría.
1983.

Paneles que ilustran las
salas de espera.

828

829

830

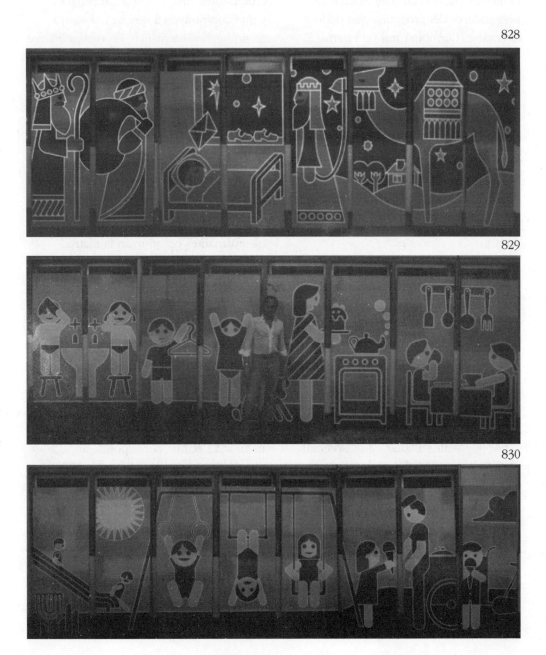

El mecanismo mental para diseñar es prescindente del programa que debe afrontarse. Corrobora por otra parte nuestra tesis en el sentido de que el pensamiento del Diseño es el mismo para todas las especialidades, y que la mente sigue caminos semejantes, cualquiera sea la orientación disciplinaria en la que se desenvuelva el diseñador.

6.8.
Invariantes y variables

Los programas de Diseño son procesos de planificación de sistemas y subsistemas para la creación de las formas útiles que puede concebir el hombre.
La naturaleza también es un programa de energía que coordina sistemas y subsistemas naturales. Los ecosistemas (el terrestre, el acuático y el aéreo), los organismos vivos, (el hombre, la fauna, la flora), el sistema solar, otros sistemas planetarios y galácticos, todos, están constituídos a su vez por subsistemas, · y todos juntos, constituyen el insondable megasistema natural del universo.
Las leyes que los gobiernan son físicas y químicas. Las que controlan a los programas artificiales, son en cambio establecidas por el hombre, por el diseñador.
A esas normas que le proporcionan

orden, estructura y libertad al programa, y que contribuyen a que se constituya en un hecho sistemático, las denominamos *invariantes*. Se define con ese término a la magnitud o relación que permanece invariable en una transformación física o matemática.
En Diseño tiene un significado similar. Es el conjunto de partes inmodificables de un sistema cuya combinación permite efectuar variables para responder a todos los requerimientos del programa.

Las invariantes constituyen la matriz inmutable de la idea básica;
el planteo normativo que establece lo que debe ser constante de aquello que debe variar. Dice Karl Gerstner en la definición del *programa como lógica:*
« Cuanto mas precisos y completos sean los criterios de base, más creativa será la obra » [245].

Podemos afianzar la noción de invariante siguiendo uno de los ejemplos del inciso anterior, el *B,* que corresponde al *Sistema tipo de señalamiento urbano y edilicio.*
Las señales tipo 1, las urbano edilicias, tienen las siguientes invariantes:

1. Las placas de información son de tres formas: cuadradas, rectangulares y con un lado en ángulo a 45 grados como punta de flecha.
2. Tienen los siguientes colores: verde, amarillo, naranja, rojo, magenta y azul.

831 a 833.
Sistema tipo de
señalamiento urbano y
edilicio. 1975

Grupo de señales
urbano edilicias.

831

3. Todas las placas van siempre sujetas a
columnas de sección cilíndrica.
Las columnas siempre van pintadas con
franjas que alternan el blanco con el color
de las placas que predominan en la señal.
4. Las placas cuadradas y rectangulares
localizan o informan sobre la función que
se desarrolla en un determinado lugar.
Las que tienen un extremo en ángulo
a 45 grados con forma de flecha, orientan
hacia diversos destinos.
Las Figuras 831 a 833 ejemplifican
tres de las incontables variables
que permiten las invariantes descriptas.

832

833

834 a 838.
Sistema constructivo para
los stands del proyecto
Puerto Curioso. 1989

834 y 835.
Planta y perspectiva del
nudo.

836.
Barras.
837.
Columna. Planta.

838.
Algunas combinaciones
de unión entre nudos y
barras.

Otro ejemplo de invariante lo encontramos
en el sistema constructivo de todos los
stands de *Puerto Curioso.*

Las invariantes son:

1. Un nudo tipo que conecta hasta 26
barras metálicas.

2. Barras de sección circular aplastadas en
sus extremos para permitir su atornillado.

3. Una columna tipo con la misma
sección que el nudo. (Figuras 834 a 838).

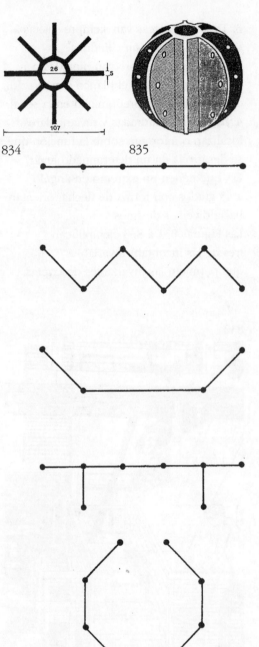

834   835

836

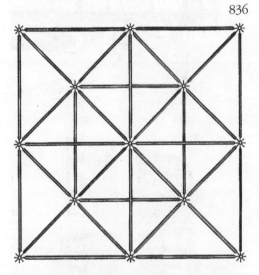

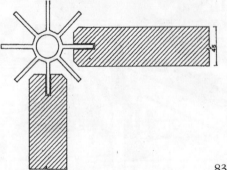

837   838

Las invariantes son el código básico del sistema programado, y las variables, el conjunto de aplicaciones que el código del sistema posibilita.

En estos casos *código* adquiere una diferente acepción respecto de la utilizada en el capítulo 2, inciso 2.4. Allí, la palabra expresa cada sistema de signos pertenecientes al lenguaje visual. Aquí, significa una ley amplia y completa que regula un gran número de variables. Esta segunda coincide con su significado universal: código es todo cuerpo de reglas ordenadas sistemáticamente.

En nuestro caso particular es el núcleo inmodificable de un sistema que permite las variaciones que el mismo sistema regula. Esta última acepción del vocablo en los próximos incisos seguirá vigente.

Avanzaremos ahora con miras a relacionar la noción de programa en Diseño con la de programa en Informática.

6.9.
La noción de programa en Informática y en Diseño

Más que programación computarizada de datos - como la definimos en el capítulo 1, inciso 1.4. - la Informática es la ciencia que estudia el tratamiento automático y racional de la información. Se sustenta sobre tres pilares básicos: [246]

1. El elemento físico *(hardware)*.
2. El elemento lógico *(software)*.
3. El elemento humano.

El hardware representa la parte física de un elemento informático, y el software comprende el conjunto de elementos lógicos necesarios para que el hombre los realice. Está compuesto por los datos que integran los programas.

En Informática, el término programa define al conjunto de órdenes que se dan a una computadora para que realice un proceso. En este caso el vocablo proceso expresa la materialización física de un programa.
El programa es el conjunto organizado de datos; el proceso es su concreción.
El programa es estático, el proceso es dinámico. Y algoritmo, es el conjunto de operaciones necesarias para transformar los datos iniciales en los resultados que se desean obtener para producir determinado programa (ver capítulo 1, inciso 1.11.).
Desde el planteo de un problema hasta que se obtiene el algoritmo de resolución - lo que significa que el programa está instalado en la computadora - se debe seguir un proceso riguroso que asegure la validez y la calidad del programa para obtener unos resultados y datos de salida a partir de unos datos de entrada.

El pensamiento visual del diseñador pertenece a la misma categoría que el pensamiento lógico necesario para idear los programas informáticos y no a la del pensamiento práctico que utiliza un operador para aplicar cualquier programa una vez que éste ha sido grabado en un disco de la computadora.

En Informática, esta fase es denominada automatización y corresponde a la aplicación en el ordenador de las variables combinatorias que permite cada programa. En esta tarea, que se conoce habitualmente como « Diseño asistido por ordenador », participamos los diseñadores, utilizando los programas disponibles entre los que integran el software destinado a Diseño Gráfico, Industrial o Arquitectónico, y aplicándolos a nuestros respectivos requerimientos.

1. En Informática, desde el punto de vista funcional, el programa se estructura en las siguientes partes:
1a. Entrada de datos. Corresponde a todas las instrucciones que forman los datos del programa y se depositan en la memoria central de la computadora.
1b. Proceso. Conjunto de instrucciones que resuelven el problema a partir de los datos que han sido introducidos y que dejan los resultados también en la memoria central. El mecanismo físico encargado de llevar a cabo esta tarea se denomina procesador.
1c. Salida de resultados. La constituyen las instrucciones que permiten que los datos resultantes del proceso sean proporcionados al exterior por medio de algún dispositivo interno. [247]

2. En Diseño, la noción de programa es análoga a la de la Informática. Más aún, cuando la mente humana está diseñando, actúa de la misma manera que el programador lo hace con la máquina en las tres fases enunciadas. La computadora misma, como conjunción de hardware y software, es el resultado del pensamiento lógico, imaginativo, algorítmico y heurístico del hombre.
2a. Entrada de datos. En Diseño se corresponde con el planteo del problema que se aborda. Integra las etapas de recopilación de datos, información, análisis y síntesis. En ellas el diseñador incorpora los factores determinantes - condicionados y no condicionados - y concluye por establecer las pautas del programa a diseñar.
2b. Proceso. Con los datos de entrada, el mecanismo proyectual del diseñador procesa la información y construye en la memoria central - su mente - el plan organizador que le permite explorar, hasta encontrar la solución que él estima adecuada para responder a los requerimientos iniciales que emergen de aquellos datos acopiados. Esa solución será una formulación de formas, un conjunto organizado de datos de salida cuyo nodo es la idea básica.

En Diseño, esta idea básica es equiparable a la que en Informática define al algoritmo de resolución, con la diferencia de que en Diseño se contruye con la conjugación sutil de diversos componentes heurísticos no mensurables científicamente, y no sólo con los algorítmicos como sucede en Informática.

2c. Salida de resultados. En el programa de Diseño está constituída por el sistema de Diseño mismo, por el conjunto de formas físicas - arquitectónicas, objetuales, comunicacionales - que han nacido respondiendo al tema-problema planteado.

El programa es el plan director que nace del mecanismo proyectual, del proceso de Diseño. La memoria del diseñador actúa en este caso como en Informática lo hace el procesador. La salida de resultados puede equipararse en Diseño a la materialización física de un programa informático. Es el conjunto de partes materialmente organizadas, el sistema que surge como producto proyectual de la programación.

Volviendo al ejemplo del calidoscopio, el programa engloba al mecanismo mental y a la idea rectora que éste genera. Es el plan para llegar a la idea del calidoscopio. El sistema es la concreción física del programa. En nuestro ejemplo, lo constituyen el cilindro, los tres espejos, la lente y el visor.

En incisos anteriores, cuando nos hemos referido al programa y al sistema puede no haber quedado del todo claro, aquello que en Diseño diferencia nítidamente a uno del otro.

Programa es la estrategia que genera la solución al problema planteado mediante una idea troncal que cohesiona todo.

Esta simple analogía nos lleva a concluir que la noción de programa es más amplia que la de sistema porque la comprende.

Es conveniente reiterar aquí que el programa es resultado de un status mental ulterior y de naturaleza sistemática.

En Diseño, como en Informática, el programa es un conjunto planificado de ideas, que, como resultado, genera sistemas de formas en un caso, y de datos en el otro. En ambas disciplinas los programas nacen de un tipo de pensamiento sistemático, que, para la filosofía kantiana, « es un todo del conocimiento ordenado según principios » [248]. Por eso, para nosotros es inimaginable diseñar sin poseer el pensamiento sistemático.

Sintetizando, denominamos programación a los más amplios procesos mentales planificadores de formas, que, como resultado de esos procesos, se materializa en sistemas de formas.

La programación nace del pensamiento sistemático propio de todas y de cada una de las ciencias que nutren la ciencia proyectual.

Una constatación de lo expresado lo da el hecho de que en Informática se denomina « sistema operativo » al conjunto de programas que permiten optimizar y extraer el máximo rendimiento a la computadora.

Ingresaremos ahora a un caso particular de programación, la de identidad corporativa, a la cual preferimos llamar identidad visual, por las connotaciones autoritarias y sectoriales que aquí en el sur, trae consigo el término corporación. En Brasil hace tiempo que los *Corporate Identity Programs,* también son llamados *Programas de Identidade Visual* o de *Identidade Empresarial* [249].

6.10.
Imagen empresaria e identidad

Dice Norberto Chaves: « Los fenómenos de opinión ya no son el mero acompañamiento superestructural de los procesos económicos sino uno de los motores más dinámicos en el mercado » [250]. Y agrega « la comunicación pasa de ser un área táctica complementaria de la producción a actuar en el campo estratégico ». El esquema tradicional de la comunicación partía de la base de un receptor que recibía un mensaje sobre las bondades de un producto, pero esta apología ha visto reducida su eficacia porque ya es imposible basarlo en los valores diferenciales.

El nuevo esquema de la comunicación traslada hacia el sujeto todo el protagonismo. Pasa del producto a la identidad del productor. « Es el proceso a incentivar la problemática casi metafísica de la identidad institucional ». [251]

Es interesante el análisis que hace Josep Francesc Valls, alrededor de las interpretaciones de identidad y de imagen en Habermas y en Chaves [252]. La imagen, para Habermas, es el efecto público de un discurso de identidad. En la configuración de la imagen se establece una relación dialéctica entre el emisor y el receptor [253]. Para Chaves, controlar la imagen será actuar sobre la identidad, es decir, crear o recrear un sujeto. [254]

La idea de Heude - que también transcribe Valls - de alguna manera reúne las de ambos, al decir que la imagen es como una representación mental a la que hay que dar cuerpo y alma. [255] Esta última concepción se compadece con la que expusimos acerca de la imagen en el capítulo 2, y la ratifica.

Podríamos decir entonces que la imagen es la idea acerca del emisor que el receptor construye en su mente. Y la identidad, la configuración visual de esa imagen. Por lo tanto, para construir un programa de identidad visual debemos previamente estudiar al sujeto, a fin de bucear cuáles debieran ser los factores que determinan la imagen deseada a transmitir, para recién después diseñar el programa de identidad en concordancia con ella.

Entendemos por identidad visual al conjunto de mensajes permanentes y estables que una organización emite de forma voluntaria o involuntaria en su entorno de influencia. Constituye el estado de opinión de los diferentes públicos potenciales de esa organización. Y se forma en la mente de cada persona de un determinado público, como resultado de una abstracción psicológica de los mensajes emitidos a lo largo del tiempo. La imagen corporativa no coincide con la identidad corporativa. « Constituye un fenómeno de opinión, de opinión pública ». [256]

6.11.
Programa de identidad visual

El rápido vuelo sobre las opiniones de destacados estudiosos en el tema que nos ocupa, tiene como finalidad compenetrarnos acerca de la imagen y la identidad, antes de aproximarnos a un modo de acción para diseñar los programas. Estimamos procedente en ese aspecto, reconocer en el sur el aporte pionero de las escuelas de Rio de Janeiro y de São Paulo.

La primera, con la obra de *PVDI,* el *escritorio* liderado por el memorable Aloysio Magalhaes, quien junto a su discípulo predilecto Joaquim Redig y a Rafael Rodrigues, nos dieron una visión anticipadora de la identidad empresarial. Y la segunda, con el de los arquitectos Cauduro y Martino. La labor de João Carlos Cauduro y de Ludovico Martino en la actividad profesional, la del primero en el claustro universitario y la de Marco Antonio Amaral Rezende en la conceptualización de la práctica, son fundamentales a la hora de extender una mirada reconocida hacia la contribución brasileña a la identidad visual.
Hasta en el mismo nombre que Brasil le adjudica a la disciplina, - *programação visual* - por la imposibilidad de utilizar el término diseño como ya comentáramos, se intuye una alusión implícita al acto de programar. Mientras en los años '60, en Argentina, Chile y otros países del Pacífico todavía se desarrollaban trabajos de marcas aisladas, Brasil experimentaba ya la programación visual a través de estos grupos y de otros aportes valiosos como los de Alexandre Wölner, Ivan Ferreira, Felipe Taborda, Oswaldo Miranda, DPZ, CAO, y tantos otros.
Por eso, con el reconocimiento a los investigadores del Norte por sus contribuciones al Diseño, va también nuestro pesar por sus omisiones injustificadas *sob a escola do Brasil.*

Decíamos que la imagen de empresa es el resultado líquido de todas las experiencias - impresiones, posiciones, sentimientos - que las personas presentan en relación a una entidad. Incluye su familiaridad y credibilidad, sus productos y relaciones con público y empleados, su reputación financiera. Para Amaral Rezende el desempeño mercadológico de la empresa depende directamente de la calidad de su imagen y hasta afecta su capacidad de obtener recursos financieros.

« La imagen es algo intangible. Envuelve los efectos de las acciones de muchas y diferentes personas. Es algo difícil de ser planeado y sustentado ». [257]

Considerando que la imagen de empresa es algo subjetivo, de origen emocional, podemos concluir que las connotaciones de sus mensajes influyen decisivamente en la producción de esta imagen. La necesidad de proyectarla corresponde al requisito humano de afirmar una personalidad. En otras palabras, de poseer y comunicar una imagen. Para diferenciarse, la mayor parte de las personas y grupos, desea afirmarse como una unidad coherente y dotada de un pensamiento propio.

Proceso de un Programa de Identidad Visual 839

Plan director	Código de identidad visual	Programa de identidad visual	Manual de identidad visual
1. Investigación de la imagen externa e interna.	*1. Nombre*	*1. Papelería empresarial y formularios.*	*Conjunto de normas para la aplicación, la implementación y el uso racional del programa.*
	2. Núcleo		
2. Análisis de los mensajes visuales.	*3. Código cromático.*	*2. Publicidad.*	
	4. El alfabeto para textos complementarios.	*3. Promoción directa y en puntos de venta.*	
3. Directrices del programa.			
		4. Arquitectura comercial e industrial.	
		5. Diseño interior.	
		6. Arquitectura publicitaria.	
		7. Identificación de edificios.	
		8. Señalética.	
		9. Envases y productos.	
		10. Indumentaria.	
		11. Vehículos.	

De un lado reconocemos la necesidad de proyectar una identidad, una personalidad. Del otro verificamos que la empresa necesita emitir una imagen adecuada a sus objetivos.

Uniendo estos dos raciocinios, se demuestra la necesidad de crear un programa visual propio y coherente con sus objetivos y su personalidad.

Para obtener una imagen adecuada la empresa debe planear su identidad visual.

La Figura 839 ilustra el proceso del programa de identidad visual según Amaral Rezende. [258]

1. El plan director.

En esta etapa inicial no importan los resultados cuantitativos sino los cualitativos. La definición del perfil empresario y la de su personalidad. El diseñador debe intentar percibir todos los aspectos del problema y sobre todo aquellos no visualizados por la misma empresa. La necesidad de ofrecer respuestas al diseñador suele ser una buena oportunidad para que las entidades definan sus propios objetivos mercadológicos. « La presión de un agente externo actúa como catalizador de los procesos internos. » [259]

Todas las conclusiones serán luego analizadas y sintetizadas para concretarlas en un documento que concluya trazando las siguientes líneas de acción:

a. Definición de directrices del proyecto.

b. Definición de parámetros.

c. Definición de objetivos del programa.

d. Planeamiento del desarrollo a seguir.

En muchos casos, la antigua razón social no corresponde a la vida actual de los negocios; y en otros, el nombre no comunica nada, o es excesivamente extenso, o se ha sintetizado en una sola sigla fonéticamente irrepetible, o es excesivamente similar a muchos otros. Si existe la posibilidad de crearlo, el nombre debe ser de fácil lectura y pronunciación, debe tener impacto y carisma, ser original, poseer valores emocionales adecuados, y transmitir potencial de recordación.

Un reciente programa de identidad para el *Banco Crédito Provincial,* entidad de larga tradición y vigencia en el país, tuvo para nosotros un desarrollo plácido a partir de la decisión del directorio y del comité de imagen de la institución, de dinamizar la marca valorizando la sigla. Las tres iniciales, *BCP,* tienen, además, fonética clara y simple. La razón del cambio residió en la decisión empresaria de resolver la casual similitud entre las dos últimas palabras y las similares de otras instituciones de la banca argentina. Esta actitud creativa del banco, favoreció una positiva reformulación de la identidad visual porque el problema fue afrontado y allanado desde el nombre (Figuras 851 a 857).

2. El código del programa.
Está constituído por los elementos básicos que integran la marca. Es el vocabulario visual a utilizar, y el responsable por el resultado final.
El código es el conjunto orgánico de las partes gráficas que caracterizan y coordinan un programa de identidad visual. Está compuesto por cuatro elementos básicos.

2.1. El nombre.
Pocas son las empresas cuyos nombres son acordes con ellas. Sin embargo son decisivos para su vida institucional.

2.2. El núcleo.
Es la esencia de la marca, entendiendo a ésta como la conjugación de todos los componentes del código.
Es el signo de comando de una empresa, lo que la distingue de las demás.
Como ya lo expresamos (nota Nº 119), adquiere en general dos manifestaciones frecuentes: el isotipo - signo simbólico particularizado por el diseño gráfico - y el logotipo - palabra o palabras particularizadas por su diseño tipográfico -, pero hemos dejado para este inciso el enunciado de las variantes que estos dos elementos plantean:

2.2.1. Sello.
Es el nombre o conjunto de nombres escrito dentro de una determinada forma *(Coca Cola, Marlboro, American Express, Ford, Molinos, Levi's, Swift, Master Card, Visa, Credencial).*

2.2.2. Monograma.
Está constituído por las iniciales o por la siglas de las empresas o instituciones, utilizadas de una forma única y singular *(IBM, BGH, ATC, ITT, YPF, CNN, RCA, CVN, LBA).*

2.2.3. Logotipo.
Es la forma tipográfica normada para escribir el nombre de la empresa, del servicio o del producto *(Kodak, Nestlé, Olivetti, Sanyo, Pirelli, Molinos, La Nación, New Man, Austral, Canon).*

2.2.4. Símbolo o isotipo.
Es un signo gráfico - abstracto o figurativo - que identifica a la empresa por convención *(Shell, Volkswagen, Banco de Galicia, Renault, Mercedes Benz, Deutsche Bank, Siam, Alto Palermo, Varig, Banco Hipotecario Nacional, Sol Jet).*

Es evidente que en muchos casos, cada uno de estos tipos de marcas pueden combinarse para formar un conjunto.
De isotipo y logotipo *(Pepsi, Clarín, Nike, Citibank, Fate, Telefónica de Argentina).*
De monograma y sello *(TELEFE).*
De isotipo y logotipo, indistintamente unidos en la palabra, o separados *(Alitalia, Yves Saint Laurent, Minolta).*

2.3. El código cromático.

Es el color o la combinación de colores que contribuyen a la identificación cromática de empresas, productos, organismos públicos o instituciones. Es el lila de *Milka* o el rojo y el amarillo de *Mc Donald's*. En las grandes organizaciones, el código cromático no sólo comprende a la marca sino que se extiende a todos los elementos que constituyen su infraestructura física.

En el programa de identidad visual del *Banco de Galicia,* adoptamos dos colores institucionales, el rojo y el amarillo, y dos tríadas en armonía con dichas tintas para todos los elementos constructivos del diseño interior de las sucursales. Una - constituída por el beige claro, el dorado y el bronce oscuro (florentino) - que armoniza con el amarillo; y la otra - compuesta por el bordeaux, el morado y el rosa grisáceo - en consonancia con el rojo.

Y las dos tríadas, pensadas a su vez para que convivan adecuadamente entre sí. De esa manera logramos que los colores empresariales nunca tengan competencia cromática dentro del espacio de las sucursales, y al mismo tiempo, que los elementos de diseño interior - materiales, pinturas, revestimientos, telas - coadyuven a la identidad visual del banco sin competir con la marca.

2.4. El albafeto.

Es la familia tipográfica que se utiliza para los mensajes visuales que la empresa emite, muchos de los cuales siempre están relacionados directamente con la marca. Las frases o leyendas comerciales, la razón social o las direcciones, también deben constituir un todo reglado y normado, y esa regulación tipográfica se extiende a formularios, avisos publicitarios e impresos promocionales o institucionales.

Es tan determinante este aspecto, que en el caso del *BCP,* la inclinación de 21 grados que tiene la familia itálica del alfabeto *Garamond,* define la banda gráfica y establece las modalidades de combinación entre la marca y la tipografía (Figuras 851 a 857).

Un paradigma de coherencia y unidad en este sentido lo constituye el programa de identidad visual para la red *Mobil* de combustibles y lubricantes, diseñado por el estudio neoyorquino de Tom Geismar e Ivan Chermaieff, en base al alfabeto *Futura Bold.*

6.12.
El programa como aplicación del código

Es la etapa más compleja y extensa porque comprende la aplicación del código en los soportes físicos a los que está destinada la marca.

A modo de ejemplo destacamos los más significativos:

3.1. Papelería empresarial y formularios. Pueden ser internos a la empresa o destinados al cliente real o potencial: material de correspondencia, impresos administrativos y fichas.

3.2. Publicidad. La actividad publicitaria es promocional, por lo tanto es indispensable que en ella la marca aparezca con normas adecuadas a cada medio.

3.3. Promoción directa y en el punto de venta. Se ha constituído en una parte significativa, porque las apelaciones se ejercen directamente con el cliente potencial o en el lugar de encuentro entre el receptor del mensaje y los servicios o productos que se le ofrecen.

3.4. Arquitectura comercial e industrial. Abarca las características arquitectónicas y ambientales de las instalaciones de la empresa.

3.5. Diseño Interior. Los espacios de trabajo y de venta son parte esencial de la identidad visual y un factor importante para la implantación de la marca.

3.6. Arquitectura publicitaria. Diseño de stands, exposiciones y muestras. Son necesarios cuando la empresa exhibe sus productos o servicios en eventos propios, o en ferias, convenciones o exhibiciones diversas.

3.7. Identificación de edificios. En carteles, marquesinas y cenefas que se aplican sobre la infraestructura edilicia.

3.8. Señalética. Comprende la información funcional de los edificios, tanto en el exterior como en el interior de ellos.

3.9. Envases y productos. Incluye la identificación de los embalajes de los productos y se extiende hasta el producto mismo.

3.10. Indumentaria. Corresponde a las normas para que el indumento masculino y femenino armonicen con el carácter que se le ha impreso a la marca.

3.11. Los vehículos. Abarca las características gráficas y cromáticas de los automotores.

4. El manual de identidad visual. Es el instrumento esencial para el control y la manutención de la eficiencia del mensaje institucional que provee la marca. Comprende y presenta las características del proyecto y las normas para su implantación y su preservación. En los casos de las empresas de gran porte, los manuales de identidad visual para la aplicación de la marca constituyen un sistema de normas conformado por subsistemas de documentaciones y especificaciones técnicas. El manual debe ser un instrumento funcional, una pieza útil para la empresa.

Partiendo de nuestras propias experiencias y analizando lo acontecido en los últimos veinte años en el mundo, podemos extraer algunos de los principales aportes de un programa de identidad visual al desarrollo empresario:

1. Fija una nueva imagen en la población.
2. Contribuye a elevar la confianza de los accionistas y del mercado acerca de la entidad, su crédito y su nombradía.
3. Consolida la cultura de la empresa y acentúa la motivación y la fidelidad de los funcionarios. La mejor imagen pública también facilita la capacitación de los recursos humanos.
4. Reduce costos de producción y tiempos de ejecución, por la naturaleza sistémica y de reproducción en serie que conlleva el programa.
5. Mejora la comunicación interna y facilita la comunicación entre empresas del mismo grupo.
6. Establece una tecnología diferencial en el área de la prestación de servicios.

El programa de identidad visual es el único hardware capaz de distinguir una empresa de otra, de reforzar la fidelidad de sus clientes y de atraer a otros nuevos. Es su tecnología propia.

6.13.
Marcas abiertas y cerradas

Desde que en 1908, el arquitecto, diseñador industrial y diseñador gráfico Peter Behrens, le imprimiera a la poderosa empresa alemana *AEG* una personalidad de vanguardia y un avanzado concepto de la identidad al diseñar las tres letras dentro de un hexágono, las marcas se han constituido en verdaderos sellos que se estampan sobre cualquier superficie con el signo identificatorio de un producto, de una empresa de una entidad. [260]

Desde entonces y con variantes interminables, los empresarios - del agro, la industria, la banca, el comercio y los servicios -, los profesionales y los trabajadores de cualquier ramo, han buscado diferenciar el objeto de trabajo que ofrecen, estampando un sello en todos los elementos de difusión factibles de incluirlos. En la casi totalidad de los casos, esos signos simbólicos son inalterables e invariables. Sin cambiar en nada sus formas, colores o relaciones, se repiten idénticos por doquier. Ello ocasiona, en muchas circunstancias, evidentes incompatibilidades entre las proporciones de la marca y las del lugar al cual ésta ha sido destinada. Algunas veces, el cartel tiene proporciones verticales y la marca una franca predominancia de las horizontales, y en otras la situación es opuesta.

En estos casos, tan frecuentes, la marca queda inerme y desprotegida, a merced del lugar donde se apoya, del marco contenedor al cual ha sido destinada.

A estas marcas que constituyen la inmensa mayoría y cuya inmutabilidad las indispone para adecuarse a los cambios de los apoyos y para capitalizar el espacio, las denominamos *cerradas,* no por sus rasgos morfológicos, sino por su falta de ductilidad y comprensión, por su rigidez.

Es conveniente puntualizar aquí, que hay marcas, sobre todo aquellas concebidas para servicios de un solo tipo y destinadas básicamente a un determinado lugar - como las de las tarjetas de crédito por ejemplo - que no están sometidas al esfuerzo señalado, porque ocupan un solo soporte preferencial. Aludimos sobre todo a aquellas que soportan exigencias en forma constante y que en la actualidad son las que integran el grupo ostensiblemente más numeroso.

Veamos dos situaciones asiduas: la primera, en los carteles angostos y altos que se instalan en los frentes de edificios situados sobre calzadas y aceras angostas, como los que en Buenos Aires anuncian los nombres de los cines en la calle Lavalle; la segunda, en los carteles con publicidad que se ubican en los bordes del campo de juego de los estadios de futbol, y que tienen baja altura para que no interfieran la visual de los espectadores, pero gran longitud, porque en esa dirección no existe otra limitación que el largo de la cancha y la cantidad de anuncios. Estos dos casos son tan ilustrativos de la gran variabilidad en las medidas y las proporciones de los espacios disponibles, que reivindican la necesidad de que la marca posea el atributo de adaptarse a los lugares más disímiles sin quedar disminuída.

A esta propiedad debemos sumarle otra: la de ser dúctil para emplazarse en ambos laterales de un ómnibus, de un camión, de una aeronave, en fin, de cualquier medio de transporte. Cuando el observador está situado mirando el lado izquierdo, la parte delantera del transporte está a su izquierda; cualquiera sea el diseño del isotipo o del logotipo, este se graficará de izquierda a derecha. Pero si el observador mira el lado derecho, la parte delantera quedará a su derecha. La situación ha cambiado radicalmente, y más aún, es seguro que sería conveniente que la marca también lleve en su seno, la cualidad de prolongarse o continuarse, para que pueda dar vuelta alrededor del objeto, y encontrarse en la parte trasera o delantera de éste (Figuras 840 a 843). Pero decíamos que en general las marcas no poseen en su intimidad una estructura elástica que las disponga a los cambios impuestos por el lugar adonde han sido destinadas, tan diversos e imprevisibles. Con el impresionante e indiscriminado crecimiento de empresas y productos de todo tipo y nacionalidad, estos problemas

840 a 842.
Austral Líneas Aéreas.
1977/78.

Estudio de los laterales
en el equipo aéreo y
terrestre.

843.
Banda gráfica apta para
anverso y reverso en
cristales.

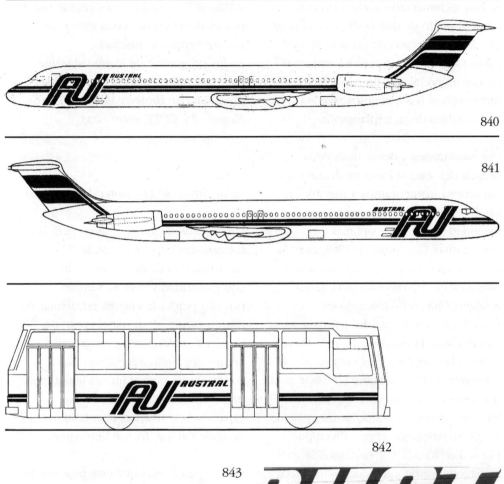

840

841

842

843

se han incrementado aceleradamente hasta el punto de que podríamos afirmar que hoy, la mayoría de las marcas - y sobre todo las de las grandes empresas - se aplican en lugares desconocidos e imprevisibles hasta para los mismos responsables de su implantación.

Por estas razones, desde fines de la década del sesenta hasta mediados de la del setenta, comenzamos a percibir un cambio paulatino en los programas de identidad visual, cada vez más significativo. Comienza en 1968, cuando Armin Vogt y Jean Reinwald diseñaron para *Fiat* ese trabajo excepcional del Alfabeto *Univers 66* inscripto en paralelogramos, lo cual les permitía aunar una fortísima personalidad con la mayor versatilidad posible [261]. Continúa con el programa de Rei Yoshimura y PAOS para la cadena de centros de compra *Daiei*. En este caso es un isotipo simple y neto el que se despliega, libre y divertido, por todos lados [262]. Y se consolida con la diagonal verde, que, ductil y perfecta, *Pentagram* diseña ese mismo año para la empresa de productos de energía y electricidad *Lucas Industries* [263].

Los nuevos vientos soplaban con mayor fuerza desde el Pacífico. Apenas diez años después, la transformación nos resultaba ya palmaria. En 1985, una publicación de Japón editada por Sumio Hasegawa

y Shigeji Kobayashi para *Graphic Sha* [264], nos evidenciaba de forma innegable la transformación suscitada, en los programas de identidad visual para las empresas *Kamei, Inax, Excel, Yamakataya, Brother, Meitetsu, Trio Kenwood* y *CCTV*, entre otras.

6.14.
La apertura del programa de identidad

Los diseños de los programas para las firmas mencionadas tienen la particularidad de adecuarse a sus soportes con elasticidad y disposición, sin por ello perder la energía estructural del núcleo matriz, sino, por el contrario, fortaleciéndola. A estos programas los hemos denominado *abiertos,* por su condición de poseer puntas libres, por su propiedad de adaptación, por su capacidad de acomodamiento al campo de apoyo al que fueron destinados.

Si bien percibimos que este proceso de ductilidad y maleabilidad se acrecienta en el período mencionado, es obligado detenernos en el gran precursor de este pensamiento de reformulación proyectual hacia una verdadera concepción sistemática de la programación: Karl Gerstner. Tres de sus obras, diseñadas en Basilea para la casa de discos *Boite a musique,* para el *Bech Electronic Centre*

844 a 850.
Estudio de apertura
para una marca.

y para la imprenta *Holzäpfel,* en la década del sesenta se habían constituído para nosotros en paradigmas de programación visual. Sigamos al mismo Gerstner en sus reflexiones sobre el asunto: « Pregunta: ¿Puede una marca ser suceptible de variación, sin perder por ello su carácter de marca? Contrapregunta: ¿Qué es lo típico de una marca, la proporción o la configuración? Mi respuesta es conocida. Las proporciones en sí no lo son ni pueden serlo. Las proporciones solo pueden ser buenas (o malas) en relación a su misión. Pero la configuración no debe sufrir bajo la variedad. » (265)

Vamos a ejemplificar esta detección gerstneriana - que tanto nos ha influido el pensamiento proyectivo - con un estudio de nuestro acervo, previo al diseño de una marca. La Figura 844 ilustra el nodo básico, y las Figuras 845 a 850, sus variantes principales. Como puede observarse, en los seis casos se han alterado las proporciones pero la configuración es la misma.

En los últimos veinticinco años de tarea, cada vez que iniciamos un trabajo vinculado a la identidad visual ha estado latente esta estrategia de abordaje, aunque después, las circunstancias o la naturaleza del proyecto nos manifiesten con claridad que no es aconsejable su aplicación.

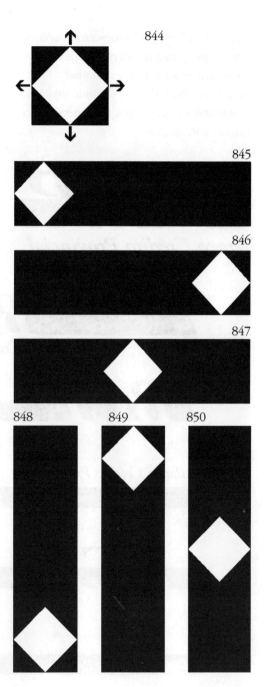

851 a 857.
Código del programa
de identidad visual.

Banco Crédito
Provincial.
1993/94.

851.
Elementos del código.

852 a 857.
Ejemplos de variables
del código.

Las Figuras 851 a 857 muestran el código para el programa de identidad del *BCP* en el que se aprecia la capacidad de adaptación y de desplazamiento horizontal y oblícuo que se genera en su núcleo configurador.

Las ilustraciones siguientes ejemplifican otros códigos básicos de distintos programas de identidad visual, que en su masa interior tienen incorporada también esa energía propia del desplazamiento.

851

852

853

854

855

856

857

858 a 860.
Marcas para un grupo
empresario.
1977.

Socma, Proconsult
y *Demaco.*

Las figuras 858 a 860 corresponden a tres
marcas para un grupo empresario, *Socma,
Proconsult* y *Demaco.* Las líneas que
constituyen cada inicial permiten sus
crecimientos hacia el lado opuesto al
lugar en que constituyen cada isotipo.

858

859

860

861.
Austral Líneas Aéreas.
1977.

862.
Tobra Levi's.
1983.

863.
Spilzinger.
1986.

Las marcas que ilustran las Figuras 861 a 866, permiten la expansión hacia ambos lados de la generatriz. Fueron diseñadas para *Austral Líneas Aéreas, Tobra Levi's,* la consultora *Spilzinger,* la empresa aceitera *Safra,* la empresa *Constructora Sudamericana* y la compañía *Dauer.*
La apertura de las marcas hacia ambos lados del núcleo se determinó en todos los casos por la gran diversidad de aplicaciones.

861

862

863

864.
Safra. 1981.

865.
Dauer. 1979.

866.
*Constructora
Sudamericana*.
1976.

864

865

866

867 a 870.
Planta de
mantenimiento y
servicio de *Con Ser*.
1983.

871.
Empresa constructora
Saico.
1979.

Las Figuras 867 a 870 ilustran la marca de
Con Ser en la planta de asistencia técnica
y mantenimiento de los camiones de
La Serenísima. Este es un ejemplo de
crecimiento oblicuo hacia solo uno de los
ejes que construyen los signos tipográficos.

La Figura 871 muestra la marca para
la empresa constructora *Saico*, que
tambien permite su desarrollo gráfico en
una dirección inclinada pero en los dos
sentidos de dicha inclinación.

869

867

868

870

871

872 a 874.
Alfabeto para
Sol Jet-Lagos de Sur.
1977.

872.
Retícula de
construcción.

873.
Nombres de los
productos.

874.
Alfabeto.

En el alfabeto para las empresas del grupo *Sol Jet-Lagos del Sur,* se percibe una clara intención de apertura. Su masa, diseñada a partir de la retícula de construcción de cuatro módulos con calles intermedias, permite, al construir las palabras, formar bandas bicolores (Figuras 872 a 874). El lector puede establecer la correlación existente entre estos signos y los que corresponden a los respectivos isotipos de cada empresa, comparándolos con los ilustrados en las Figuras 435 a 438.

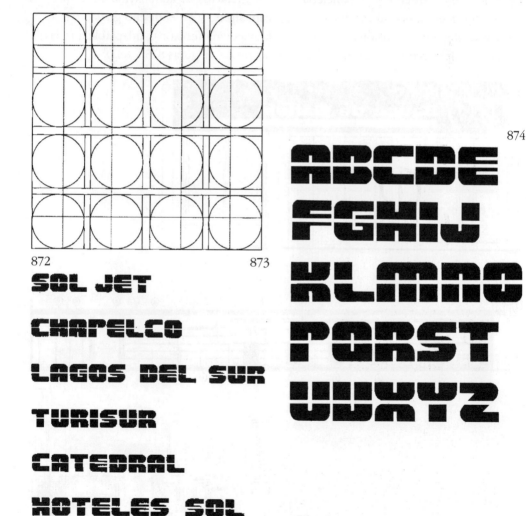

872

873

874

875 a 882.
Programa integral de
identidad visual.
Banco de Galicia.
1990/93.

875.
Una de las
fachadas tipo.

876.
Corte que ejemplifica el
tratamiento de muros.

877.
Una de las 9 tipologías
del mobiliario.

Y más recientemente, el programa de identidad visual para el *Banco de Galicia,* revela la condición de apertura establecida para las fases del proyecto. En el diseño interior de las sucursales, con una retícula espacial en las tres direcciones; en el diseño de la panelería y del equipamiento, por su condición modular también tridimensional, en el alto, en el largo y en la profundidad de cada pieza del mobiliario; en el diseño de la señaletica exterior, luminosa y modulada en el largo y en el alto, para adecuarla a la diversidad tipológica de la red; en el diseño de la señalética interior, en relación directa con los artefactos de iluminación cuya luz capitalizan; y en el diseño gráfico de la papelería funcional, adaptable a todas las piezas (Figuras 875 a 882).

875

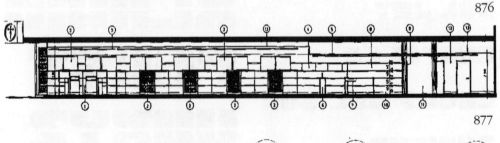

876

877

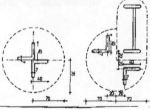
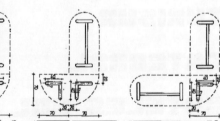

878 y 879.
Banco de Galicia.
1992/93.

Sucursal con la nueva
imagen en Avenida del
Libertador y Ocampo,
Buenos Aires.

878.
Perspectiva exterior.

879.
Vista desde el acceso.

880

881

882

880 a 882.
Banco de Galicia.
Sucursal Avenida del
Libertador y Ocampo,
Buenos Aires.

880.
Sala de reunión.

881.
Area de recepción.

882.
Area de atención
personalizada.

De los tres pares de relaciones que se entablan en todo proyecto orgánico y gestáltico - todo y parte, objeto y conjunto, persona y ambiente - nos falta aún, extender nuestro recorrido por las dos últimas entidades, tan necesarias para completar la noción de programación integral.

6.15.
Integración entre persona y ambiente

Según vimos en el capítulo 3, los aspectos de la percepción que le posibilitan a la persona la comprensión de la estructura de las cosas y del espacio, son estudiados por la Psicología de la Forma.
Luego, en el capítulo 5, inciso 5.4., consideramos a la Topología como una parte de la Matemática y de la Geometría que estudia la partición, la repetición y la organización de las formas en una estructura espacial dada.

Hemos dejado adrede para este último, las relaciones entre la persona y el espacio, como dos planos de una sola problemática. Desde los estudios del psicólogo alemán Kurt Lewin, se ha desarrollado un nuevo corpus de ideas derivado de la Psicología de la Forma denominado Psicología Topológica [266]. En la introducción del capítulo correspondiente al campo topológico de

su obra *Teoría del Campo,* Attilio Marcolli, considera al pensamiento lewiniano como decisivo para la construcción de una actitud proyectual, porque considera al ambiente - a las estructuras ambientales - como principios activos que influyen sobre la persona [267].

Lewin nos demuestra que el comportamiento es función de la persona y del ambiente, idea esta que por otra parte, es coincidente con la sustentada por Frederick Perls, en el sentido de que entre la persona y el ambiente se establece una dialéctica activa. La persona con sus conductas, sus percepciones y sus acciones, influye sobre el ambiente físico, humano, social y productivo. Y éste, a través de un principio recíproco y activo, influye sobre aquella, ejercitando una acción decisiva en su conciencia.
Esta concepción es integradora. El espacio en el que el hombre se desplaza ya no es cartesiano ni métrico, sino un espacio de vida *(life space)* [268]. Es un espacio gestáltico en el cual las cosas inciden sobre el todo espacial, y este sobre aquellas. Entendido el espacio así, cada objeto modifica e influencia al conjunto, y los conjuntos de objetos, a cada unidad. Las personas modifican al ambiente, y éste incide sobre ellas, en un proceso simultáneo y recíproco. En tanto ámbito de interrelaciones físicas y humanas entre ambiente y persona, el espacio concebido

por las psicologías gestáltica y topológica, se constituye en un vehículo por el que fluyen las comunicaciones que se entablan entre las partes.

El arquitecto, cuando proyecta la interconexión entre los lugares de una unidad de vivienda, ejercita esta concepción del espacio como entidad psicológica, porque incorpora en su proceso de ideación los eventuales desplazamientos de un usuario real o hipotético. Lo mismo le ocurre al diseñador gráfico cuando concibe el ritmo tipográfico con el que títulos, textos y publicidad se ensamblan en las páginas de un diario o de una revista, intuyendo la actitud que adoptará el lector cuando se introduzca en el objeto periodístico. Igual comportamiento asume el diseñador industrial, cuando durante el proceso de diseño de un ómnibus, compone en su mente distintas posiciones del cuerpo del pasajero durante el viaje, en reposo y en movimiento.

Como habíamos visto, la Geometría Topológica es necesaria para la organización de las formas seriales. Ahora, en otra evidencia de que las ciencias exactas y las humanas se conjugan para construir el pensamiento proyectual, colabora para relacionar el espacio del individuo con el social; el espacio de una forma con el de múltiples formas. Esta contribución es decisiva para la pedagogía del Diseño porque alrededor de ella gira la idea de integración del diseñador con su sociedad y con su ambiente.

6.16.
Diseño y ambiente urbano

El tema del Diseño y el ambiente no podría ser más vasto. Huiremos de cualquier dimensión exagerada para restringirlo en concreto a la intervención del diseñador sobre la ciudad y el medio ambiente urbano, que es un problema complejo y global porque enmarca las dificultades que enfrenta el habitante para vivir en ella, y sobre todo, el hombre de los grandes conglomerados urbanos de América Latina. En México, Caracas, Quito, Bogotá, San Pablo, Río de Janeiro, Buenos Aires, Santiago de Chile o Lima, el ciudadano medio vive más de tres horas por día en la calle soportando una suma de agresiones. Desde la carencia de transporte y la insuficiencia de las redes viales hasta la polución ambiental, la agresión es de todos contra todos. Dice João Carlos Cauduro en un estudio presentado al *Primer Simposio Brasileño de Diseño Industrial* [269] : « Durante el viaje desde su casa al lugar de trabajo nuestro ciudadano va apreciando el paisaje. Para muchas personas el ambiente urbano es el único paisaje que conocen: grandes carteleras de publicidad en los lugares más inesperados, carteles de comercios que se disputan la atención visual en una violenta competencia. Dentro de poco, el cartel de la inmobiliaria será más grande que el edificio mismo. Exceso de estímulos, monotonía, total falta de orden y coordinación ».

En general se caracteriza con el nombre de *stress perceptivo* a la carga de ansiedad y tensión que se genera en el observador a raíz de la enorme cantidad de estímulos que percibe a diario. Ante este tipo de polución - la polución visual - la gente no tiene posibilidad alguna de seleccionar, segregar, elegir o defenderse. Y en ello reside su perversidad [270].

Nadie con sensatez puede proponer como modelo opuesto el de ciudades fantasmagóricas y vacías que carezcan de la vitalidad del signo, pero tampoco disponerse a presenciar con indiferencia la degradación que producen por doquier los desenfrenados estímulos a la compra. Podemos con razón, intentar aproximarnos hacia un cierto estadio de equilibrio a través del Diseño, que es la disciplina que nos proporciona una estructura planificadora y ordenadora general para la regulación de los espacios públicos.

Para responder a las exigencias de nuestro hábitat debemos tratar de proyectar los objetos en relación al medio. Desde que proyectar el medio ambiente es proyectar para la comunidad, la contribución del diseñador será más positiva cuando mayor sea su respeto por los valores humanos y sociales y su participación activa para una solidaria convivencia urbana. [271]

6.17.
La parte y el todo en la programación

Esta integración progresiva hacia la cual queremos aproximar al lector, desde la noción de parte a la de todo, desde la de objeto a la de conjunto y desde la de persona a la de ambiente, tiene el fin único de contribuir a la conformación de una conciencia interactiva del acto proyectual, y al desarrollo de una concepción integral e integradora para el mejoramiento del hábitat.

En ese aspecto es decisiva la visión del objeto ciudad como una entidad de naturaleza dialéctica entre lo individual y lo colectivo.

Para Aldo Rossi, la Arquitectura, en sentido positivo, es una creación inseparable de la vida civil y de la sociedad en la que se manifiesta. « Ella es por su naturaleza, colectiva », dice [272]. Este contraste se pone de manifiesto en aspectos diversos de la esfera pública y privada.

« El elemento colectivo y el privado, sociedad e individuo, se contraponen y se confunden en la ciudad, constituída por tantos y tan pequeños seres que buscan una sistematización, y al mismo tiempo y juntamente con ella, un pequeño ambiente para ellos, más adecuado al ambiente general » [273].

El aporte fundamental de Rossi reside para nosotros en su interpretación de la idea de ciudad como hecho gestáltico. Como una entidad orgánica constituída por dos grandes sistemas. Uno que considera a la ciudad como el producto de los sistemas funcionales generadores de su Arquitectura, y otro que la percibe como una estructura espacial. Esta visión de la vida urbana es importante porque nos estimula - en el plano específico del Diseño - a una permanente valoración del contexto cuando estamos diseñando algo, que será un todo en sí mismo pero siempre una parte con respecto a lo demás.

En una entrevista que le hizo a Fellini un periodista de *Les cahiers du Cinéma,* le preguntó cuál era a su juicio el mejor músico de películas. El realizador, sin dudar, le respondió al instante: « Nino Rotta ». El cronista, tratando tal vez de auscultar su opinión sobre otros grandes compositores, mencionó a Moroder, Morricone, Mancini, Vangelis, Schiffrin.

Pero el maestro de Rimini fue terminante: « No. Nino Rotta - dijo - porque Nino es el único que tiene absoluta conciencia de que la música es un elemento secundario en mis películas ».
La anécdota, conmovedora, nos manifiesta la conciencia de principalidad y de subsidiariedad que anidaba en el gran Federico, y que también resuena en las partituras del notable músico. Porque allí, en la significación que para éste alcanza la música y en la manera en que, sin embargo, la hace ingresar a la obra fílmica, reside una total valoración del pensamiento integrado e integrador del hecho creativo.

A nuestra escala, y en experiencias más modestas que las del compositor de la música de *La Strada* y *La Dolce Vita,* ejercitamos - o mejor, disfrutamos - en forma permanente e incondicional, esa noción topológica de principalidad y de subsidiariedad. Más aún, se constituye sin lugar a dudas, en nuestro movilizador creativo de mayor influencia y en el que, en la totalidad de los casos termina por ser el concluyente en la idea básica, en el partido de Diseño.

Veremos ahora en diversos proyectos, cómo esta convicción aparece como cardinal en el momento de gestar las ideas.

6.18.
Tema y problema de Diseño

Para poder internalizar la conciencia de lo primario y lo secundario, nos será de utilidad evidenciar antes, la desemejanza que diferencia a los conceptos tema y problema de Diseño:

El tema « es el asunto, la materia de que se trata ». Es interesante destacar los significados que la palabra tiene para otras disciplinas. En Música, « es la parte principal de una composición musical con arreglo a la cual se desarrolla el resto de ella ». Y en Gramática, « es la parte esencial, fija o invariable de un vocablo ».

Problema se define como « una proposición que alguien nos hace dirigida a averiguar el modo de obtener un resultado conociendo ciertos datos ». Observemos que esta definición se relaciona en parte con la noción de programa en Informática, que ya vimos. Para las ciencias exactas, « es una cuestión que se trata de resolver por medios científicos », por ejemplo, un problema de Física. También « es un asunto difícil, delicado, susceptible de varias soluciones ».

Trataremos de aproximarnos al significado que para nosotros tienen ambos términos en Diseño, con un ejemplo simple. Supongamos que un cliente, comerciante de una casa de indumentaria masculina, quiere desarrollar su línea de productos, y nos solicita que le diseñemos un cinturón. Después de estudios de marketing, ha llegado a la conclusión de que esa es la decisión más adecuada. La investigación previa recomienda que el cinturón sea utilizado con ropa informal.

De la encomienda del trabajo se desprende que el tema, es, efectivamente, diseñar un cinturón. Pero el problema, ¿cuál es? Cuando algún comitente nos consulta, tiene una idea clara del tema pero una idea vaga, imprecisa e incierta del problema, porque, como es obvio, solo puede intuirlo en toda su extensión con el pensamiento del Diseño.

De ello se infiere que el problema - como lo revela la definición del término - no es en Diseño una proposición que « alguien » nos hace, sino, por el contrario, una proposición que « nosotros » nos hacemos al analizar el tema y explorarlo. Sigamos. ¿Y si en lugar de un cinturón *sport* tenemos una idea feliz para uno de vestir? ¿No lo presentaríamos sabiendo que puede ser el origen de un buen negocio para nuestro cliente? ¿Y si es para mujer en lugar de para hombre? ¿En ese caso, estará destinado para sujetar las prendas, para afinar la silueta, o solo como ornamento? ¿Será de cuero, de tela, de plástico o de un material no convencional? ¿Y la hebilla? ¿Y si no es un complemento del vestir?

¿Y si estudiando el « problema » llegamos a proyectar un cinturón de seguridad de buen diseño, simple, seguro, económico ? ¿No lo propondríamos, cuando tal vez nuestro cliente se interese en una nueva perspetiva comercial ?

Hemos logrado así abrir el problema de Diseño. Lo hemos sustraído de la banalidad del mercado para proyectarlo hacia el campo de acción de la disciplina. Ahora estamos en plenitud, en libertad, en condiciones de proponer soluciones, de jugarnos, de divertirnos. La única posición posible en la que somos útiles a nuestros comitentes, la posición creativa.

El tema de Diseño es siempre planteado por quien nos consulta. El problema de Diseño es siempre postulado por nosotros. Nunca como una dificultad, como un « asunto difícil, delicado » sino como un núcleo germinal de las ideas.

Estas reflexiones están en estrecha vinculación con la idea de principalidad y subsidiariedad porque la subsidiariedad del Diseño en relación a la principalidad de la persona y del ambiente, forma parte de todos los problemas de Diseño, y sin embargo jamás nos ha sido planteada por nadie.
En ello reside una de las razones que torna apasionante nuestra tarea, porque los temas pueden reiterarse por doquier

pero los problemas son irrepetibles y diferentes. Y como en el seno de cada uno - con certeza - reposa serena la solución, debemos trabajar duro hasta llegar a ella.

Ahora sí, ilustraremos una serie de programas de Diseño, a los que para mayor claridad exponemos con el enunciado del tema, el del problema que nos planteamos, y la respectiva solución a la que arribamos en cada caso.

Programa 1 de Diseño.

Tema: diseñar la señalética del *Hipódromo de San Isidro*.

Problema de Diseño que nos planteamos:
A. Cubrir la información funcional orientadora dentro del predio.
B. Integrar las señales a la obra proyectada en 1935 por los arquitectos Acevedo, Becú y Moreno.

Solución: la observación espacial y volumétrica del conjunto edilicio, nos permitió percibir que hay una forma predominante: cuadrados y rectángulos con dos de sus lados unidos a semicírculos. En la forma de la planta de la pista, en las cubiertas de las tribunas, en los arcos de acceso a éstas y hasta en las secciones de las columnas, se reitera ese contrapunto entablado entre las rectas

883 a 890.
Señalética del
*Hipódromo
de San Isidro*.
1979.

Arquitectura:
Acevedo, Becú y
Moreno.
Arquitectos. 1935.

Arquitectura de las
nuevas obras:
Aslan y Ezcurra.
Arquitectos.

Héctor Ezcurra y
Asociados.
Arquitectos. 1979.

y las curvas, en diversas escalas y
proporciones.
La propuesta nació del popósito de
integrar la forma de las señales a las
formas predominantes de la obra,
tratando de establecer un arpegio
morfológico acorde, entre la principalidad
de la obra y la subsidiariedad de la
señalización (Figuras 883 a 890).

884

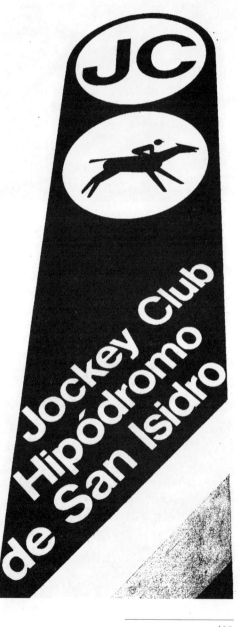

883

883 y 884.
Elemento simbólico
institucional.

886 a 889.
Orientadores de sector.

890.
Nomenclador de
boleterías.

885

885.
Detalle del encastre
entre placas y
columnas.

887

888

889

886

890

891 a 894.
Programa de Diseño
para una línea de
cosméticas femenina.

Miss Taylor. 1988.

Programa 2 de Diseño.

Tema: diseñar una línea de perfumes de mujer que incluya el frasco y la caja del perfume, el jabón y su caja respectiva, y la identidad visual de la marca.

Problema de Diseño que nos planteamos:
A. Obtener un *packaging* con una forma pregnante y de morfología singular.
B. Procurar la avenencia formal de los productos entre sí, y de éstos con la gráfica del packaging.

Solución: el frasco, el jabón y las dos cajas se diseñaron en base a una misma forma de doble curvatura. La producción del frasco y la impresión de las cajas se simplifican notoriamente, porque la forma base es un prisma alabeado con aristas curvas e invertidas que le dan movimiento a las cuatro caras, pero dicha forma tiene un desarrollo bidimensional muy simple (Figura 893).
Dice Anton Stankowsky: « La tecnología y las ciencias exactas son una extensión del lenguaje pictórico. La construcción

891

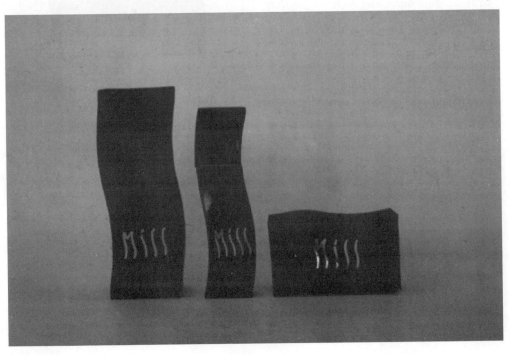

geométrica describe funciones reales en
una forma perceptible. Ciertos diseños
nos muestran una faz del mundo
tecnológico que sin ellos nos quedaría
desconocido. Y otros nos esclarecen la
fineza de la materia » [274].

892

La propuesta fue desestimada porque las
cajas, por su forma, planteaban dificultades
para su apilamiento y embalaje.
Si bien juzgamos razonable y
respetable la decisión adoptada,
no nos cabe duda de que nuestra tenaz
vocación de forma hubiera arbitrado los
medios para resolver la dificultad con
racionalidad y economía. Intuímos que
detrás del argumento del rechazo, pueden
haber existido lógicas resistencias ante
una propuesta formal, osada e inquietante
(Figuras 891 a 894).

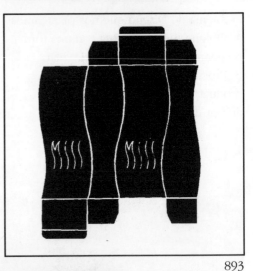

893

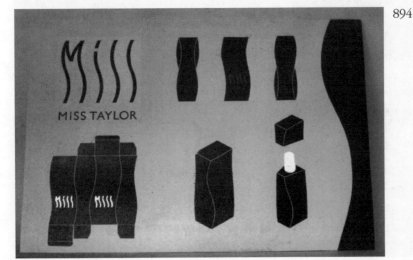

894

895 a 899.
Señalización del
*Mercado Central de
Buenos Aires*. 1980.

Arquitectura:
Llauró, Urgell, Facio,
Arquitectos.

Sánchez Elía, Peralta
Ramos, SEPRA,
Arquitectos.

Corporación del
Mercado Central.

Programa 3 de Diseño.

Tema: diseñar la señalización del *Mercado Central de Buenos Aires*.
La superficie del predio es de más de doscientas hectáreas. El conjunto edilicio está constituído por un gran centro administrativo, por pabellones de compra-venta, de depósitos y de servicios, por andenes ferroviarios y por playas de operaciones y estacionamiento.
La diversidad de las funciones operativas determinó un proyecto urbano arquitectónico de gran presencia espacial y de ponderable personalidad en su lenguaje tecnológico y estructural.

Problema de Diseño que nos planteamos:
A. Diseñar un sistema de señales que respondiera a los mensajes determinados por el partido del proyecto.
B. Resolver la diversidad tipológica de los mensajes y de las señales.
C. Procurar la mayor compatibilidad entre el sistema de señalización y el lenguaje constructivo de la arquitectura industrial.

895

896

897.
Despiece de las señales.
898.
Placa estructural.

899.
Grandes orientadores.
900.
Andenes.

Solución: al percibir que los cerramientos
en las cabeceras de los pabellones y los
portones de todas las naves estaban
construídos de chapa acanalada
trapezoidal, se adoptó dicho material para
la estructura tipo de las señales, cuyos
reversos, al dejar la chapa acanalada a la
vista, integraban naturalmente los
elementos de información a la obra.
Sobre esta base estructural, se apoyaron
luego, las placas con los símbolos y las
leyendas. El diseño de los objetos con el
código visual que emerge de la tecnología
constructiva de la gran obra, fue decisivo
para luego desarrollar todo el proyecto,
- que por su escala era de gran complejidad -
sobre ese eje (Figuras 895 al 900).

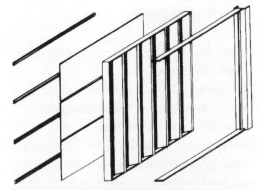

897

898

899

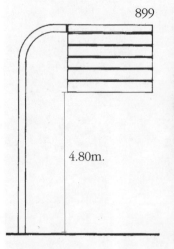

4.80m.

900

901 y 902.
Elementos para una
galería de arte. 1970.

Galería Bonino.

901

902

Programa 4 de Diseño.

Tema: diseñar un elemento de promoción
para la inauguración de la galería de arte
Bonino, que estaba situada en Marcelo T.
de Alvear 636 de Buenos Aires.

Problema de Diseño que nos planteamos:
A. Crear un objeto lúdrico y sorpresivo.
B. El objeto debía contribuir a la diversión
de los invitados a la inauguración del
lugar; por lo tanto no debía entregarse
previo a ésta, sino en la fiesta de apertura.

Solución: siempre nos sorprendió el
efecto que las lámparas de rayos
ultravioletas producen sobre superficies
reflejantes, como las prendas claras o los
dientes y los ojos de las personas.
Intuímos entonces, que un efecto similar
podría producirse sobre imágenes
impresas con pinturas o tintas
fluorescentes, ya que, por su composición
química, tienen la propiedad de
transformar la luz que reciben en
radiaciones de mayor longitud de onda.
Este efecto es similar al que se produce
en el mar en ciertas noches de luna con la
espuma de la cresta de las olas, y al que
hoy percibe el cajero de un banco cuando
expone a la luz ultravioleta la trama de
seguridad de un billete o de un sello para
verificar su autenticidad. Decidimos
entonces, imprimir con tinta fluorescente
un torso de mujer y otro de hombre

sobre respectivos *ponchos* - prenda
gauchesca rectangular con una abertura
en el medio para pasar la cabeza -
de papel.
Utilizamos figuras de un libro francés con
grabados de atributos comerciales del
siglo XIX, cómicos por la ingenuidad de
su erotismo (Figuras 901 y 902).
En determinado momento y en la
oscuridad, se encendieron lámparas
ultravioletas mientras se repartían los
objetos indiscriminadamente. El tiempo de
diversión fue de una hora, indeleble, en la
que todos se reían de todos al verse casi
desnudos, luminosos y algunos con el
sexo cambiado. Toda la idea se organizó
en base a una percepción lumínica.

Otra vez Stankowsky nos alecciona al
respecto: « La extraordinaria variedad de
los signos permite formas de realización
diferenciadas. Podemos no solo
representar al ojo y sus apariencias
sensibles, sino también manifestar las
relaciones de función de la visión ante
la luz » [275].

Programa 5 de Diseño.

Tema: diseñar señales de nomenclatura de
calles y de parada de ómnibus con
espacios disponibles para publicidad.

Problema de Diseño que nos planteamos:
A. Resolver la dificultad que para esta

nueva función - establecida por una
concesión municipal - planteaban las
señales que habíamos diseñado veinte
años antes: cualquier anuncio publicitario
se interrumpía por la columna que,en
aquellas, está entre la placa de la flecha
que indica la dirección del tránsito y la
del nombre de la calle.
B. Integrar formalmente la publicidad
a la señal, pero separarla visualmente.
C. Mantener las mismas columnas por
razones de economía de producción.
D. Permitir la libertad de cruzar las dos
señales sobre una columna con cualquier
ángulo, en coincidencia con el que
forman las arterias al encontrarse.
E. Evitar que las señales giren al ser
golpeadas por un ómnibus o un camión
cuando dichos vehículos giran en las
intersecciones estrechas del centro de
la ciudad.
F. Racionalizar la producción y el
montaje.

Solución: el punto A del problema lo
resolvimos mediante el pensamiento
inductivo, al establecer una correlación
entre columna y muro en Arquitectura y
columna y placas en nuestras señales.
Comprobamos que sólo hay dos formas
en que ambos elementos coparticipan. O
la columna interrumpe el muro y queda a
la vista, o el muro cubre a la columna y la
oculta. Habiendo ya hecho lo primero con
nuestras señales de 1971, ahora,

903 a 908.
Nueva señalización de
Buenos Aires. 1991.

Señales con espacios
disponibles para
publicidad.

Empresa concesionaria:
Silestra.

903

veinte años después, hicimos lo segundo.
De esa manera, al pasar rasante por
ambos lados del caño cubriéndolo, el
anuncio publicitario no se interrumpe en
su recorrido por toda la longitud de la
señal. La nueva tiene la misma longitud
que la anterior - 1,16 m - pero el espacio
que antes se disponía para la columna,
las grapas y los vacíos entre columna y
placas, es de 263 milímetros, que se
destinaron para una correcta distribución
de los vectores y los signos tipográficos
de nombres y numeración de calles.

904

905

906.
Señal de nomenclatura
de calles.

907.
Señal de parada de
ómnibus.

Modelos industriales
Ochava ®.

908.
Relación entre las
señales de 1971 y 1991.

Los puntos D, E y F, fueron resueltos mediante la tecnología del *fiber-glass* moldeado, con módulos de forma ahusada que se acoplan entre sí y quedan enhebrados por el caño sin tornillos a la vista (Figuras 906 y 907).

Dice André Ricard: « La tecnología solo contempla el mundo de lo material, y en consecuencia lo que ella puede aportar a la cultura será siempre al nivel de la instrumentación práctica » [276].

906

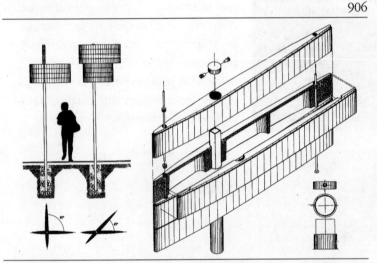

907
908
1971   1991

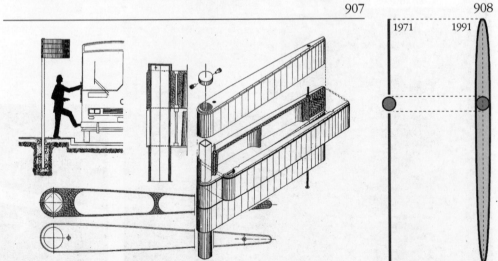

909 a 915.
Señalética de
Puerto Viamonte.
1992/93.

Arquitectura de la obra:
Juan Carlos López y
Asociados. Arquitectos.

Peralta Ramos SEPRA y
Asociados.
Arquitectos.

Robirosa, Beccar Varela
y Pasinato, Arquitectos.

Programa 6 de Diseño.

Tema: señalizar el área denominada
Puerto Viamonte, situada entre las
avenidas Madero y Dávila, y las calles
Viamonte y Lavalle. Comprende a los
docks 1 y 2, a los espacios verdes conexos
y a las playas de estacionamiento.

Problema de Diseño, que nos planteamos:
A. Resolver la orientación hacia todos los
lugares del área.
B. Permitir la visualización de los límites
espaciales del emprendimiento,
dado que por ser mayor la extensión del
predio sobre la Avenida Madero que
sobre la Avenida Dávila, sus límites se
hacen perceptivamente ambiguos.
C. Acentuar la presencia del conjunto
edilicio sobre la Avenida Madero por ser
ésta de tránsito intenso y contínuo.
D. Respetar el área de Puerto Madero,
evitando todo carácter publicitario de los
elementos, y atendiendo solo a los
aspectos de la información funcional y la
identificación visual.

909

910.
Análisis vial y
perceptivo del área.

E. Asociar los objetos de la señalética con
el espíritu que emerge del lenguaje formal
y constructivo de la arquitectura portuaria
de la ciudad de Buenos Aires.
F. Obtener costos mínimos de
construcción y montaje del rubro.

Solución: dos factores fueron decisivos
para la definición de la idea básica del
programa. Uno surgió de la observación
espacial del lugar, y el otro del análisis de
los elementos estructurales utilizados para
la construcción de los grandes pabellones
portuarios en 1914. Con respecto al
primero, es bueno destacar que
recorrimos el sector de diez hectáreas,
durante cinco días consecutivos.
Observamos las alturas edilicias, las
distancias, el ancho de las avenidas y
calzadas, las manos del tránsito, la
densidad del tráfico automotriz, la
dimensión de las playas de
estacionamiento. En el estudio
constatamos que la Avenida Madero en

ese tramo describe una curva, y que
Puerto Viamonte está emplazado sobre el
lado convexo de dicha curva
(Figura 910 A y B). Las cualidad que
posee el lado convexo de la avenida,
- sobre todo si es ancha - sobre el
cóncavo, reside en que el observador
- automovilista o peatón - puede ver la
curva completa de un extremo al otro.
En la misma ilustración se aprecia que
siempre, cuando el cordón de la calzada
es convexo, la línea de fachada es
cóncava. Ello permite que el observador
leea en el espacio y en movimiento,
siempre de izquierda a derecha en
cualquiera de los dos sentidos que circule.
Conclusión. Si la línea de fachada se ve
de extremo a extremo, y desde ambos
lados se puede leer de izquierda a
derecha, podíamos emplazar grandes
señales que a través de 500 metros
tuvieran la inscripción *Puerto Viamonte*
con la misma letra en el anverso y en el
reverso. Eso hicimos.

910

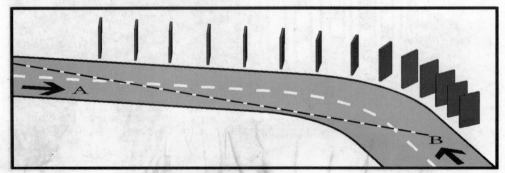

911.
Tres columnas
acopladas de hierro
fundido forman una
nueva.

912. Las mismas
columnas soportan un
pórtico de acceso.

En cuanto a los puntos D, E y F, la observación de la obra nueva y de su proceso constructivo, nos permitió comprobar que se eliminaban columnas de hierro fundido de la construcción original, para ampliar los espacios interiores. Dichas columnas son el fiel reflejo de un período significativo de la revolución industrial. Pertenecen a la etapa en que moría el hierro fundido y nacía el acero. Lo curioso reside en que son de fundición de hierro pero dejan de lado las formas ornamentales para asimilarse al lenguaje racional y constructivista del acero que estaba naciendo. Eso les asigna una gran belleza expresiva. Por otro lado, su valor actual es desestimable. Por tres razones: una de orden formal, otra de orden arquitectónico y la tercera de orden económico, decidimos incluirlas, acoplando tres, una sobre otra, para construir cada nueva columna. En total son 27 - 14 para las dos palabras y 13 intermedias - que alcanzan 10 metros de altura y soportan carteles verticales de 1 metro de ancho por 7 de alto. Estos además de llevar las letras tienen caladas las formas de las típicas ventanas de los docks para connotar así que el lugar se abre al río y al verde. Es propicio volver a citar a André Ricard: « Crear es en cierto sentido, la manifestación de una rebelión latente contra la necesaria realidad legada que no es aceptada como tal » [(277)].

911

912

913.
Cubiertas de las playas
de estacionamiento.

914.
Vista desde las playas
hacia el norte.

913

914

915.
Lectura de izquierda a
derecha en ambos
sentidos de circulación.

915

Programas 7, 8 y 9 de Diseño.

Tema 7: diseñar un sistema de mobiliario urbano integral para la nueva ciudad de Federación en la provincia de Entre Ríos, con motivo de que el lago que forma la represa binacional argentino-uruguaya de Salto Grande, cubrió las ciudades de Federación y Santa Ana.
Tema 8: diseñar dos elementos del mobiliario urbano - un papelero y un bebedero - y reciclar un tercero: el banco de plaza.
Tema 9: diseñar un conjunto de juegos infantiles para plazas y paseos públicos.

En el tema 7, los elementos debían estar construidos contemplando costos mínimos para el rubro, debido a que toda la partida presupuestaria estaba destinada a la construcción de viviendas y de servicios de infraestructura urbana.
En el caso de los temas 8 y 9, la construcción, el montaje y el mantenimiento estaban a cargo de la comuna.
En estos tres programas se vuelve a manifestar la sujeción de los objetos a su uso público y a su condición de partes del hábitat urbano.

Problemas de Diseño que nos planteamos:
A. Cumplir las funciones básicas para las que cada elemento es diseñado.
B. En el tema 7 dar prioridad a los factores del costo para la producción y el mantenimiento e integrarlos a la nueva arquitectura.
C. Integrarlos además en los temas 8 y 9, a los objetos de la vía pública, como las luminarias, los semáforos y las señales.
D. Dotarlos de fortaleza visual y constructiva para defenderlo s del vandalismo, del deterioro casual y de la intemperie.

Soluciones de los tres programas:
Tema 7: una forma predominante - el octógono - se constituyó en el núcleo generador de una familia morfológica diversa y no obsesiva, que nos dio libertad para resolver un sistema de productos de hormigón premoldeado y chapa acanalada: refugios, carteleras para publicidad, señales de diversas dimensiones para cubrir todos los mensajes, bancos para paseos públicos, papeleros, bebederos y hasta rejillas para árboles y bocas de desagüe.
(Figuras 916 y 917)
Tema 8: el papelero y el bebedero se resolvieron con la misma tecnología pero con prismas cilíndricos, por ser más afines al resto del mobiliario porteño; y el tradicional banco de plaza con tablas de madera y patas de fundición de hierro, se preservó en su esencia cambiando sólo el hierro fundido por un caño de acero que describe una curva contínua
(Figuras 918 y 919).

916 y 917.
Programa de mobiliario
urbano.
1975.

Ciudad de Federación,
Entre Ríos.
Secretaría de Obras
Públicas, Provincia de
Entre Ríos. 1975.

916.
Señales, kiosco, refugio,
bancos, rejillas y
carteleras.

917.
Papeleros y bebederos.

916

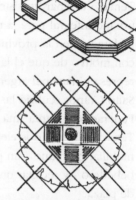

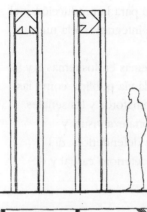

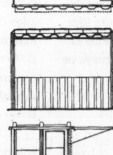

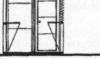

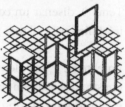

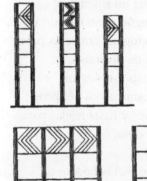

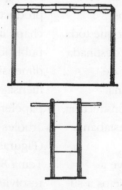

917

Arquitectura y
Planeamiento.
Director:
Arq. Walter Grand,

Carlos Viarenghi,
Francisco Soler
Arquitectos

918 a 920.
Papeleros, bebederos,
bancos de plaza y
juegos para
Buenos Aires. 1972

918 y 919.
Papeleros y bebederos.

920.
Banco de Plaza.

921.
Juegos infantiles.

Tema 9: el conjunto de juegos se proyectó
capitalizando diversos materiales
existentes en los depósitos municipales,
pero transferidos a nuevas funciones y
formas. Así, un conjunto de caños de
hormigón, es una oruga debajo de la cual
juegan los niños, y formas libres de
escaleras metálicas son estéreo estructuras
a las cuales ellos escalan desde varios lados.
Es estimulante, hoy, después de veintinco
años, ver aún a aquellos juegos, soportar
con estoicismo un vendaval diario de
vitalidad y alegría infantil.

919

918

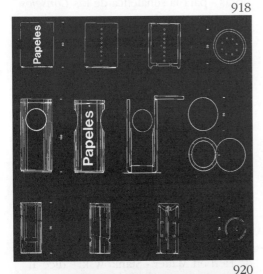

921

920

Programa 10 y 11 de Diseño.

Tema 10: diseñar la identificación visual y la señalización de los *Consejos Vecinales de la Municipalidad de Buenos Aires.*

Tema 11: diseñar la señalización del complejo edilicio *Plaza del Pilar Design Center* y su identidad visual.

Problemas 10 y 11 de Diseño que nos planteamos:

A. Cumplir las dos funciones, la identificatoria y la informativa.

B. Integrar la señalética al lenguaje constructivo y tecnológico de las obras en los edificios.

Soluciones de ambos problemas: la procuramos en forma simultánea respondiendo a la necesidad informativa y subordinando la señalización al lenguaje de los arquitectos. La obra de Clorindo Testa conjuga una potente libertad proyectual para procesar espacios y volúmenes con una fecunda voluntad de adecuación racional de los materiales. Austera, constructivista, casi despojada. Un cielorraso de un local comercial puede ser de chapa acanalada y otro de una oficina, de alambre de tejido artístico. Esa postura de Diseño ingresa en sintonía con la nuestra porque nos estimula la reformulación de una tecnología tradicional aplicable en otros usos no habituales.

Anton Stankowski lo expresa así: « Una impresión cotidiana puede transformarse en un evento visual atrapante cuando un objeto familiar es percibido en un medio inesperado. El hábito, contribuye a que el efecto de sorpresa alerta la nueva visión. La transfusión óptica de un material desde una función conocida a otra desacostumbrada provoca un asombro placentero » [278].

Esta concepción proyectiva compartida, nos condujo a utilizar la chapa perforada tipo *Shulman* - utilizada con frecuencia en las canalizaciones del cableado de las obras - para la señalética de los *Consejos Vecinales* . Con ella diseñamos una suerte de *mecano* que respondió noblemente al nuevo uso (Figuras 922 a 925).

Y en el proyecto *Plaza del Pilar Design Center,* incorporamos señales de cerámica esmaltada, material que armoniza culturalmente con uno de los lugares históricos y más bellos de la ciudad.

La forma única para todas las señales es el cuadrado, utilizado en gamas bicolores policromas (Figuras 926 a 933).

El amigo de Max Bill, de Richard Lohsey y de Herbert Matter - Stankowski - dice al respecto: « El cuadrado es la forma más simple. Mirándola percibimos significados espontáneos. Las inscripciones verbales en él se hacen precisas y se interpretan en la dirección deseada. Se alimentan recíprocamente y acrecientan su fuerza de persuasión e información. » [279]

922 a 925.
Programa de identidad
visual *Consejos
Vecinales*.
1991/92.

Arquitectura:
Clorindo Testa,
Juan Genoud.
Arquitectos.

922 a 924.
Sistema constructivo de
la señalética.

925.
Sector del frente del
Consejo Vecinal 1.

922

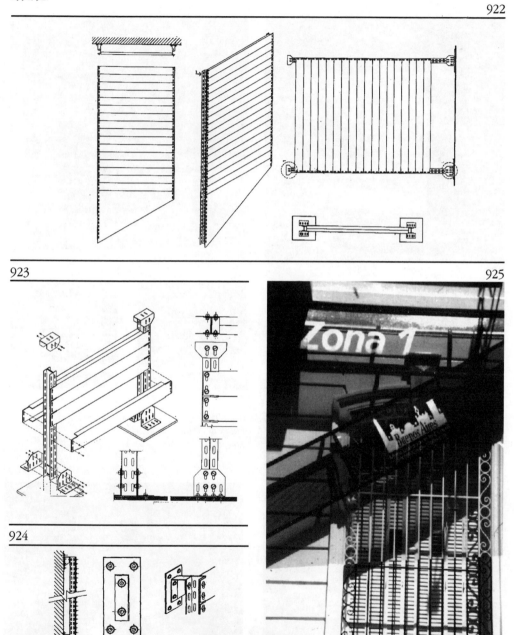

923

924

925

926 a 927.
Señalética *Plaza del Pilar Design Center.*
1993.

928 a 931.
Idea rectora del programa.

932 y 933.
Orientadores generales.

926

927

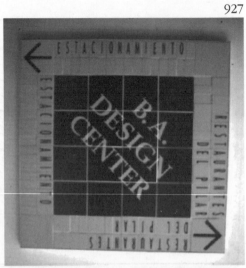

928   929   930   931

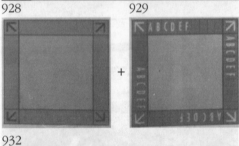
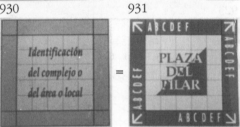

932

Logotipo
Plaza del Pilar:
Pragma Publicidad

933

6.19.
Diseño como sistema abierto

Desde el inicio de este estudio ha sido frecuente la alusión al sistema como conjunto de elementos relacionados entre sí y conjugados armónicamente para que constituyan un todo. En esta parte final, queremos no solo ratificar esa noción, sino además, asociarla con lo dicho en el capítulo 1, inciso 1.2. sobre la definición de ciencia como sistema. Ello nos permite extenderla hasta la noción de sistema de las ideas y de las formas que de ellas resultan. No sólo a las partes que constituyen una forma y a los conjuntos de formas, sino también a los principios del saber - enunciados, conceptos, ideas, valores, postulados - que estructuran la ciencia proyectual (capítulo 1, incisos 1.2. y 1.3.). Este razonamiento nos conduce a convenir que el *sistema conceptual* de las ideas adquiere forma física en el *sistema real* de las cosas.

Nuestra tesis, apoyada sobre la línea del pensar de las nuevas vertientes de la lingüística estructural, se circunscribe a que el Diseño es un sistema interactivo, de causa y consecuencia. El producto de las cosas proyectadas es sistemático porque los conceptos que le dan sustrato teórico y origen lo son. En suma, que hay una correspondencia entre el sistema de la realidad de los objetos diseñados y el sistema de los conceptos necesarios para diseñar esos objetos.

En la *Dialéctica Trascendental* [280], Kant ya había tomado la idea del conocimiento ordenado según principios: « Por sistema entiendo la unidad de las formas diversas del conocimiento bajo una sola idea, donde la idea es el concepto dado por la razón » [281]. Y en el prefacio de la *Fenomenología del Espíritu,* Hegel dice que la « verdadera figura dentro de la cual existe la verdad no puede ser sino el sistema científico de esta verdad » [282]. Para Hegel lo parcial no es verdadero. Lo parcial es no verdadero, o dicho de otro modo, es momento falso de la verdad. La verdad será esencialmente sistemática, porque cada parte tendrá sentido en virtud de su inserción en el todo.

Según Ferrater Mora, a partir de Hegel resalta y adquiere madurez aquella sistematicidad del pensamiento filosófico que ha sido vivido desde entonces como expresión del pensamiento sistemático. Como una sucesión de sistemas [283].

Con posterioridad a Hegel surge y se desarrolla un modo de pensamiento filosófico no sistemático, esencialmente fragmentario e inclusive aforístico, entendiendo por aforismo una sentencia breve y doctrinal que se propone como regla en las ciencias o en las artes. Todo aforismo es dogmático, asistemático y aislado de su contexto. Estas nuevas posturas en apariencia irracionales trajeron nueva luz a la discusión del conocimiento. Ya no se cuestionaba la propensión sistemática sino la adhesión al planteo hegeliano al que se juzgaba como cerrado.

Luego de estos reparos, comienza a adquirir fuerza una concepción sistemática más abierta, que sin perder el valor racionalista del ordenamiento y la articulación de las ideas, es capaz de acoger nuevos problemas y de modificarse continuamente.
En realidad, esta visión sistemática es la adoptada hoy por las ciencias y las artes por ser considerada fecunda para la evolución del conocimiento humano, porque admite estructuras teóricas amplias que alojan todos los nuevos hechos. De esta manera, todo nuevo fenómeno se incorpora al sistema modificándolo y enriqueciéndolo, pero sin alterar su condición de tal.

Desde esta concepción abarcadora, el Diseño conforma un sistema abierto, capaz de nutrirse con todas aquellas nuevas constelaciones del pensamiento, sin por ello perder su realidad universal en cuanto se refiere a una condición plural de las ideas.

El sistema abierto del Diseño es una síntesis superadora de lo general en su carácter abstracto y de lo particular en su carácter concreto.
El Diseño como sistema es un cuerpo científico proyectual de construcción universal, en vista del cual se hace todo lo demás. El sistema del Diseño siempre queda por encima de los pensamientos que le dan forma.

Entendido así, el Diseño responde a la idea aristotélica de completud: « Completo es aquello que una vez adquirido no nos deja desear otra cosa; e incompleto, cuando una vez obtenido por nosotros, aun advertimos la necesidad de alguna otra cosa. Por ejemplo, poseyendo la justicia aun advertimos la necesidad de algo más, pero teniendo la felicidad nada echamos de menos » [284].

En este momento es necesario aclarar que nuestra interpretación del Diseño como sistema transaccional y dialéctico de ideas y cosas, nada tiene que ver con esa frecuente identificación del concepto de sistema con el concepto de poder.
Tenemos la impresión - como Maldonado - de que hoy « se habla de sistema como antaño se hablaba de régimen. Parece que se intenta aludir al *statu quo* social, es decir al conjunto de las estructuras de poder - formales e informales - que gobiernan la sociedad » [285].

La adopción del vocablo por nosotros surge de una interpretación diametralmente opuesta a aquella y más acorde con la que nos enseña la Epistemología: la de configuración en equilibrio [286]. La de un orden en el cual todas las partes se sostienen mutuamente con coherencia.

6.20.
La coherencia del Diseño

Es necesario reafirmar que toda proposición sistemática es coherente. Se dice que las cosas son coherentes cuando están relacionadas entre sí de acuerdo con algun patrón o modelo.
En Filosofía se utiliza el vocablo cuando se habla de la teoría de la verdad como coherencia o teoría coherencial de la verdad, según la cual, una proposición es verdadera o falsa si es o no compatible con un sistema dado de proposiciones. Ello determina que sea frecuente considerar a las cosas coherentes como compatibles.
La teoría coherencial de la verdad que propone la Filosofía de la ciencia, se basa por lo tanto en la idea de sistema y en el carácter sistemático de la realidad.
Si toda proposición coherente es sistemática, por lo tanto y por carácter traslativo, toda proposición sistemática es coherente.

Lo expuesto hasta ahora, sin embargo, cumple los principios kantianos de la razón teórica pero no todavía los de la razón práctica, porque la facultad de diseñar, es aún sólo una potencia racional. La potencia es el poder que tiene una cosa de producir un cambio en otra cosa. Está en el plano del entendimiento, en nuestra parte intelectiva.

6.21.
El acto de Diseño

La facultad de diseñar es una potencia íntima que adquirimos mediante el aprendizaje, mediante la acción y la reflexión. El proceso interactivo de aprendizaje y enseñanza nos proporciona esa facultad que no es innata en nadie. Muy pocos la adquieren, parcialmente, de manera intuitiva mediante la ejercitación y la práctica intensiva, o a través de la emulación intuitiva, como en el caso de la transferencia de un artesano a su aprendiz. Pero se transforma en una facultad de todos y verdadera cuando las ideas que la componen se incorporan de manera sistemática por medio de la educación masiva, y luego continúa creciendo a través de la educación permanente.
Aún así, sigue siendo una facultad, que es la potencia de las cosas, o mejor aún, que es una cosa en potencia [287].

Las facultades son potencias íntimas que nos hacen capaces para un acto. El fin de aprender a diseñar es diseñar. El fin de adquirir la facultad de diseñar es el acto de Diseño. La facultad de diseñar es la vivencia interior para la construcción de las ideas. El cambio, es el pasaje del estado potencial al estado actual, o en acto.

El acto de Diseño, como todo acto, es movimiento, es devenir, es llevar a cabo la facultad adquirida que todavía se encuentra en estado potencial.
El acto de Diseño es acción y reflexión proyectual. Es experiencia, como confirmación o posibilidad de confirmación empírica de la facultad de diseñar, y también es experiencia como hecho de vivir algo anterior a toda reflexión. Es un contínuo mecanismo de retroalimentación. Nutre la potencia proyectual para que vuelva a transformarse una y otra vez en acto.
« Sólo la experiencia puede proporcionar los principios pertenecientes a cada ciencia », dice Aristóteles [288].
Tanto la filosofía platónica como la aristotélica han destacado la importancia de la experiencia en la práctica para disponerla a la idea del bien.

El acto de Diseño comprende la construcción de las ideas y su aplicación a la realidad. Es una categoría de acto. Como el acto de fe, es un movimiento del espíritu en un estado de fidelidad y de confianza en sí mismo. Como el acto de gobierno, es la administración y la planificación de los procesos y las cosas para el interés general. Como el acto de amor, inclina el ánimo para lo que place. Y como el acto de justicia, es una manifestación de la voluntad humana hacia el equilibrio y la equidad. Por reunir partes de estas virtudes actuales, es también un acto virtuoso, lo cual nos permite inferir que el acto de Diseño es un acto de bien.

Y así como Platón dijo: « El primer objetivo de la pedagogía es disciplinar la mente para la mejor comprensión de la idea del bien » [289], una manera de identificarnos con el pensamiento del filósofo y de proyectarlo hacia nuestro tiempo, es concluyendo que el principal objetivo de la pedagogía proyectual, es disciplinar la mente para la mejor comprensión del acto de Diseño, que es un acto de bien.

Notas y referencias bibliográficas

1 Frase de «Mi concepción de la idea del Bauhaus». Introducción de: *Alcances de una Arquitectura integral*. Pág. 30. Walter Gropius. Ediciones La Isla. Buenos Aires, 1957.

2 *Una Hochschule für Gestaltung italiana*. Attilio Marcolli. Traducción Carlos Varela. Revista Taller 12, Nº 2. Secretaría de Publicaciones CEADIG/FADU. Buenos Aires, 1990.

3 Frederick S. Perls, doctor en Medicina y psicoanalista alemán, pionero en la aplicación de los principios descubiertos por la Psicología de la Gestalt al desarrollo y crecimiento de la persona. Las cuatro obras que escribió constituyen su tratado de Psicoterapia gestáltica. Falleció en Estados Unidos en 1971.

4 El autor integró en 1984 la comisión para crear las carreras de Diseño en la Universidad de Buenos Aires. Fue Responsable Académico del plan de estudios de la carrera de Diseño Gráfico en la Facultad de Arquitectura, Diseño y Urbanismo, y su primer Director en el período 1985-1989. Es Profesor Titular Regular de la cátedra de Diseño I, II y III.

5 *Juvenilia*. Miguel Cané. Editorial Kapelusz. Buenos Aires, 1953.

6 Frase popular nacida del último verso del tango *Corazón al Sur*, de Eladia Blázquez.

7 *El medio es el masaje*. Marshall Mc. Luhan y Quentin Fiore. Editorial Paidós. Buenos Aires, 1969.

8 *Símbolo, comunicación, consumo*. Gillo Dorfles. Editorial Lumen. Barcelona, 1967.

9 *Comunicación visual y escuela*. Lucia Lazotti Fontana. Editorial Gustavo Gili. Colección Punto y Línea. Barcelona, 1977.

10 *Alcances de una Arquitectura integral*. Walter Gropius. Ob. cit.

11 *La nueva visión. Principios básicos del Bauhaus*. László Moholy-Nagy, Editorial Infinito. Buenos Aires, 1985.

12 *Planeación de vida y carrera*. David Casares Arraingoiz y Alfonso Siliceo Aguilar, Editorial Limusa. México, 1983.

13 *El Diseño Gráfico. Desde sus orígenes hasta nuestros días*. Enric Satué. Alianza Editorial. Madrid, 1988.

14 Nota del diario *Clarín* de Buenos Aires del 7 de abril de 1992, con motivo del fallecimiento de Isaac Asimov el día anterior.

15 *Nociones de Epistemología*. Roberto Gaeta y Nilda Robles. Editorial Eudeba. Buenos Aires, 1990.

16 *Estructura y validez de las teorías científicas. Métodos de investigación en Psicología y Psicopatología*. Gregorio Klimovsky. Editorial Nueva Visión. Buenos Aires, 1971.

17 *Estructura y validez de las teorías científicas. Métodos de investigación en Psicología y Psicopatología*. Gregorio Klimovsky Ob. cit.

18 *La razón científica. Su texto y su contexto*. Guiber, Lasala, Regnasco y Trevijano. Capítulo: «Los límites de la ciencia y la ciencia como límite», de María Lasala. Editorial Biblos. Buenos Aires, 1991.

19 *El Diseño Industrial reconsiderado*. Tomás Maldonado. Editorial Gustavo Gili. Colección Punto y Línea. Barcelona, 1977.

20 *Teoría y práctica del Diseño Industrial. Elementos para una manualística crítica*. Gui Bonsiepe. Editorial Gustavo Gili. Barcelona, 1981.

21 *Living by Design*. Pentagram. Lund Humphries Publishers Ltd. London, 1978.

22 *El Arte como oficio*. Bruno Munari. Editorial Labor. Barcelona, 1991.

23 *Construcción de lo visual*. Damián Bayon. Monte Avila Editores. Caracas, 1975.

24 *El Diseño Industrial reconsiderado*. Tomás Maldonado. Ob. cit.

25 *Las siete lámparas de la Arquitectura*. John Ruskin. Editorial Safian. Buenos Aires, 1955.

26 *Ideología y metodología del Diseño*. Jordi Llovet. Editorial Gustavo Gili. Barcelona, 1979.

27 *Propuesta para la Facultad de Arquitectura, Diseño y Urbanismo*. Gastón Breyer. Buenos Aires, 1984.

28 *The sciences of the artificial*. Herbert Simon.
Masachussets Institute of Technology (MIT),
1973. Versión española de Gráficas Víctor,
Barcelona, 1985.

29 *Arte e industria. Principios de Diseño Industrial*,
Herbert Reed. Editorial Infinito.
Buenos Aires, 1961.

30 *El discurso filosófico de la modernidad*. Jürgen
Habermas. Editorial Taurus. Buenos Aires, 1989.

31 *El Diseño Industrial reconsiderado*. Tomás
Maldonado. Editorial Gustavo Gili. Ob. cit.

32 *Comunicación transnacional. Conflicto político y
cultural*. Héctor Schmucler. Editorial Desco.
Lima, 1982.

33 *Cómo nacen los objetos*. Bruno Munari. Editorial
Gustavo Gili. Barcelona, 1983.

34 *Arte e industria*. Herbert Reed. Ob. cit.

35 *Ambiente humano e ideología*.
Tomás Maldonado. Editorial Nueva Visión.
Buenos Aires, 1985.

36 *La imagen global*. Joan Costa. Editorial CEAC.
Barcelona, 1988.

37 *Sentido do Design*. Joaquim Redig. Edición
ABDIRJ. Río de Janeiro, 1982.

38 *Sentido do Design*. Joaquim Redig. Ob.cit.

39 Simon Feldman. Cineasta argentino. Profesor
Consulto de la Universidad de Buenos Aires.
Autor de: *La realización cinematográfica*.
Editorial Gedisa. Madrid, 1972.

40 *Ideología y discurso de Diseño*. Norberto Chaves.
Revista de Diseño Nº 15. Editorial El Croquis.
Madrid, 1988.

41 *El pensamiento visual*. Rudolf Arnheim. Editorial
Eudeba. Buenos Aires, 1985.

42 *Creatividade: a formulação de alternativas em
marketing*. Roberto Duailibi y Harry Simonsen Jr.
Coedición Abril Editora y Mc Graw Hill.
São Paulo, 1971.

43 *La creatività*. A. J. Cropley. Editorial La Nova
Italia. Florencia, 1969.

44 *Creatividade: a formulação de alternativas em
marketing*. Roberto Duailibi
y Harry Simonsen Jr. Ob. cit.

45 *La creatività*. A. J. Cropley. Ob. cit.

46 *El pensamiento lateral*. Edward de Bono.
Ediciones Paidós. Barcelona, 1986.

47 *Propuesta para la Facultad de Arquitectura,
Diseño y Urbanismo*. Gastón Breyer. Ob. cit.

48 *Creatividade: a formulação de alternativas em
marketing*. Roberto Duailibi
y Harry Simonsen Jr. Ob. cit.

49 *Creatividade: a formulação de alternativas em
Marketing*. Roberto Duailibi
y Harry Simonsen Jr. Ob. cit.

50 *Diseño y comunicación visual*. Bruno Munari.
Editorial Gustavo Gili. Barcelona, 1985.

51 *Programa de Psicología*. Carrera de Diseño
Gráfico. FADU/UBA. Diana Zamorano,
Buenos Aires, 1987.

52 *Programa de Psicología*. Diana Zamorano.
Ob. cit.

53 *Freud: el descubrimiento del inconsciente*.
Octave Mannoni. Ediciones Nueva Visión.
Buenos Aires, 1987.

54 *El seminario de Jacques Lacan*. Libro 11. Jacques
Lacan. Editorial Paidós. Buenos Aires, 1992.

55 *Análisis transaccional en Psicoterapia*.
Eric Berne. Editorial Psique. Buenos Aires, 1976.

56 *Discurso del método y reglas para la dirección de
la mente*. Renée Descartes. Hispamérica
Ediciones. Buenos Aires, 1983.

57 *Morale et communication*. Jürgen Habermas.
Editions de Cerf. Paris, 1988.

58 *El discurso filosófico de la modernidad*.
Jürgen Habermas. Ob. cit.

59 *Psicología de la forma*. Wolfgang Köhler.
Editorial Argonauta. Buenos Aires, 1948.

60 *Curso de cinco días sobre el pensar*. Edward de
Bono. Editorial La Isla. Buenos Aires, 1969.
Introducción de Hilario Fernández Long.

61 *Cómo nacen los objetos. Apuntes de metodología proyectual*. Bruno Munari. Editorial Gustavo Gili, Barcelona, 1983.

62 *El simposio de Portsmouth. Problemas de metodología del Diseño Arquitectónico*. C. Jones, G. Broadbent, J. Bonta. Editorial Eudeba. Buenos Aires, 1969.

63 *Notes of the synthesis of form*. Cristopher Alexander. University Press, Harvard. U.S.A., 1984.

64 *Cómo nacen los objetos. Apuntes de metodología proyectual*. Bruno Munari. Ob. cit.

65 *Diseño Arquitectónico*. Geoffrey Broadbent. Editorial Gustavo Gili. Barcelona, 1976.

66 *A source book for creative thinking*. Sidney Parnes and Harold Harding. Charles Scribiner's Sons. New York, 1962.

67 *Systematic method for designers*. Bruce Archer. London, 1965.

68 *Conceptos fundamentales de la Historia del Arte*. Heinrich Wölfflin. Espasa Calpe. Madrid, 1915.

69 *Historia de la crítica del Arte*. Lionello Venturi. Editorial Poseidón. Buenos Aires, 1959.

70 *Visión y Diseño*. Roger Fry. Ediciones Galatea y Nueva Visión. Buenos Aires, 1959.

71 *Construcción de lo visual*. Damian Bayon. Ob. cit.

72 Prólogo de: *El Diseño Industrial reconsiderado*, de Tomás Maldonado, escrito por Julio Carlo Argan. Editorial Gustavo Gili. Ob. cit.

73 *Construcción de la visual*. Damián Bayon. Ob. cit.

74 *Construcción de la visual*. Damián Bayon. Ob. cit.

75 *Una Estética del Arte y el Diseño*. Marta Zátonyi. Editorial CP67. Buenos Aires, 1990.

76 *El Diseño Industrial reconsiderado*. Tomás Maldonado. Editorial Gustavo Gili. Ob. cit.

77 *El Diseño Industrial reconsiderado*. Tomás Maldonado. Editorial Gustavo Gili. Ob. cit.

78 *La imagen y el impacto psicovisual*. Joan Costa. Editorial Zeus. Barcelona, 1971.

79 *La imagen y el impacto psicovisual*. Joan Costa. Ob. cit.

80 *El lenguaje de la visión*. Georgy Kepes. Editorial Infinito. Buenos Aires, 1969.

81 *El lenguaje de la visión*. Georgy Kepes. Ob. cit.

82 *Introducción al conocimiento científico*. Ricardo A. Guibourg, Alejandro M. Ghigliani, Ricardo V. Guarinoni. Ob. cit.

83 *Antropología filosófica*. Ernst Cassirer. Fondo de Cultura Económica. México, 1945.

84 *Signos, símbolos, marcas y señales. Elementos, morfología, representación, significación*. Adrian Frutiger. Editorial Gustavo Gili, Barcelona, 1981.

85 *Mensajes y señales*. Luis J. Prieto. Editorial Seix Barral. Barcelona, 1967.

86 *Fundamentos de la teoría de los signos*. Charles Morris. Paidós comunicación. Barcelona, 1975.

87 *La Semiología*. Roland Barthes, Claude Bremond, Tzvetan Todorov y Cristian Metz. Editorial Tiempo Contemporáneo. Buenos Aires, 1970.

88 *Qué es lo gráfico?* Norberto Chaves. Cuadernos de Diseño Gráfico y comunicación visual Nº 1. Publicación de ADG, FAD, Barcelona, 1979.

89 *Introducción al conocimiento científico*. Ricardo A. Guibourg, Alejandro M. Ghigliani, Ricardo V. Guarinoni. Ob. cit.

90 *Elementos de Semiología*. Roland Barthes. Alberto Corazón Editor. Madrid, 1973.

91 *Qué es lo gráfico?* Norberto Chaves. Ob. cit.

92 *Introducción a la Semiótica*. Umberto Eco. Editorial Lumen. Barcelona, 1975.

93 *Manual de Semiótica*. Decio Pignatari. Ediçes da Faculdade de Arquitetura de São Paulo. São Paulo, 1977.

94 *Fundamentos de la teoría de los signos*. Charles Morris. Ob. cit.

95 *Fundamentos de la teoría de los signos*. Charles Morris. Ob. cit.

96 *Introducción al conocimiento científico*. Ricardo A. Guibourg, Alejandro M. Ghigliani, Ricardo V. Guarinoni. Ob. cit.

97 *Introducción al conocimiento científico*.
Ricardo A. Guibourg, Alejandro M. Ghigliani,
Ricado V. Guarinoni. Ob. cit.

98 *Las funciones de la imagen en la enseñanza*.
L. Rodriguez Dieguez. Editorial Gustavo Gili.
Barcelona 1981.

99 *Introducción a la Oratoria moderna*.
Carlos Alberto Loprete. Editorial Plus Ultra.
Buenos Aires, 1992.

100 *El poder de la imagen*. Domènec Font. Editorial
Salvat. Colección Temas Claves. Barcelona, 1982.

101 *El poder de la imagen*. Domènec Font. Ob. cit.

102 *Introducción al conocimiento científico*. Ricardo
A. Guibourg, Alejandro M. Ghigliani, Ricardo V.
Guarinoni. Ob. cit.

103 *Introducción al conocimiento científico*.
Ricardo A. Guibourg, Alejandro M. Ghigliani,
Ricardo V. Guarinoni. Ob. cit.

104 *Las formas ocultas de la propaganda*.
Vance Packard. Editorial Sudamericana,
Buenos Aires, 1962.

105 *El miedo a la libertad*. Erich Fromm.
Editorial Paidós. Buenos Aires, 1964.

106 *Las formas ocultas de la propaganda*.
Vance Packard. Ob. cit.

107 *Los moldeadores de hombres*. Vance Packard.
Editorial Crea. Buenos Aires, 1980.

108 *Las funciones de la imagen en la enseñanza*.
L. Rodriguez Dieguez. Ob. cit.

109 *Creatividade: a formulação de alternativas em
marketing*. Roberto Duailibi y Harry Simonsen Jr.
Ob. cit.

110 *Las funciones de la imagen en la enseñanza*.
L. Rodriguez Dieguez. Ob. cit.

111 Utilizar el *vos* en lugar del *tu* es una expresión
argentina, exclusiva de la zona de la ciudad
de Buenos Aires y de algunas provincias
del interior. El resto del país utiliza el *tu*.

112 *La propaganda política*. Jean Marie Domenach.
Eudeba. Buenos Aires, 1986.

113 *La propaganda política*. Jean Marie Domenach.
Ob. cit.

114 *El Diseño Gráfico*. Enric Satué Ob. cit.

115 *Una nueva actitud en el Diseño de
comunicación*. Guillermo González Ruíz.
Revista *Summa* Nº 15. Ediciones Summa.
Buenos Aires, 1969.

116 *Estrategias exitosas de mercadeo*. Len Hardy.
Legis Editores. Bogotá, 1990.

117 *Diccionario ideológico de la lengua española*.
Julio Casares. Editorial Gustavo Gili.
Madrid, 1959.

118 *Revista Summa Nº 15*. Nota: «Del Caras y Caretas
al Caras y Caritas». Guillermo González Ruíz.

119 Etimología de los neologísmos *isotipo* y *logotipo*.
Iso: Elemento compositivo que denota igualdad.
Logos: Lenguaje. Lengua y habla. Idioma.
Tratado. Tipo: Símbolo representativo de cosa
figurada. Letra de imprenta.
El vocablo *isotipo* designa a los signos
identificatorios de personas, empresas o
instituciones que no son palabras y que han sido
caracterizados por su diseño gráfico.
El término *logotipo* refiere a las palabras
(nombres propios o comunes, de personas,
entidades o cosas) particularizados por su diseño
tipográfico. Algunos diseñadores consideran que
la sigla *ISOTYPE (International System of
Typographic Education)*, que identifica a un
programa internacional de educación tipográfica,
no deriva de *isotipo*, sino que le dio origen.

120 *Estrategias exitosas de mercadeo*. Len Hardy.
Ob.cit.

121 *El Arte como oficio*. Bruno Munari. Ob. cit.

122 *Ogilvy & Publicidad*. David Ogilvy. Editorial
Folio. Barcelona, 1986.

123 Términos que empleó Jorge Luis Borges para
responder a un periodista que le preguntó cuál
era el defecto de los argentinos que detestaba.

124 *Creatividad publicitaria y mundos posibles*.
Juan A. Magariños de Morentín. Estudio
presentado en la *First International Conference
of Marketing and Semiotics*. Illinois, EE.UU.,
1986.

125 *Diseño Gráfico y comunicación visual.* Guillermo González Ruiz. Coedición Eudeba y FADU. Buenos Aires, 1986.

126 *Diseño Gráfico y comunicación.* Jorge Frascara. Ediciones Infinito. Buenos Aires, 1988.

127 *Sentido do Design.* Joaquim Redig. Ob. cit.

128 *Roles y límites del Diseño Gráfico.* Abraham Moles. Edición CCI. Centre Georges Pompidou. París, 1980.

129 *El triángulo del Diseño Gráfico.* Bruce Brown. Ediciones CCI. Centre Georges Pompidou. Ob. cit.

130 *Diseño Gráfico y comunicación.* Jorge Frascara. Ob.cit.

131 Seminario dictado por Gui Bonsiepe en el *Centro de investigación del Diseño Industrial CIDI.* Buenos Aires, 1965.

132 *Una Hochschule für Gestaltung italiana.* Attilio Marcolli. Traducción Carlos Varela. Ob. cit.

133 *Sueños y existencia. Psicoterapia gestáltica.* Frederick S. Perls. Editorial Cuatro Vientos. Santiago de Chile, 1974.

134 *El pensamiento visual.* Rudolf Arnheim. Editorial Eudeba, Buenos Aires, 1985.

135 *Medios de expresión en la Arquitectura.* Sven Hesselgreen. Ob. cit.

136 *Una Hochschule für Gestaltung italiana.* Attilio Marcolli. Traducción Carlos Varela. Ob. cit.

137 *Fenomenología de la percepción.* Maurice Merleau Ponty. Fondo de Cultura Económica. México, 1957.

138 *Principios de la Psicología de la forma.* Kurt Koffka. Editorial Paidós. Buenos Aires, 1948.

139 *El pensamiento visual.* Rudolf Arnheim. Ob. cit.

140 *Diseño y comunicación visual.* Bruno Munari. Ob. cit.

141 *Los medios de expresión en la Arquitectura.* Sven Hesselgreen. Ob. cit.

142 *Mies Van der Robe. El arte de la estructura.* Werner Blaser. Editorial Hermes. México, 1965.

143 *Arte y percepción visual.* Rudolf Arnheim. Ob. cit.

144 *Principios de la Psicología de la forma.* Kurt Koffka. Ob. cit.

145 *Diccionario de Filosofía.* José Ferrater Mora. Editorial Sudamericana. Buenos Aires, 1958.

146 *Arte y percepción visual.* Rudolf Arnheim. Ob. cit.

147 *Ergonomía. Factores humanos en Ingeniería y Diseño.* Ernst J. Mc. Cormick. Editorial Gustavo Gili. Barcelona, 1980.

148 *Operational graphics / Corporate identification / Promotional Design.* Kinneir, Calvert, Tuhill. London, 1971.

149 *The perception of the visual world.* James Gibson. Boston, 1950.

150 *Una introducción general al Psicoanálisis.* Sigmund Freud. Obras Completas. Editorial Americana. Buenos Aires, 1943.

151 *Treatise on phisiological optics.* Hermann von Helmholtz. New York, 1925.

152 *The perception of the visual world.* James Gibson. Ob. cit.

153 *Arte y percepción visual.* Rudolf G. Arnheim. Ob. cit.

154 *La Psicología de la forma.* Wolfgang Köhler. Editorial Argonauta. Buenos Aires, 1948.

155 *Arte y percepción visual.* Rudolf Arnheim. Ob. cit.

156 *La nueva visión.* László Moholy-Nagy. Ob. cit.

157 *Punto y línea sobre el plano.* Wassily Kandinsky. Editorial Labor. Barcelona, 1991.

158 *La intolerancia según Alan Parker.* Nota en el diario *Clarín.* 3 de julio de 1988. Buenos Aires.

159 *Sueños y existencia.* Frederick S. Perls. Ob. cit.

160 *Sueños y existencia.* Frederick S. Perls. Ob. cit.

161 *Forma y Diseño.* Louis Kahn. Editorial Nueva Visión. Buenos Aires, 1961.

162 *La sintaxis de la imagen.* Donis A. Dondis. Editorial Gustavo Gili. Barcelona, 1982.

163 *Fundamentos del Diseño bi y tridimensional.* Wucius Wong. Editorial Gustavo Gili. Barcelona, 1982.

164 *Graphic Design manual. Principles and practice.* Armin Hoffmann. Editorial Arthur Niggli. Suiza, 1965.

165 *Graphic Design manual. Principles and practice.* Armin Hoffmann. Ob. cit.

166 *Punto y línea sobre el plano.* Wassily Kandinsky. Ob. cit.

167 *Graphic Design manual. Principles and practice.* Armin Hoffmann. Ob. cit.

168 Ver capítulo 3, incisos 3.8 y 3.14.

169 *Fundamentos del Diseño bi y tridimensional.* Wucius Wong. Ob. cit.

170 *Escala de colores para la impresión en hueco grabado.* Editorial Abril. Buenos Aires, 1972.

171 *La sintaxis de la imagen.* Donis A. Dondis. Ob. cit.

172 *Munsell book of colors.* Albert Munsell. Baltimore, Md. U.S.A. 1929.

173 *El color.* Onetto y Borgatto. CEA/FAU. Buenos Aires, 1959.

174 *Escala de colores para la impresión en hueco grabado.* Editorial Abril. Ob. cit.

175 *Luz, valor, claves,* Ezequiel Fernández Segura. Editorial CEA/FAU. Buenos Aires, 1965.

176 *Luz, valor, claves.* Ezequiel Fernández Segura. Ob. cit.

177 *Luz, valor, claves.* Ezequiel Fernández Segura. Ob. cit.

178 *El modulor II.* Charles Edouard Jeanneret (Le Corbusier). Continuación del volumen I de 1948. Editorial Poseidón. Barcelona, 1980.

179 La figura que ilustra el modulor ha sido reproducida del libro *Mi Obra,* de Le Corbusier. Ediciones Nueva Visión. Buenos Aires, 1960.

180 En el magnífico prólogo de *Mi Obra,* titulado «Esbozo de un retrato», Maurice Jardot dice que en el lenguaje de Le Corbusier *gran tipo* no significa exactamente buen tipo, sino que designa a aquel que creando lo bello hace el bien. Y agrega: «Esto trasluce las preocupaciones éticas del maestro. Laurens, Leger, Picasso, eran para él grandes tipos».

181 *El lenguaje de la visión.* Georgy Kepes. Ob. ci

182 *La nueva visión.* László Moholy-Nagy. Ob. cit.

183 *Espacio, Tiempo, Arquitectura.* Sigfrid Giedion. Coedición Editorial Científica Médica y Hoeply SL. Barcelona, 1958.

184 *Curvas conóidicas.* Mercedes Anido, Cristina Argumedo, Roberto Doberti y Marina Villalonga. Edición Facultad de Arquitectura de Rosario. Rosario, 1984.

185 *La Morfología. Un nivel de síntesis comprensiva.* Roberto Doberti. Sumarios. Ediciones Summa. Buenos Aires, 1977.

186 *El futuro de la Arquitectura.* Frank Lloyd Wright. Editorial Poseidón. Buenos Aires, 1958.

187 *The visual transformation.* Walter Diethelm. Editorial ABC, Zurich, 1982.

188 *Teoría del campo.* Atilio Marcolli. Xarait Ediciones y Alberto Corazón Editor. Madris, 1978.

189 *The visual transformation.* Walter Diethelm. Ob. cit.

190 *El paisaje urbano. Tratado de estética urbanística.* Gordon Cullen. Coedición Editorial Blume. Editorial Labor, Barcelona 1974.

191 *El yaciyateré.* Horacio Quiroga. Coedición Página 12 y Compañía europea de comunicación e información. Buenos Aires, 1992.

192 *Espacio, Tiempo, Arquitectura,* Sigfrid Giedion. Coedición Editorial Científica Médica y Hoeply Ob. cit.

193 *Fundamentos del diseño bi y tridimensional.* Wucius Wong. Ob. cit.

194 *Sistema tipo de señalamiento urbano y edilicio.* Guillermo González Ruiz. Edición Secretaría de Vivienda y Planeamiento Urbano. Ministerio de Bienestar Social. Buenos Aires, 1975.

195 *Sistema de retículas.* Josef Müller Brockmann. Editorial Gustavo Gili. Barcelona, 1982.

196 *Apuntes de Diseño Gráfico.* José Korn Bruzzone. Universidad del Pacífico, Santiago de Chile, 1985.

197 *Apuntes de Diseño Gráfico*. Alfredo Saavedra. FADU/UBA. Buenos Aires, 1984.

198 *Fundamentos del Diseño bi y tridimensional*. Wucius Wong. Ob. cit.

199 *El medio es el masaje*. Marshall Mc. Luhan y Quentin Fiore. Ob. cit.

200 *Sistema de señales urbanas*. Guillermo González Ruiz. Editado por la Municipalidad de la Ciudad de Buenos Aires. Buenos Aires, 1972.

201 *Signos, símbolos, marcas y señales. Elementos, morfología, representación, significación*, Adrian Frutiger. Ob. cit.

202 *Señalética*. Joan Costa. Enciclopedia del Diseño. Editorial Ceac. Barcelona, 1987.

203 *Una rara avis. Un diseñador que piensa*. Yves Zimmerman. Nota de Revista Tipográfica. Nº 16. Buenos Aires, 1992.

204 *Signos, símbolos, marcas y señales*. Adrian Frutiger. Ob. cit.

205 *Señalética*. Joan Costa. Ob. cit.

206 *Señalética*. Joan Costa. Ob. cit.

207 *Guía completa de Ilustración y Diseño. Técnica y materiales*. Coordinado por Terence Dalley. Blume Ediciones. Madrid, 1981.

208 *Guía completa de ilustración y diseño. Técnica y materiales*. Terence Dalley. Ob. cit.

209 *Apuntes de Medios Expresivos II. Televisión y Video*. Eduardo Feller. FADU/UBA. Buenos Aires, 1990.

210 *Apuntes de Medios Expresivos II. Televisión y Video*. Eduardo Feller. Ob. cit.

211 *Apuntes de Medios Expresivos II. Televisión y Video*. Eduardo Feller. Ob. cit.

212 *TV Graphics*. Roy Laughton. Studio Vista. Reinhold Publishing Co. New York, 1966.

213 *La palabra visual*. Norberto Coppola y Rubén Fontana. UBA/FADU. Buenos Aires, 1985.

214 *The alphabet and elements of lettering*. William Goudy. Dover. New York, 1963.

215 *The Art of the Typography*. Martin Solomon. Watson Guptill. New York, 1986.

216 *Typography. A manual of Design*. Emil Ruder. Arthur Niggli, Zurich, 1967.

217 *Typography today*. Helmut Schmid. Seibundo Shinkosha. Tokio, 1980.

218 *Pionners of modern Typography*. Herbert Spencer. Lund Humphries. London, 1969.

219 *Typographic Design. Form and communication*. Rob Carter, Ben Day y Philip Meggs. Van Nostrand Reinhold Company. New York, 1985.

220 *La letra*. Gérard Blanchard. Editorial Ceac. Barcelona. 1987.

221 *Sistema de retículas*. Josef Müller Brockmann. Ob. cit.

222 *Diseño y comunicación visual*. Bruno Munari. Ob. cit.

223 *Diseño y compaginación de la prensa diaria*. Harold Evans. Ediciones Gustavo Gili. México D.F., 1984.

224 *La Tipografía. Forma y función*. Gustavo Pedroza. Apuntes. FADU/UBA. Buenos Aires, 1984.

225 *Retórica y comunicación visual*. Cecilia Iuvaro. Revista Tipográfica Nº 1. Buenos Aires, 1987.

226 *El poder de la imagen*. Domènec Font. Ob. cit.

227 *El poder de la imagen*. Domènec Font. Ob. cit.

228 *Teoría del campo*. Attilio Marcolli. Ob. cit.

229 *Sistema de señales urbanas*. Guillermo González Ruiz. Editado por la Municipalidad de la Ciudad de Buenos Aires. Buenos Aires, 1972.

230 *Sistema tipo de señalamiento urbano y edilicio*. Guillermo González Ruiz. Ob. cit.

231 *Sistema tipo de señalamiento urbano y edilicio*. Guillermo González Ruiz. Ob. cit.

232 *Sistema tipo de señalamiento urbano y edilicio*. Guillermo González Ruiz. Ob. cit.

233 *Teoría del campo*. Attilio Marcolli. Ob. cit.

234 *La imagen global*. Joan Costa. Ob. cit.

235 *Feijoão*: término con que se identifica en Brasil a un popular guiso a base de porotos negros.

236 *Diseñar programas*. Karl Gerstner. Editorial Gustavo Gili. Barcelona, 1979.

237 *Diseñar programas.* Karl Gerstner. Ob.cit.

238 *Centro de ciencia y tecnología Puerto Curioso.* Guillermo González Ruiz. Edición del autor. Buenos Aires, 1988.

239 *Centro de ciencia y tecnología Puerto Curioso.* Guillermo González Ruiz. Ob. cit.

240 *Diseñar programas.* Karl Gerstner. Ob. cit.

241 *Cómo empezar a diseñar.* Horacio J. Pando. Dibujos Horacio Kalinsky. Editorial Carlos Calle. Buenos Aires, 1988.

242 *Centro de ciencia y tecnología Puerto Curioso.* Guillermo González Ruiz. Ob. cit.

243 *Sistema tipo de señalamiento urbano y edilicio.* Guillermo González Ruiz. Ob. cit.

244 *Revista La Nación,* Notas en los números 767 de marzo de 1984 y 953 de noviembre de 1987. Buenos Aires.

245 *Diseñar programas.* Karl Gerstner. Ob. cit.

246 *Informática básica.* E. Alcalde, M. García y S. Peñuelas. Mc Craw Hill Interamericana de España. Madrid, 1988.

247 *Informática básica.* E. Alcalde, M. García y S. Peñuelas. Ob. cit.

248 *Crítica de la razón pura,* Immanuel Kant. Editorial Losada. Buenos Aires, 1961.

249 *Identidade visual. Conceitos e praticas.* Marco Antonio Amaral Rezende. Revista *Marketing* Nº 65. Editora Referencia. São Paulo, Marzo 1979.

250 *La imagen corporativa. Teoría y metodología de la identificación institucional.* Norberto Chaves. Editorial Gustavo Gili. Barcelona, 1988.

251 *La imagen corporativa. Teoría y metodología de la identificación institucional.* Norberto Chaves. Ob. cit.

252 *La imagen de marca de los países.* Josep Francesc Valls. Mc Graw Hill Management. Madrid, 1992.

253 *Historia y crítica de la opinión pública.* Jurgen Habermas. Gustavo Gili, México, 1986.

254 *La imagen de marca de los países.* Josep Francesc Valls. Ob. cit.

255 *La imagen de marca de los países.* Josep Francesc Valls. Ob. cit.

256 *Diseño: empresa e imagen.* Carlos Rolando y Frank Memelsdorff. Editorial Folio. Barcelona, 1985.

257 *Identidade visual. Conceitos e praticas.* Marco Antonio Amaral Rezende. Ob. cit.

258 *Identidade visual. Conceitos e praticas.* Marco Antonio Amaral Rezende. Ob. cit.

259 *Identidade visual. Conceitos e praticas.* Marco Antonio Amaral Rezende. Ob. cit.

260 *El diseño gráfico. Desde los orígenes hasta nuestros días.* Enric Satué. Ob. cit.

261 *Basic Design elements and their systems. B3.* The Co Co MAS Committee. Published by Publication Department, Institute of Business Administration & Management. Tokio, 1976.

262 *Basic Design elements and their systems B5.* The Co Co MAS Committee. Published by Publication Department, Institute of Business Administration & Management. Tokio, 1976.

263 *Living by Design.* Pentagram. Ob. cit.

264 *Japan's trademarks & logotypes in full color.* Part 2. Sumio Hasegawa y Shigeji Kobayashi. Graphic Sha Publishing. Tokio, 1985.

265 *Diseñar programas.* Karl Gerstner. Ob. cit.

266 *Principios de Psicología Topológica.* Kurt Lewin. Editorial Organizaciones Especiales. Florencia, 1961.

267 *Teoría del campo.* Attilio Marcolli. Ob. cit.

268 *Teoría del campo.* Attilio Marcolli. Ob. cit.

269 *Design e ambiente.* João Carlos Cauduro. Edición del autor. São Paulo, 1976.

270 *Revista La Nación.* Nota en el Nº 905. Guillermo González Ruiz. Buenos Aires, 9 de Noviembre de 1986.

271 *Ideología y ambiente humano.* Tomás Maldonado. Ob. cit.

272 *La Arquitectura de la ciudad.* Aldo Rossi, Editorial Gustavo Gili, Colección Punto y línea, Barcelona, 1982.

273 *La arquitectura de la ciudad*. Aldo Rossi. Ob. cit.

274 *Visual presentation of invisible processes*.
Anton Stankowski. Arthur Niggli Ltd. Suiza, 1966.

275 *Visual presentation of invisible processes*.
Anton Stankowski. Ob. cit.

276 *Diseño. ¿Por qué?* André Ricard. Colección Punto
y Línea. Editorial Gustavo Gili. Barcelona, 1982.

277 *Diseño. ¿Por qué?* André Ricard. Ob. cit.

278 *Visual presentation of invisible processes*.
Anton Stankowski. Ob. cit.

279 *Diseño. ¿Por qué?* André Ricard. Ob. cit.

280 *La Metafísica de Kant*. Mario Caimi. Eudeba.
Buenos Aires, 1989.

281 *Diccionario de Filosofía*. José Ferrater Mora.
Ob. cit.

282 *Fenomenología del Espíritu*. Georg W.F. Hegel.
Espasa Calpe. Madrid, 1958.

283 *Diccionario de Filosofía*. José Ferrater Mora.
Ob. cit.

284 *La Gran Moral*. Aristóteles. Espasa Calpe.
Madrid, 1956 (6ª Ed.)

285 *Ambiente humano e ideología*. Nota para una
ecología crítica. Tomás Maldonado. Ob. cit.

286 En *Ambiente humano e ideología* Tomás
Maldonado cita a E.B. De Condillac, como autor
de la idea de sistema en los términos expuestos.
(Trait des systemes en oeuvres philosophiques. E.
B. de Condillac Batillot. París, 1769).

287 *Diccionario de Filosofía*. José Ferrater Mora.
Ob. cit.

288 *La Gran Moral*. Aristóteles. Ob. cit.

289 *La República*. Platón. Eudeba. Buenos Aires,
1992.

290 Frase del poema « Brindis » de *Versos Humanos*.
Gerardo Diego. Editorial Espasa Calpe.
Buenos Aires, 1944.

Testimonio

Quiero testimoniar mi más cálido reconocimiento a las personas que desde 1957, y a través de diferentes períodos, participaron conmigo en la proyectación de los diseños que ilustran el libro y de muchos más aquí no publicados. De una forma u otra, todas me ayudaron a construir la idea principal cuyo trazado general expongo, y es por esa razón que la he escrito en plural. Pero mi valoración no las compromete de ningún modo con los juicios vertidos, que me conciernen en absoluto.

Por otra parte, y si bien he liderado todos los equipos de proyectos, ello no implica, necesariamente, que sea el autor exclusivo - intelectual o artístico - de todos los diseños. Lo soy de muchos, pero no de todos. La obra, en su conjunto, es el resultado del aporte creativo de numerosas personas. A continuación se incluye el nombre de cada una, el área de su intervención, el rol que asumió y el número de las figuras que ilustran los trabajos publicados en los que ha participado.

Permítame entonces lector, que, a quienes forman parte de este *Estudio de Diseño*, pueda decirles ahora, *libre y de capricho*, [290] muchas gracias mis amigos.

Abreviaturas empleadas

Ana Alfonsín, D.G.
DG / C / 121, 122, 185, 186, 227, 609, 610

Philliphe Allemand
DG / C / 296, 297

Fabián Alonso D.G.
DG / C / 873 a 880, 849 a 855, 909 a 915

Marco A. Amaral Rezende, Arq.
DG, DI / CD / 127, 330 a 332, 755 a 757

Alberto Arzúa
DG / C / 709 a 716

Sonia Aubone
DG / CD / 1964 y 1965, *Cícero Publicidad*

Nuri Balaguer
DG / C / 59, 352, 353

Gabriela Battaglia
AyP / C / 48 a 50, 403 a 405

Eduardo Baulan
DG / C / 55, 56, 58, 109, 110, 175, 296, 297

Fabián Bianchi Lastra, D.I.
DI / CD / 48 a 50, 403 a 405, 817 a 822, 832 a 836

Andrea Boggio
AyP / C / 48 a 50, 403 a 405, 817 a 822, 832 a 836

Florencia Braguinsky
DG / C / 85 a 87

Aleksej Bukilic, D.G.
DG / C / Año 1991, Proyecto *Consejos Vecinales*

Eduardo Cánovas
DG / D / 70, 119 (Isotipo municipal)

Alejandra Carbone, Arq. / D.G.
DG, DI / CD / 40 a 43, 48 a 50, 114 a 116,
148 a 154, 171, 334, 403 a 439, 817 a 836,
891, 926 a 933

Araceli Carranza
PG / C / 300 a 303, 409, 410

Marcelo Casco
DG / C / 21 a 30, 60, 74 a 82, 101, 137, 189, 520 a 546

Carlos Castelli, Arq.
DI, DA / C / 199, 300 a 303

Ricardo Castro
DI / CD / 16, 71, 72, 118, 119, 128, 129, 296, 297

João Carlos Cauduro, Arq.
DG, DI, DA / CD / 127, 330 a 332, 755 a 757

Mónica Cicchitti, D.G.
DG / DI / C / 22 a 30, 304, 660 a 689

Carlos Cifani, Esc.
DI / C / 48 a 50, 403 a 405, 817 a 822, 832 a 836

Nora Clerici, Arq.
DT / C / 300 a 303

Pablo Corazza
TM / A / 48 a 50, 403 a 405, 817 a 822, 832 a 836

Miriam Chandler, Arq.
DG y DI / C / 304, 660 a 689, 895 a 900

María Luz Chiesa, D.G.
DG / D / 801 a 814

Martín Domato, Arq.
DG / CD / 217, 218, 291, 292, 309, 747 a 750

Cecilia Domínguez, D.G.
DG y DI / CD / 40 a 43, 232, 842 a 848, 849 a 855

Matías Domínguez, D.G.
DG y DI / CD / 40 a 43, 232, 842 a 848, 849 a 855

Roberto Dosil
DG / C / 55, 56, 58, 109, 110, 123, 171, 175, 296, 297

María Constanza Elizondo, D.G.
DG / CD / 282 a 284, 357 a 359, 909 a 915

José Luis Ermler
DG / CD / 85 a 87, 90, 91, 157, 158, 223, 224, 257,
313, 390 a 393, 417 a 422, 580 a 594

CE   Cálculo estructural
TM   Tecnología de materiales
PG   Proyecto (Documentación gráfica)
PT   Proyecto (Documentación técnica)
AP   Administración y programación

Para el rol asumido:
D   Diseñador
CD   Codiseñador
C   Colaborador
A   Asesor

Guillermo Escuti Frías, Arq.
DA / CD / 48 a 50, 334, 403 a 405, 817 a 822

Gabriel Ezcurra Naón
DG / C / 46, 47, 59, 74 a 82, 89 a 91, 104, 113, 120,
125, 139, 141, 146, 151, 202, 211 a 213, 224, 228,
239, 240, 248, 253, 257, 263, 270, 293, 318 a 320, 335
a 342, 353, 378 a 385, 426 a 434, 441 a 488, 520 a
579, 660 a 703,
DG / D / 827 a 829
DG / CD / 909 a 915

Ricardo Fernández, Ing.
CE y TM / A / 873 a 880, 909 a 915

Jesús Fondevila, Arq.
DG / C / 151, 156, 190, 192, 215

Ruben Fontana
DG / CD / 137

Gustavo Fosco
DI / CD / 48 a 50, 403 a 405, 817 a 822, 832 a 836

Carlos Frachia
DG / D / 309, 747 a 751 (Isotipo *Siam*)

Nicolás Fratarelli, Arq.
DG / C / 208, 215

Carolina Freire, D.G.
DG / C / 62 a 66, 282 a 284, 364, 412

Abraham Führer, Arq.
DI / C / 16, 44, 45, 118, 119, 305, 306

Fabiana Gadano, D.I.
DI / CD / 48 a 50, 403 a 405, 817 a 822, 832 a 836

Ignacio Gallardo
AyP / C / 177 a 184, 215, 223, 300, 301

Susana Gallo, Arq.
DG y DI / CD / 44, 118, 305, 496 a 519, 763 a 789

Gustavo Galloni, Arq.
DI / CD / 44, 45, 118, 119, 335 a 342, 417 a 422

Juan Carlos Gentile, Ing.
CE y TM / A / 780 a 789, 829 a 831

Gustavo Gemini, Arq.
DI y DA / CD / 44, 118, 119, 248, 335 a 342,
417 a 422, 763 a 776, 780 a 789, 829 a 831

Diego Giaccone
DG / C / 398, 399

Gustavo Gómez Eusevi
DG / CD / 140, 412, 891 a 894

Mario González S.
DG / CD / 241, 242

Rosa González
PG / C / 353 a 355, 441 a 452

Alfredo Hällmayer
DG / C / 55, 56, 58 / DG / D / 138

Gloria Heiber, Arq.
DI / CD / 44, 45, 305, 306

Rafael Iglesia, Arq.
DG / D / 309, 747 a 751 / DG / CD / 364, 903 a 905

Mónica Imbrogno, Arq.
PG y PT / C / 304, 660 a 689, 895 a 900

Alejandro Jara Villarroel, D.G.
DG / CD / 100, 148, 232, 245

Jorge Jarach, Ing.
CE y TM / A / 780 a 789

Nicolás Jiménez
DG / D / 823 a 825

José Antonio Juni
DCP / 62 a 66, 85

Dora Kappel
DG / C / 21 a 30, 35 a 43, 60 a 66, 92 a 95, 121 a
124, 133 a 135, 140, 171, 180, 182, 194, 204, 205,
230, 235, 250, 300 a 303, 326, 353, 426 a 438
DG / D /130, 133 a 136, 274, 275,
DG / CD / 389, 926 a 933

Abreviaturas empleadas